沙盘模拟系列教材

SHAPAN MONI XILIEJIAOCAI

企业管理决策沙盘模拟教程

蒋定福 主编

QIYE GUANLI JUECE SHAPAN MONI JIAOCHENG

首都经济贸易大学出版社
Capital University of Economics and Business Press

图书在版编目(CIP)数据

企业管理决策沙盘模拟教程/蒋定福主编. —北京:首都经济贸易大学出版社,2014.9

ISBN 978-7-5638-2146-4

Ⅰ. ①企… Ⅱ. ①蒋… Ⅲ. ①企业管理—决策支持系统—教材 Ⅳ. ①F270.7

中国版本图书馆 CIP 数据核字(2013)第 301849 号

企业管理决策沙盘模拟教程

蒋定福 主编

出版发行	首都经济贸易大学出版社
地　　址	北京市朝阳区红庙(邮编 100026)
电　　话	(010)65976483　65065761　65071505(传真)
网　　址	http://www.sjmcb.com
E-mail	publish@cueb.edu.cn
经　　销	全国新华书店
照　　排	首都经济贸易大学出版社激光照排服务部
印　　刷	北京泰锐印刷有限责任公司
开　　本	710 毫米×1000 毫米　1/16
字　　数	352 千字
印　　张	20
版　　次	2014 年 9 月第 1 版　2014 年 9 月第 1 次印刷
印　　数	1~3000
书　　号	ISBN 978-7-5638-2146-4/F·1275
定　　价	32.00 元

丛书序言

改革开放以来,高等教育得到了快速发展,高校实践育人工作得到进一步重视,实践育人的内容不断丰富、形式不断拓展,取得了较大成绩,积累了宝贵经验。但是,实践育人,特别是实践教学依然是高校人才培养中的薄弱环节,与应用创新型人才培养目标的要求还有差距。《国家中长期教育改革与发展规划纲要(2010 - 2020 年)》《教育部等部门关于进一步加强高校实践育人工作的若干意见》强调,要创新人才培养模式,强化实践教学环节,深化实践教学方法改革,力求实践教学工作取得新突破。为此,各高校积极探索实践教学的方式、方法,其中,沙盘模拟是近年来经管类实践教学非常流行的方式之一。本系列丛书编写组成员长期工作在高校实践教学的第一线,他们对实践教学,特别是经管类的实践教学进行了大量的探索及创新。

沙盘模拟实训作为一种教学方法,在教师指导下,由学生模拟扮演企业的某一岗位角色,结合岗位对员工的技能要求进行有针对性的训练。这种教学方法很大程度上弥补了客观条件的不足,为学生提供了近似真实的训练环境,有助于学生有效地进行技能训练并充分调动学生学习的积极性,使学生主动地参与教学过程,有利于加强师生之间、学生之间的相互合作与交流。

沙盘模拟实训的意义在于创建一种和谐的、身临其境的教学环境,拓宽教学渠道,增强教学的互动性,构筑起理论与实际相结合的桥梁。一般院校由于设备、场地和资金等条件的限制,学生很少能到实际工作岗位上实习,从而削弱了学生实际技能训练这一重要的教学环节。沙盘模拟实训改变了各专业实训方式,也更符合高校各专业实训教学的实际。本系列丛书包括《ERP 沙盘模拟实训教程》《市场营销沙盘模拟实训教程》《人力资源管理沙盘模拟实训教程》《国际经济与贸易沙盘模拟实训教程》《客户关系管理沙盘模拟实训教程》《企业管理决策沙盘模拟实训教程》《物流管理沙盘模拟实训教程》及《跨专业综合实训教程》等。

本系列丛书具有以下特点:

1. 知识性

本系列丛书是基于仿真模拟各学科的专业知识，如 ERP 沙盘模拟实训教程，涉及整体战略、产品研发、设备投资改造、生产能力规划与排程、物料需求计划、资金需求规划、市场与销售、财务经济指标分析和团队沟通与建设等多个方面；同时，该教程还将角色扮演、案例分析和专家诊断融于一体，让学生在分析市场、制定战略、组织生产、销售产品和财务结算等一系列活动中体会企业经营运作的全过程，认识到企业资源的有限性，从而深刻理解 ERP 的管理思想及专业知识，领悟科学的管理规律，提升管理能力。

2. 直观性

本系列丛书是基于仿真模拟的理念，大部分具有相关的实物教具，通过实物教具剥开经营理念的复杂外表，直探经营本质。如 ERP 沙盘模拟将企业结构和管理的操作全部展示在模拟沙盘上，将复杂、抽象的 ERP 管理理论以最直观的方式让学生体验、学习，完整生动的视觉感受将有效地激发学生的学习兴趣，增强学生的学习动力。

3. 趣味性

沙盘模拟是通过各组相互竞争的设计理念，让参与者在各个环节都努力获得较好的竞争优势并最终获得成功，这种设计理念极大地增强了学习的趣味性。而且，沙盘模拟课程采用各种仿真教具，让参与者游戏般地体验专业课程的学习，在学习过程中激发参与者的竞争热情，增加参与者的娱乐体验，使枯燥无味的课程变得生动有趣。

4. 仿真性

本系列丛书均采取分组进行模拟对抗的方式，即把参加学习的学生分成若干组，每组 5 ~8 人，代表不同的虚拟企业，形成若干个相互竞争的模拟企业。在学习过程中，每个公司的成员分别扮演企业中重要职位的管理者，如 CEO（执行总裁）、CFO（首席财务官）、市场总监、生产总监和运营总监等，每组在统一的市场模拟环境中经营一家企业，连续从事 6 ~8 个会计年度的经营活动。在激烈的竞争环境中，他们将选择不同的产品策略、市场策略和价格策略等一系列策略，以保持企业不断发展并经营成功。

总之，本系列丛书是对高等院校实验教学，特别是经管类实验实训教学的一种探索，同时也是对高等院校经管类实践教学的一种创新；本系列丛书凝聚了众多长期在经管类实验教学一线工作的教师的经验和智慧。感谢嘉兴学院国家级经管实验示范中心、嘉兴精创教育科技有限公司、用友新道科技有限公司等为此系列丛书的出版所作出的努力和贡献。

编写组

2013 年 6 月

前言

随着我国市场经济的快速发展和社会的不断进步，企业竞争日趋激烈。企业经营不仅要考虑产品的竞争力、客户的需求变化以及企业品牌的塑造，还需要时刻关注市场环境的变化、宏观政策的影响等一系列因素。然而，在过去几年的企业管理及运营决策等实践教学中，我们深深感到，单纯讲解企业管理决策的知识，学生难以理解；传统的企业管理决策实践教学并不能引起学生的兴趣。在社会多元化的今天，如何让学生真正体会到企业管理决策的真谛，如何让他们动手模拟运营一个企业，成为当前高校企业管理决策实践教学的难题。

企业管理决策沙盘将我校企管系各专业的核心课程内容与沙盘模拟形式有机结合起来，通过模拟企业的整体运营过程，让学生在分析企业外部市场和竞争环境、内部竞争环境优势和劣势的基础上，通过团队合作对公司进行整体战略规划、财务决策、投资决策、产品生产决策、固定资产配置决策及人员配置决策等一系列管理决策活动，促使学生在模拟竞争过程中就如何进行公司财务预算及决策、如何实施适当的固定资产配置计划、采取何种市场营销策略、选择哪种投资方案以及如何使企业快速发展等问题展开探讨，从而体会企业各部门之间的战略关系，探究总结企业管理实务的规律，认识各部门经理在企业管理中的作用，掌握建设与管理团队的方法和技巧。

本教程分为8章。第1章主要对企业管理决策的核心内容进行梳理；第2章介绍企业管理决策沙盘诞生背景；第3章对企业管理决策沙盘模拟作出概述；第4、5、6章对企业管理决策沙盘模拟运营规则、模拟系统及沙盘模拟运营进行详细阐述；第7章对企业管理决策沙盘经营成果进行分析与点评；第8章结合模拟案例对模拟企业运营结果进行分析。本教程由蒋定福担任主编，由周佳缘、岳焱、顾骅珊、蔡正倩、卢锦绣、金斌、沈洋共同撰写。本教程在撰写过程中得到了嘉兴学院国家经济管理实验示范中心及嘉兴精创教育科技有限公司很多内部资料的支持，在此表示感谢；吴秋燕、吕梦、陆敏琪、应红振、叶利华等同志提供了无私的帮助和支持，在此致以诚挚的谢意。

由于企业管理决策沙盘模拟是一种创新性实训教学，在教学实践中，如何仿真模拟、仿真到什么程度以及要获得怎样的效果都是需要不断探索的问题，加之编者水平有限，书中不足之处在所难免，敬请各位专家、读者批评指正。

编者

2014 年 8 月

目 录

1

企业管理决策概述

著名经济学家赫伯特·西蒙曾说过，管理就是决策，所有管理活动都贯穿着一条红线，这就是权、责、利关系，而所有的管理活动的成效都折射出权、责、利关系的平衡与失衡，现代社会发展形成了科学的管理决策知识体系。企业管理决策是为实现战略决策而对企业内部管理进行有效的组织、协调，使企业的生产技术和经济活动正常进行的一种决策，其中包括劳动组织的调整、重要的人事调配、资金的运用、设备的选择、年底生产经营计划的制定，以及现代管理科学方法等方面的决策。企业要运用管理原理，激活企业团队精神和企业家精神，善用资源，发挥企业核心竞争力的作用，确保企业经营战略的实施和企业经营的平稳、有序进行。

1.1 决策是企业管理的关键

1.1.1 企业管理的核心是决策

尽管企业管理者具备各种实践经验，但是，由于缺乏管理学的理论武装，尤其是缺乏现代企业管理的决策理论指导，导致企业经营决策达不到预期效果，影响企业的可持续发展。例如：企业在招聘时，不懂得如何正确考察应聘者的技能以及需要考察哪些技能，有哪些考察程序可供参考；在管理流程上，将组织政策引入具体执行环节中，有时会出现偏差而影响执行结果，使组织政策难以畅通地上行下达。

现代企业应充分重视人力资源战略的重要性、对员工进行培训和实施继续教育的重要性。现代企业管理基于能力素质模型的人力资源管理体系，对销售人员来说，掌握与本企业产品和行业相关的技术肯定是首要条件，因此，人员招聘首先取决于招聘人员与企业产品、行业有关的技能；其次是招聘人员的素质，即知识技能行为和个人素质。例如：招聘销售人员，对其主要的知识和技能要求包括市场营销知识、会计统计知识、文字处理能力、谈判能力、合作态度、协调能力、对风险的认知和团队精神；个人素质主要包括正直、真诚、诚实、自信以及适应能力。这些知识和能力是企业实现竞争优势的重要条件，也是对国际人才管理模式中的能力素质的定义。

良好的企业战略必须通过一个良好的战略实施过程来实现，否则就是纸上谈兵。根据《管理通论》的相关原理，战略实施必须考虑两个方面的问题：一是组织结构设计；二是动作流程设计。组织结构设计一般分为四类：①金字塔型，即从公司最高决策人到公司第一线员工形成一个等级森严的上下级关系；②扁平结构,即公司各业务部门直接对公司最高决策人负责;③矩阵结构,即对公司的组织结构按不同职能或区域做横向和纵向划分,比如,按产品线划分,由各产品主管按销售区域划分区域经理,横轴和纵轴交叉点的岗位和员工同时对横、纵轴对应的经理负责,这种结构通常适应于大型企业;④网络型组织结构,即利用互联网技术实施部门间的快捷沟通。由于互联网技术的运用,公司管理决策的信息流打破了传统的职务等级限制、地域限制等障碍,使不同地点的人员因工作需要组成虚拟的工作团队,任何岗位上的人员都可以迅捷的方式与各层次人员交流。无论采用哪一种组织结构,都应当设计与企业战略有关的关键业绩指标,并将此关键业绩指标层层分解到不同岗位上。同时,在组织结构设计中要考虑人员配置问题,考虑人员能力结构、经验搭配、性格搭配以及开放型、创造型、保守型人才的岗位匹配。

经济学家赫伯特·西蒙的决策理论中最有影响力的一句话是“管理就是决策”。决策是核心,无论计划、组织、领导、控制都离不开决策。过去,我们一般会以惯用的适用措施来应付变化;今天,我们必须在组织远景和目标中反映出变革。西蒙的管理理论分为三类:机械人模式、动机人模式和决策人模式。其中,决策人模式是更合理、更现实的模式。西蒙的组织决策管理论完全适用于企业的计划预算和公共管理中的控制系统。

1.1.2 决策是企业管理的首要职能

人们对管理职能的认识是随着管理理论的不断发展、管理实践活动的要求而不断深化的,对管理职能的分析既是一种管理理论的研究,也是管理实践的探讨,对此,不同的管理学家有不同的观点。管理理论的发展、市场经济的完善以及管理实践活动的要求都说明了决策是企业管理的首要职能。

1.1.2.1 管理理论的发展使决策成为企业管理的首要职能

从西方管理理论对管理职能的划分可以看出,管理实践活动的要求是不断深化的。管理职能的划分不存在固定的模式,它不仅因各学派对管理活动过程的认识和理解的不同而异,而且同一学派对管理职能的认识和看法也随着社会的发展而变化。

最早系统提出管理职能的是法国的管理学家法约尔。法约尔在其《一般管理与工业管理》一书中首次提出了管理的五项职能——计划、组织、指挥、协调和控制。在法约尔的论述中,重点强调了计划职能的重要性,他认为,组织职能是指为实现组织的既定目标提供一切所需条件的过程,包括组织机构的建立,职工的招募、评价、训练以及规章制度的制定等;指挥职能是管理层对下属人员给予指导的过程;协调职能是使组织目标顺利实现而协调组织的一切工作的过程;控制职能是为了实现组织计划而对实际工作进行调整和控制的活动过程。

这种观点在相当长的时期内指导着企业管理活动的进行。

美国哥伦比亚大学公共管理研究所所长卢瑟·吉利克在《管理科学论文集》中,就管理职能的划分提出了著名的“管理七职能”说。他认为,管理的职能是计划、组织、人事、指挥、协调、报告、预算。“计划”是指为实现组织目标而制定的行动纲要以及使用的方法;“组织”是指为实现组织目标而建立的正式权力机构,并通过正式机构安排、确定和协调各种工作岗位;“人事”是为实现组织目标所需的有关招募和训练职工,并维持良好的工作条件所涉及的一切活动;“指挥”包括对下属的领导、监督和激励;“协调”的目的是将工作的各个部分联系起来;“报告”包括就有关活动下级对上级的报告,上级对下级的考核和调查等;“预算”包括以财务计划、会计和控制等形式作出的预算。

20 世纪 60 年代以来,随着系统论、控制论和信息论的产生以及现代技术的发展和管理决策学派的形成,使决策问题在管理中的作用日益突出。西蒙等人在阐释管理职能时突出了决策职能。他认为,组织活动的中心就是决策,制定计划、选择计划方案需要决策;设计组织结构、进行人事管理也需要决策;将实际成效同计划比较,选择控制手段还需要决策。决策贯穿于企业管理过程的各个方面,管理就是决策。

美国肯塔基大学教授约瑟夫在 1979 年出版的《管理学基础》一书中,将管理职能划分为决策、计划、组织、控制、通讯与指挥。他强调决策的作用,认为管理者的主要任务是进行决策,而不必亲自去做某项具体的工作。应当说,约瑟夫教授首先提出了决策是企业管理的首要职能。可见,决策成为企业管理的首要职能是管理理论发展的结果。

1.1.2.2 市场经济的发展使决策成为企业管理的首要职能

市场经济的发展使企业面临的市场环境发生了很大的变化,在日益完善的市场经济体制下,企业所面临的经营环境发生了重大变化。

(1)市场的范围扩大。随着经济全球化的发展,企业面临的市场范围逐渐扩大,企业不仅要面向国内市场,包括城市市场和农村市场,而且要面向国内、国外统一的大市场,企业的市场范围由国内扩展到了世界范围。市场范围的扩大,使企业面临的经营环境发生了重大变化。

(2)市场的风险性增加。随着经济全球化的发展,市场需求逐步呈现多样化和个性化,市场需求的多变性使企业在进行决策时面临着市场风险的增加。决策不当,可能会给企业带来极大的风险。

(3)环境的复杂性增强。经济全球化不仅使企业面临的市场范围扩大,而且也使影响企业外部环境的因素增多;同时,各影响因素之间的关系又错综复杂,这意味着企业面临环境的复杂性增强。

(4)环境的动荡程度加剧。环境的动荡程度主要表现在环境的新奇性和环境的可预测性两个方面。市场经济的发展不仅使环境的新奇性增加,也使环境的可预测性降低,两者都可能加剧环境的动荡程度。

在如此变化的市场环境中,企业管理活动的首要任务便是在充分调查研究的基础上作出正确的决策,决策的正确与否在很大程度上决定着企业的成功与失败。可以说,决策正确,企业的效率高,获得的效益大;反之,决策失败,企业的效率越高则亏损越多。可见,随着市场经济的发展,决策必然成为企业管理的首要职能。

1.1.2.3 管理的实践活动使决策成为企业管理的首要职能

管理作为指导实践活动的措施和手段,是为管理实践活动服务的。管理的实践活动不仅要求决策贯穿于企业管理活动的始终,而且要求在企业管理活动中首先进行决策。决策是企业管理的首要职能,其他职能都是在决策的基础上发挥作用的。

传统的决策一般是经验型的,这在企业处于不太复杂的经济环境中是有一定效果的。但是,随着市场经济的发展以及市场环境的变化,经验型的决策已不适应现代企业的需要,必须加强决策的科学性。因此,正确地实施决策是管理职能的一个非常重要的环节。

所谓决策职能就是根据企业的根本任务,分析和预测企业内外环境的情况和变化,确定决策目标,拟订实现目标的两个或者两个以上可以相互替代的可行方案,经过分析、评价,选择一个最合理的行动方案,以达到最有效地利用企业资源、适应社会需求的企业目标。为了正确地实施决策职能,必须做到“四要”:

(1)要进行充分的市场调研和预测。这是科学决策一项必要的基础工作,通过大量的市场调研获得第一手资料,并进行分析和预测,为企业决策提供基础。

(2)要建立信息管理系统。目前国内外许多大企业都建立了信息管理系统,这种信息管理系统作为企业决策系统的辅助系统,可以为企业决策提供帮助。

(3)要遵循科学的决策程序。决策程序的科学化是正确实施决策的重要保证,必须按照一定的科学程序进行决策。

(4)要运用科学的决策方法。决策方法的科学性要求决策时要针对不同的情况采用不同的方法,决策的方法,有确定型决策、风险型决策和非确定型决策,因此,决策时必须针对不同情况选择不同的决策方法。

总之,管理理论的发展、市场经济的完善以及管理实践活动的要求都说明,决策是企业管理的首要职能。

1.2 管理决策的基本要求及作用

1.2.1 管理决策的基本要求

管理决策是企业管理者的一项基本活动,它关系到企业的生存和发展,往往“一步走错,全盘皆输”;它关系到企业人、财、物的使用方向及企业的经济效益。因而,企业决策应遵循其基本要求,增强科学性,减少盲目性,避免决策失误。

1.2.1.1 及时性

市场具有瞬息万变的特征,企业其他方面的经营环境虽不像市场环境变化那样迅速,但都是不断变动的,任何决策都是有风险的。因而,企业决策者必须及时发现影响企业生存、成长的积极因素和限制性因素,抓住机遇,作出决策。任何一项决策的正确与否都是与当时的环境条件相联系的,决策时要注意避免产生“布里丹效应”——丹麦哲学家布里丹写过这样一则寓言:一头小毛驴在干枯的草原上好不容易找到了两堆草,由于不知道先吃哪一堆好,结果长时间选择而被活活饿死。后来,人们把决策时犹豫不决的现象称为“布里丹效应”。可见,要实现有效决策就要敢于决策,善于决策。

1.2.1.2 经济性

企业生产经营活动的目的是取得经济效益,因而决策者必须掌握经济性原则。在生产经营过程中,企业决策者应考虑资金的时间价值、机会成本和资金收益率等经济因素和指标,并进行各种核算,以获得经济效益。

1.2.1.3 系统性

进行管理决策时决策者应综合考虑各种制约因素和有利条件,正确处理当前利益与长远利益之间的关系。

1.2.1.4 灵活性

决策者应根据企业内外部条件的变化,及时调整决策的重点和内容。曾经发生过这样一件事情:有个人独自到森林中伐木,一棵大树倒下,压住了他的一条腿。他拼命往外拉自己的腿,剧烈的疼痛使他昏了过去,醒来又拉,又昏了过去。到了第二天,他已经没有力气了,这样下去只能等死。这时,他毅然锯断了压在树下的一条腿,爬出森林,保住了自己的性命。亲手锯断自己的腿近乎惨烈,但与保全性命相比,就是失与得的正确抉择了。这件事深刻地说明,在决策的必要时刻,该舍弃的即使是十分可惜的东西也要舍弃。如果没有这样的决断就不能及时行动,没有及时行动就永远达不到所追求的目标。

1.2.2 管理决策的作用

决策和管理是一致的,没有决策便无法管理。没有目标,没有优化的方案和合理的计划以及规范和具体的实施步骤,管理也就失去了内容;如果决策是错误的,管理也就毫无价值,对错误的决策,执行得越好,效率越高,损失也就越严重,因此,决策在管理中有着十分重要的地位。在经济体制、生产布局、科学研究和人才开发等各项工作中,至关重要的就是决策,决策稍有失误,就可能造成重大损失。

管理决策的作用主要体现在以下方面:

(1)管理决策是管理者实施管理职能的核心工作。管理的计划、组织、领导和控制等职能活动的中心工作就是进行各类决策。

(2) 管理决策是企业合理配置资源并使之产生最大的资源效益、协调企业各部门活动、调动职工积极性和增强企业凝聚力的重要保证。

(3)管理决策是管理者的必备基本功,是检验企业领导水平的根本标志。管理者的能力强弱、绩效高低,不仅要看他对日常事务管理的表现,更重要的是要看他的管理决策的能力。

(4)管理决策是决定企业成败的关键因素。在当代社会经济生活中,企业面临的外部环境频繁变化,企业的生存和发展并不完全取决于经营活动本身,是在更大程度上取决于决策的正确性。

1.3 企业管理决策的程序

1.3.1 决策程序的一般要求

管理决策的步骤成为决策程序,企业经营管理决策的一般管理程序主要有六个方面:确定决策内容体系;确定决策分析方法;周密规划决策过程;细分决策过程和决策责任;详尽决策过程记录分析;严格企业决策管理,完善决策管理制度。

1.3.1.1 确定决策内容体系

很多决策人对所要制定的决策在企业决策体系——企业目标体系中居于什么位置,与其他决策内容是什么关系缺乏准确的了解。这是导致决策顾此失彼、相互不协调的根本原因。因此,首先必须使决策人明确其所要制定的决策内容在企业全部决策体系中的位置及其相互关系，以提升企业整体决策的质量。

制定这一方面的决策，要求决策者对以下问题进行思考，并作出回答：

➢ 所要制定的决策，从时间序列上分析，它属于哪个时间段的决策？

➢ 所要制定的决策，是属于“管理七职能”之中的哪一类？

➢ 所要制定的决策，要服务的高一层次的决策是什么？或者说它是哪个目标决策的措施决策？

➢ 所要制定的决策，它的下一层次的决策大致有哪些？或者说它是哪些措施决策的目标决策？

➢ 所要制定的决策，从组织内部关系分析，它属于哪个层次？

➢ 所要制定的决策，相对于企业的生存和发展，存在于哪个层次？

➢ 决策常常可能在何处失误？

➢ 决策失误的后果是什么？

➢ 我对这个决策的后果承担什么责任？

➢ 我如何对这一决策的后果承担责任？

1.3.1.2 确定决策分析方法

确定决策分析方法，是对所要制定的决策必须采用的分析方法进行选择。不同的决策可以运用不同的方法；选择方法不同，会直接影响决策质量。决策分析方法使用不当，决策质量必然没有保障。靠人的直觉进行决策，也可以作为一种决策方法，只不过是这种决策方法大多是靠运气罢了，恰当地选择确定决策的分析方法才是至关重要的。

选择确定决策的分析方法要求决策者对以下问题进行思考，并作出回答：

➢ 对所要制定的决策的分析方法，可供选择的有哪些？

➢ 各种分析方法的操作难易程度如何？

➢ 本人或本单位能熟练运用的分析方法有哪些？

➢ 各种分析方法的运用成本如何？

➢ 运用效果比较好的分析方法是什么？

➢ 综合考虑，选择何种分析方法最恰当？

1.3.1.3 周密规划决策过程

周密规划决策过程，是要求对企业的不同决策作出详细的决策流程分析和决策程序说明，在对具体问题制定决策之前，对决策流程和决策程序作出详细的界定。当需要对具体问题制定决策时，要严格按照事先确定的决策流程和决策程序分步实施。这样就可以有效地避免决策的随意性。

周密规划决策要求决策者对以下问题进行思考，并作出回答：

➢ 决策的目标是什么？

➢ 决策赖以制定的关键信息有哪些?
➢ 由谁对决策的结果承担全面责任?
➢ 由谁对决策的不同环节和决策步骤的工作承担责任?
➢ 决策的时限和地点有何特别要求?
➢ 制定决策各项工作的先后顺序应当如何安排?
➢ 由谁对决策的贯彻实施承担责任?
➢ 决策修正的条件和程序是什么?

回答出以上问题,也就把决策过程的规划制定出来了。有了周密规划的决策过程,决策从信息收集直至贯彻实施,都有了明确的标准、要求和责任人。这样,谁都不能随心所欲地、不负责任地参与决策活动。

1.3.1.4 细分决策过程和决策责任

细分决策过程和决策责任,是通过对决策过程进行细分,使决策过程的每一个环节、每一个步骤都有具体的责任人,并通过这种细分,使参与决策的人所拥有的决策责任承担能力与参与决策的责任相适应,以保证其负责任地参与决策。把一个有重大影响的决策,按照规定的程序要求,分步骤确定责任人,特定的人只对特定步骤上的决策工作负责,这样做,通过分散责任而降低了决策人的责任承担能力要求。

(1)细分决策过程。细分决策过程是把一个连贯的决策过程细分为多个步骤、多个环节,使每个步骤和每个环节的工作相对独立地进行。这样既可避免因工作疏漏而导致的决策失误,又可为明确界定责任人提供基础。这一步骤将工作要求与决策过程规划结合起来,并且也只能在对决策过程进行科学规划的基础上进行。

细分决策过程可从以下方面进行:

➢ 关系到企业生存和发展的外部环境变化信息的收集。
➢ 对这种变化信息进行跟踪调研。
➢ 确定是否对这种变化作出反应。
➢ 收集可用于环境变化反应的措施办法。
➢ 比较反应措施办法,并讨论拟定决策预选方案。
➢ 对预选方案进行比较,选择最优方案。
➢ 具体贯彻实施方案。

(2)细分决策责任。细分决策责任是针对决策过程的每一步骤和每一环节的责任大小和承担方式所作出的界定,其内容包括对以下问题的思考和回答:

➢ 决策信息收集人的责任以及承担责任的方式是什么?
➢ 决策方案拟定人的责任承担方式是什么?
➢ 决策讨论参与人的责任以及责任承担的方式是什么?

➤ 决策拍板人的责任以及责任承担的方式是什么?

➤ 决策实施过程负责人的责任承担方式是什么?

1.3.1.5 详尽决策过程记录分析

详尽决策过程记录分析,是在决策的实施过程中严格按照决策过程规划的内容进行记录,如实反映决策实施过程与决策过程规划之间的关系,以便对决策的实施进行检查,明确落实责任人。决策过程记录的内容要求与规划的内容相一致,如果决策实施过程在哪个环节、哪个步骤上没有按照决策规划过程执行,必须有明确具体的说明。

决策过程记录必须说明以下方面的问题:

➤ 没有严格按决策过程规划实施的环节、步骤是什么?

➤ 为什么没有严格按照决策过程规划制定决策?

➤ 是谁批准突破决策过程规划的?

➤ 这样做的可能后果是什么?

➤ 应当由谁对这种后果承担责任?

1.3.1.6 严格企业决策管理,完善决策管理制度

决策管理制度规范化,是实现企业持续、稳定发展的重要途径。一个典型实例是:到 1999 年年底,上海仪电控股(集团)公司已经是一个拥有 7 家全资子公司、4 家控股公司的上市公司、10 家合资公司、2 家有限责任公司的大型企业集团。决策管理规范化是该公司实现持续、稳定发展的重要因素。在它所制定的管理系列制度中,除了财务预算管理制度和产权事务管理制度之外,都是关于企业经营管理决策方面的管理制度。

企业的决策管理制度规范一般包括两大类制度:一是决策程序管理制度;二是决策方案论证管理规范。

(1)10 个必不可少的决策程序管理制度。

第一,股东会决策程序管理制度:其目的是保证股东的决策参与权;其内容在《公司法》中有明确规定。

第二,董事会决策程序管理制度:其目的是保证董事会的决策能按照科学的方法和合理的程序进行,避免企业领导人独断专行,或盲目决策;其内容包括决策种类的分析和不同种类决策制定过程的分步骤标准和要求的界定。

第三,筹资决策程序管理制度:其目的是优化筹资渠道组合,节省筹资成本,规避负债风险;其内容包括对不同筹资渠道的可行性分析、不同筹资渠道的成本和风险分析,以及筹资决策制定过程的分步骤标准和要求的界定。

第四,投资决策程序管理制度:其目的是最大限度地降低投资决策的失误,提高投资收益,避免因为感情、情绪等因素而导致的决策失误;其内容包括投资的收益分析、风险分析、可行性分析和投资方案的优化选择,以及决策实施的活

动步骤和决策活动责任人的界定等。

第五，市场战略决策程序管理制度：其目的是保证企业经营战略的完整性和企业核心竞争力的建设，避免跟风随机决策和盲目决策；其内容包括对市场战略的可行性分析、价值关联分析，以及决策制定过程的分步骤标准和要求的界定。

第六，人才战略决策程序管理制度：其目的是保证企业发展战略的贯彻实施，服务于企业核心竞争力建设；其内容主要是对人才战略决策制定过程的分步骤标准和要求的界定。

第七，重大市场决策程序管理制度：其目的是保证市场决策对市场战略的贯彻实施，并形成企业的核心竞争能力；其内容主要是对重大市场活动的可行性分析、风险分析、成本收益分析，以及决策制定过程的分步骤标准和要求的界定。

第八，一般市场决策程序管理制度：其目的和内容与重大市场决策程序大体相同，但要求相对简单，决策的参与人和责任人层次相对较低一些。

第九，中高层管理人员选拔任免程序管理制度：其目的是在中高层管理人员的选拔任用上，真正做到任人唯贤、任人唯能，保证选好人、用好人，不漏选对企业发展有用的高层人才，不误选金玉其外、败絮其中的庸才，并在人工成本一定的情况下，选用最优秀的人才从事企业相关管理岗位的工作，提升企业的经营管理水平；其内容是根据企业的实际情况将上述内容具体化、明确化。

第十，一般管理人员选拔任免程序管理制度：其目的和内容与高层管理人员选拔任免程序管理制度大体相同，但要求相对简单，以降低决策成本。

(2)两个决策方案拟定论证实施规范。

第一，重大投资项目决策方案拟定论证管理细则：其目的是避免投资的盲目性，以保证获得充分的投资回报，降低投资风险；其内容包括方案拟定的基本要求、论证的基本方法。

第二，一般投资项目决策方案拟定论证管理细则：其目的与重大投资项目决策方案拟定论证管理细则大体相同，但要求相对简单，以提升决策的反应速度，降低决策成本。

1.3.2 实施企业管理决策的相关因素

效率和有效性是两个不同的概念，效率的含义是把事情“做好”，而有效性的含义是要“做对”事情。对一个决策者来说，“做对事情”比“把事情做好”更为重要。

人们平时讲“决策”，多数情况下是指作出某个决定。彼得·德鲁克讲的

“决策”范围比人们平常理解的意义要宽泛得多。根据德鲁克对“决策”的研究,决策包括以下七个因素。

1.3.2.1 判断决策是否必要

管理者作决策,就好像外科医生决定是否要对病人进行手术一样。外科医生在决定是否进行手术前都非常慎重,因为他们知道,外科手术不可能没有风险,所以必须避免那些不必要的手术。在决定患者是否需要手术时,外科医生大都遵循几条传统而有效的规则:

(1)如果疾病能够自动痊愈,而且不会对患者形成风险,患者也不必忍受巨大的疼痛,动手术是没有必要的,而只需定期检查。

(2)如果病情恶化或者有生命危险,而医生又可以对这种疾病采取一些措施,那么他就应该马上为病人动手术,手术不仅要快,而且还要彻底。在这种情况下,尽管存在风险,手术却是必要的。

(3)第三种情况介于以上两种情况之间,可能是最常见的一种情况:病情既没有恶化也不会危及生命,但是也不会自动痊愈,而且相当严重。这时外科医生就要在机会和风险之间进行权衡。在这个时刻,医生必须作出一项决策。正是这种决策才把一流的和平庸的外科医生区分开来。这种外科医生遵循的规则同样可以应用于企业决策。

1.3.2.2 对问题进行分类

如果一开始对问题的分类失当了,最后的决策也会是错误的。管理者遇到的问题一般可以分为四种基本类型:①无论是在企业内部还是在整个行业中都比较普遍存在的问题;②对于某个企业具有特殊性,但对于整个行业具有普遍性的问题;③完全特殊的问题;④看上去是特殊问题,但实际上只不过是一个首次出现的普通问题。除了完全特殊的问题之外,其他类型的问题都分别有其普遍性的解决方法。

完全特殊的问题非常罕见。事实上,一个组织所遇到的大部分问题都是其他人已经解决过的。所以,卓有成效的决策者要认真分析问题,判断它究竟是普遍性问题还是特殊问题。如果问题是普遍性的,就只能通过建立一项规则或原则的决策加以解决。

1.3.2.3 界定问题

界定问题是七个决策因素中最重要的一个,也是最容易被管理者忽视的因素。一个卓有成效的决策者,总是首先从最高层次的观念方面寻求问题的解决办法。问题找对了,即使解决方法上有所失误,这种失误也可以得到纠正或挽救;但是,如果问题找错了,即使解决方案是对的,这个问题也得不到解决。借用医学上的话来说,就是对疾病的诊断要正确。同样,决策也必须对问题先有一个正确的“界定”,然后“对症下药”。

优秀的决策者并不会作很多决策,他们只作那些重要的决策。而且他们知道什么时候必须作决策。在需要作决策的时候,他们绝不会举棋不定,而是马上采取行动。优秀的决策者知道决策中最重要、最困难的地方并不在于作出决策本身,而是要确保所作出的决策能真正解决问题。

德鲁克以费尔的决策作为例子。20 世纪初,美国贝尔电话公司总裁费尔做出了四项重大决策,创造了一个当时世界上最具规模、成长最快的民营企业。第一项重大决策是,贝尔电话公司必须预测并满足社会大众的服务需求,进而提出"为社会提供服务是公司的根本目标"的口号;第二项重大决策是,费尔为了避免一个垄断性的公司被政府收购,唯一的方法就是所谓的"公众管制",费尔不仅决定把实现公众管制作为公司的目标,而且把这一目标交付各地区的子公司总经理,一方面确保公众利益,同时又能使公司顺利经营;第三项重大决策是建立贝尔研究所,费尔认为,一个垄断性的企业虽然没有竞争对手,但是公司应当把将来作为对手。电信事业以技术为重,其研究是"旧世界的破坏者"和"今天的否定者";第四项重大决策是开创一个大众资本市场,避免因为民营企业由于资金问题而陷入困境。费尔的四项重大决策都是有针对性的,都是为了解决公司和他当时所面临的问题。这些重大决策的思想,充分体现出什么是真正的、有效的决策。

1.3.2.4 判断什么是正确的决策

有的管理者在进行决策时,往往情不自禁地问这样一些问题:老板能接受什么样的决策?我知道财务人员不喜欢这项决策,那么我现在怎么做才能迎合他们的心意?谁会喜欢这个方案?德鲁克认为,一旦受制于这些问题,决策肯定会失败。决策的出发点应当是"什么是对的",而绝不是"谁是对的"。

但是,这并不是说,妥协或者折中都是在决策中不可取的。实际上,妥协也有正确与错误之分。不论作出怎样的妥协,只要一个方案能够解决问题——尽管可能解决得不够完美——这种妥协就是正确的妥协;如果妥协不能解决问题,这个方案就可能比不作决策更有害处。

1.3.2.5 让他人接受自己的决策

如果从解决问题的角度看决策,除非组织接受了决策,否则决策就是无效的,它只不过是一个良好的意愿而已。为了使一个决策发挥效力,应当从决策过程的开始就考虑好如何使决策最后被接受。在这方面,日本企业的做法可能有借鉴之处。

日本企业的管理层在进行决策的开始就同时做准备工作,以便让人们接受他们的决策。因此,组织中的每一个将要受到决策影响的人,不管是否赞成这项决策,都十分清楚决策的内容,也为接受这项决策做好准备。这样一来,管理层不需要游说,因为人们已经十分了解这项决策了。

1.3.2.6 落实执行决策的具体行动

在采取正确的行动之前,还不能说决策已经完成。如果没有把执行决策的任务和责任分配下去,并且为实施决策规定最后的期限,制定的决策只是一纸空文,决策也只能算是一种希望。我们平时可以见到这样的情况:公司请了某著名的咨询公司对公司的某个方面的工作作出一项决策。于是,公司郑重其事地开会、发文,大张旗鼓地宣传,公司领导也出面表态,对这项决策表示全力支持。然而,最后的结果是,每个人都将这项新决策的文件束之高阁,实施决策的行动不见踪影。

要想使一项决策有成效,就必须在决策过程的开始就考虑需要采取的行动。将决策转化为行动需要回答这样几个问题:谁必须了解这项决策?实施决策需要哪些行动?谁来付诸这些行动?为了便于人们行动,这些行动应当采取何种方式?

1.3.2.7 根据实际结果对决策进行检验

即使是有经验的管理者也可能作出不正确的决策。毕竟,每一项决策都有风险,因为它将现有的资源托付给不确定的、未知的将来。因此,决策作出后,还需要经过实践的检验。一项重要决策的结果往往要在未来才能显现出来,而且经常是在多年以后。所以,要注意跟踪记录决策的实施过程并及时汇总有关信息,从而不断用已经获得的效果检验决策的正确性。

当管理者作出一项重要的决策时,应当将决策实施的结果以及希望实现决策目标的时间记录下来。在9个月或者一年之后,把获得的决策实施效果同原来期望的结果进行比较,而且要持续地进行这种比较,直到决策实施完毕。

1.3.3 防范决策陷阱

作出错误的决策,通常是因为自己没有避开决策的陷阱。在进行新的决策前,可先反思过去所作的那个让自己曾付出很大代价或者使自己相当痛苦的决策,然后考虑新的决策如何规避决策陷阱。决策陷阱有哪些种类,我们如何避免呢?下面将逐项分析。

1.3.3.1 维持现状的陷阱

人们天生喜欢维持现状,试图寻找变化最小的决策。当一个全新的产品推出时,它被制造成像一个早就存在的常见的产品。例如:第一辆汽车像没有马的马车;第一份电子报纸和杂志如同它们的纸质版本。在社会生活中,人们总想避免剧烈的变化。那么,人们准备进行决策时,首先应认清目标,然后比较是改变还是维持现状更有利于实现目标。如果要改变现状,就不要因为自己和他人曾经作出的努力、付出的成本而缺乏改变现状的勇气。随着时间的推移,维持现状的有效性往往会改变。当考虑到变革的必要性时,要设想一下将来可能发生的情形。如果几个备选方案都比维持现状好,就要避免由于难以选择最优方案而最终决定维持现状。

1.3.3.2 维护历史的陷阱

人们在一种选择或一个方向上考虑越多,要改变这个方向或做出不同的选择就越困难。特别是对已经投入时间、资金或其他资源,或者担心可能因为重新作出决策而利益受损,作出选择就越发困难。比如,一个人花费了大量的时间,付出了努力,针对一个特定市场投放了新产品,并且获得了成功,即便该市场后来清楚地表明其产品市场前景并不看好,他也难以作出撤出市场的决定。当考虑是否需要改变方向时,要有意识地把过去的一切投入都忽略不计,寻求并聆听那些没有参与早期决策的人的意见,反思自己,弄清决策失误的根源,然后开始改变方向。

1.3.3.3 确认证据的陷阱

确认证据的陷阱是一种偏见,它只是引导人们寻找那些支持自己现有观点的证据,而回避那些对自己不利的信息。这种偏见,不仅影响人们收集信息的途径,从而强化已有的立场或观点,而且会影响人们对所得证据的理解和利用。为了规避这种陷阱,需要不断地进行比较、分析,避免不加思考就接受支持性证据的倾向。要多听反对意见,或者自己提出反面意见,挑战自己现有的观点。在寻求他人的建议时,避免诱导性的提问,因为这样会使自己的决策有明显的倾向性而左右他人的意见。要确保他人不受自己观点的片面影响,同时能够提供出真正独立思考的意见和建议。

1.3.3.4 决策框架的陷阱

人们喜欢规避风险,并寻找理由拒绝或避免有可能存在损失的决策,无论这种可能的损失有多小。人们倾向于接受事物最初的状态,而不愿意用自己的方式重新界定问题。无论是自己还是他人为事物构建了最初的框架,都不要自动地接受,要尝试着使用不同的方式,重新设定事务或机会的框架,从不同方面考察事务或者机会,预测不同的结果。此外,要采取中立的态度,也就是对决策的得失都要加以考虑,或者接受不同的观点。在决策过程中,尝试问问自己:如果框架改变了,如何改变思路?

1.3.3.5 过分谨慎的陷阱

在预测未来的时候,人们常常会过度警觉或慎重。当面对高风险的决策时,人们倾向于调整自己的估计或预测,使其“恰好处于安全线上”。一个极端的例子是“最坏情况下的事态分析法”,这个方法曾普遍用于武器系统的设计,工程师使用这种方法,针对可能的最恶劣的环境条件设计武器,即使这些条件出现的概率事实上非常微小,他们也是如此设计。

上述诸种决策陷阱并不是独立地发挥作用,而是彼此关联,从而扩大威力。当人们快速作出决策时,往往是依赖自己的内在本能,因此经常会掉入决策陷阱。为避免出现这种失误,决策者在决策前首先要审视自己如何作这项决策,在确定这项决策十分有效之前,不要用感情因素看待决策结果。

1.4 企业管理决策的影响因素

1.4.1 基本的影响因素

一项正确、有效的决策需要深入分析的因素很多,其中决策者、组织、社会经济、信息四个方面的因素对决策的正确性、有效性尤为重要。

1.4.1.1 决策者因素

决策者拥有决策权,他在决策过程中有对诸多备选方案的选择决定权,负责整个决策过程的领导工作,负责解决决策过程中的疑难问题。管理决策具有层次性,决策者包括企业内拥有不同经营管理权力的经营者和管理者,但就企业内不同权力的经营者和管理者在决策活动中的地位而言,那些能引导和指挥他人按照某种方式行动、促使他人完成工作任务的领导者,尤其是企业最高层的领导者,他们往往居于决策活动的核心地位,也是决策领导者。决策者在决策过程中的职责可概括为决定、组织和检查与控制。

(1)决定。一个决策者在决策过程中首先要确定决策目标。比如,是确定经营战略,还是确定产品结构、职工培训,或投资方向、资金筹措,然后为实现决策目标作出"拍板定案"的决定,选择最佳方案。

(2)组织。首先是决策组织的建立,决定参与决策的人员范围,然后指挥和协调决策过程中各类人员之间的关系,为实现决策目标提供组织保证、人员保证和措施保证。

(3)检查与控制。在决策目标和方案的实施过程中,决策者通过检查、总结,及时、准确地发现问题,并采取措施予以解决,不断地完善和修正决策方案。

由上述职责可见,决策者在企业决策过程中处于举足轻重的领导地位,他们素质的高低直接影响企业决策的正确性和有效性。对决策者应当具备的素质,许多专家和企业家都有自己的看法。研究认为,对决策者的素质要求可归纳为知识结构、能力结构和心理结构三个方面。当然,作为企业不同层次的决策者,对其知识结构、能力结构在要求是有所不同的。例如:知识结构方面,越是高层决策者越要求其知识广而博,越是基层决策者越要求其专而精;能力结构方面,不同层次的决策者要有与其职务权限相应的能力水平。

决策者在决策过程中保持心理平衡是保证企业决策机制正常运转的重要条件。企业内不同的决策者处在企业不同的管理层次、不同部门的领导岗位上,在实施决策的过程中,决策者的认知、情绪和意志是决策者与其下属执行者之间关系的一种心理平衡的体现。如果一个企业内决策者的认知、情绪与自己的理性意志发生矛盾,不能做到认知、情绪和意志三者的平衡,那么,势必会发生用感情替代理智的现象。此时,即使决策者知识结构、能力结构完善,也很难保证不出现决策失误的情况,如目标选择错误,或方案选择错误,或决策执行错误。决策者心理状态在决策过程中的影响主要体现在决策者的认知、潜意识、直觉、风险态度和压力态度等方面,由此形成决策者的不同决策风格。

第一,认知。认知是决策者对周围相关信息的选择、综合和解释,包括决策者凭经验和习惯有选择地接收信息,汇总信息,并运用经验与直觉解释信息。认知本质上是决策者个体思维对外界各种信息进行处理的一个过程,既需要不停地接收信息,更需要正确地理解所收到的信息。大量事实表明,在决策过程中决策者受到特定决策需求、背景和经历的影响,对接收到的信息存在选择性认知,会出现大相径庭的理解,这样就直接影响决策者发现问题和正确地认识问题,以及评估解决问题办法的正确性,影响决策方案的选择与执行。可见,在决策过程中,决策者要注意并承认自己的有限理性一面,要获取更多信息,努力让自己的认知朝着正确引导决策方向发展。参与决策过程的相关人员必须在与决策者共事之中做好实事求是地改变决策者思维偏见的准备。

第二,潜意识。从弗洛伊德的观点来讲,潜意识是个人以自我为中心对事物作出的一种反应,如恐惧与担心、热情与鼓舞等。在决策过程中决策者的潜意识表现为他从个人角度对需要解决的决策问题产生某种敏感反应。这是决策者对决策问题的直接反应,影响着决策者对决策问题的态度。

第三,直觉。直觉是对问题的一种超越逻辑的思维结果。这种思维结果往往是决策者的洞察力、理解力、想象力和判断力的反应,在对一个复杂问题认知后产生的灵感和理解,这种灵感和理解可以为解决问题带来创造性的突破。有这样一种说法:正确的决策靠90%的情报信息加上10%的直觉。在决策实践中,正确的态度是要恰如其分地利用决策者的直觉,弥补信息依据的不足,将决策者直觉反应的智慧与决策风格体现于决策方案之中。这种态度也是运用系统分析方法解决非规范化决策的基本要求。

第四,风险态度。风险态度是指决策者对待不确定性决策的态度,总体上看分为谨慎类、冒险类和循规蹈矩类。影响决策者风险态度的因素主要有决策者的智力、决策者的期望、决策者能够得到的信息量,以及允许决策者作出选择的时间和作出选择本身的复杂性。这些因素之间是相互联系的:决策者对信息要求的多寡与决策者成功的期望高低成正比,决策者的理解领悟能力强,说明其智商高,在决策时一般对信息的要求也更多。一般来讲,决策者智力越强,越是倾向于反复论证,选择有适度成就且失败率低的方案;智力相对弱的决策者,往往更愿意为回报率高的机会冒较大的风险。决策复杂程度提高,决策者对信息量和时间的需求会随之增加,但当复杂程度达到足够的高度之后,决策者反而会因为没有较好的解决办法而凭自己的直觉作出决策。在不确定的条件下选择方案的过程中,一般决策者既要对某些特定结果的价值与效用进行评价,又要对该结果发生的可能性进行判断。决策者准确判断概率和价值效用的能力将是一项非常重要的因素。

第五,压力态度。压力态度是指决策者面临困难的心态。常见的心态有两种:一是怕决策失误使企业蒙受经济损失和社会声誉的损失;二是怕由此丧失决策者应有的权威。两种心态相互影响决策结果,由于其程度不同,使决策者对待决策问题会持五种不同的处置态度:①因循守旧,决策者一如既往地看重经验,无视条件变化有变革的必要;②见风使舵,决策者无主见,人云亦云,轻易采取行动;③敷衍推诿,决策者借故避免作出决策,把责任推诿给他人或者用文饰来拖延;④惊慌失措,决策者盲目地向各方寻求解决办法,以救燃眉之急;⑤保持警觉,决策者清醒地分析困难,有条不紊地寻找解决困难的方法。显然,最后一种处置压力的态度最有利于保证决策的实施效果。

综上所述,决策者个人心理结构在认知、潜意识、直觉、风险态度和压力态度等方面的表现,在决策程序每一阶段上能否作出合理决策,直至保证整个决策过程的正确、有效都有直接影响,这种影响远比选择定量决策技术复杂得多。参与决策过程的相关人员了解决策者在这些方面的表现,并帮助其合理决策是一项细致的工作。

1.4.1.2 组织因素

企业作为经营活动组织的形式,其本身的目的、目标以及所从事的业务构成了决策的背景,组织既提供决策资源,也对决策进行限制。组织因素是指企业决策背景对管理者决策行为可能产生影响的因素,主要影响因素为集体决策、决策气候和组织的平衡与惯性。

(1)集体决策。现代企业决策由于多层次、多因素及其动态变化,往往需要不同类别和职责的多个人或某个人来完成。集体决策就是不同决策者、参谋者、执行者和信息处理等方面的人员为实现企业目标而研究、设计和选择方案协同工作的过程。集体决策一般有两种形式:固定的和临时性的集体决策。固定性的集体决策组织是企业组织的组成部分,即企业有常设的决策机构、参谋机构、信息机构和实施执行机构。这些机构往往与企业设置的各种组织融为一体,能够在整个经营管理过程中长期发挥作用。固定的集体决策是直接与企业权力机制相关的决策,决策的可靠性和有效程度高,如高级管理人员的选聘,或战略计划的制订。临时性的集体决策组织是为了解决某个问题而成立的一种松散型的临时性机构,通常是就专项决策的方案设计,选择实现决策目标的最优方案,由决策领导者根据需要选定有关人员组成的机构,如为了确定推出一种新产品的可行性,成立一个专门的项目小组。这种临时性的决策组织在决策方案形成后就自动解散。这种决策的可靠性取决于临时性决策组织内人员构成及决策领导者的组织能力,决策的有效性则视审批决策方案的权力机构的权威而定。现代企业决策由个人决策向集体决策发展,决策过程由一言堂向群言堂发展,有利于实现决策的民主化、科学化。为此,要求决策领导者能够耐心地听取各种意见,给予各种想法以公开表达的机会,并且平等地对待各种意见,做到集思广益;同时,在相关人员的协助下,与决策集体中每个成员相互沟通,了解他们对集体决策任务和目标的理解及观点,尤其要处理好成员间存在的分歧,不能无原则地调和、迁就与妥协,而要对集体决策运作了然于胸,确保运作正常。要善于论证自己的观点并进行总结,比较客观地提出合理方案。当决策在大多数成员之间达成一致后,确保全体成员都同意执行最终制定的方案。这样,集体决策就能发挥决策成员间沟通机会多、协调水平高、执行决策承诺力度强的内在优势;加之通过对集体决策方式的良好培训与提供实践机会,就会制定出涉及范围更广的备选方案,提供更多信息并增加创新性,确保决策的高质量与可信度。当然,集体决策过程比较复杂,耗费时间较多,利用不当会影响决策速度。

(2)决策气候。正如人们对生活环境有舒适与不舒适之分的感觉,员工们对所处部门或企业工作环境也有内部组织气候鼓舞人心与心情压抑之分的印象。从管理决策角度而言,与管理者决策行为相关的组织气候就是决策气候,通常用自主权、决策行为制度、报酬定位和决策者得到的重视与支持度四个标准衡量与判断,确定决策气候是否有益于决策者实现其决策行为。

第一,自主权。自主权是指决策选择的独立性,即决策者能自由选择如何作出决策,以及如何实施该决策并承担相应的责任。

第二,决策行为制度。决策行为制度是指给予决策者一个自主行事的框架,表示决策者的决策行为在多大程度上要受到约束。显然,决策行为制度化程度高,决策者受到的约束就强,对创造性地作出有效决策的阻力也会增强。

第三,报酬定位。报酬制度会影响员工的行为,企业可用多种报酬定位方式影响管理者的决策行为,如采用效果定位,会使管理者对失败的担心超过对报酬的渴望,但容易出现逃避或推诿决策困难的现象;如采用方法定位,将给予强调完成任务并能积极提出解决问题想法的管理者提供奖励的支持,有益于决策过程创造力的发挥。

第四，决策者得到的重视与支持。对个人的尊重和支持度是指管理者体察他的决策行为得到充分尊重和支持的程度。决策气候让管理者感受到尊重性和支持程度，他在制定决策过程中会更具有创造性和灵活性。这种个人尊重和支持程度既来自上级，也来自其同事和下属，且需要互惠行动。因为一个人给予他人的尊重和支持越多，他得到的尊重与支持也越多。

(3)组织的平衡与惯性。企业组织是一个复杂的实体，对企业组织的总目标大家都会认可，也能放到桌面上议论，但往往某些组织行为会有一些“隐藏”的目的。比如，为了减少管理层次和环节，决策方案要进行机构调整，该撤的撤，该并的并，那么，撤和并就涉及原有机构领导人如何安置，有些人会下岗，有些人会换岗。组织的平衡与惯性是指决策过程中决策方案形成需要考虑企业组织承受机构变动和人员流动在组织内产生扰动的能力。一个企业组织的平衡与惯性，往往表现在企业组织的政策、规范和先例三个方面。而这三者又往往是决策者逃避或拖延组织改革可以凭借的借口。例如，某地区一个批发公司运用计算机管理，可以使发货时间缩短40%。但是，这样的变革要改变原来的操作程序和操作规范，就会有些管理部门或人员不同意这一变革，认为这样做破坏了原有的管理标准的决策制度。由此可见，面对机构与人员调整、业务范围变化等涉及组织平衡与惯性的问题，还需从观念更新、知识更新方面做工作，在方案设计中，要考虑应对由旧的组织平衡到新的组织平衡之间可能出现的阻力以及应当采取的对策。

1.4.1.3 社会经济因素

决策者和决策组织的决策态度要受到社会经济各种因素的影响，其中社会规范、经济体制、法律限制等都影响决策的制定与执行。

(1)社会规范。社会规范是指社会成员的行为活动可允许的范围，也可以说是社会对每个成员行为的一种评价标准。企业在决策过程中如何处理好社会规范对决策的作用十分重要。首先，要认识到社会规范是一个社会历史发展而成的一种行为评价标准。对企业来讲，管理决策是一种创新活动，社会规范有时也就形成了一种约束力。这种约束力的大小与企业决策当时所处条件有关，若企业管理决策所处环境条件是含糊和不确定的，社会规范的影响作用就小；决策过程信息交流的保密程度越高，受规范影响的可能越小；与外界舆论的一致性越强，受规范的影响越大；决策领导者越有信心和魄力，受影响的程度越低；决策集体成员越团结，意见越接近，影响也就越小。其次，社会规范决定企业的伦理行为取向。从企业是经济组织本质而言，企业决策追求利润最优化绝对不会错，但从社会的伦理行为来讲，把利润最优化作为唯一的经营目标，企业就会在社会上失去公众的信任。过去，许多企业的经理不敢提追求利润，而现在又有一种只强调金钱的倾向，这些都是片面的。企业决策应当充分认识到决策问题的多维性，尤其是有深远影响的重大决策，应当有多元目标，把追求利润最优化和社会责任灵活地结合起来。

(2)经济体制。自新中国成立以来，我国经济体制经历了高度集中的计划经济、社会主义有计划的商品经济两个阶段，目前为社会主义市场经济阶段。经济体制影响着企业的决策行为。在高度集中的计划经济体制下，企业受到过多的行政干预和行政保护，计划由上级下达，原材料由国家供应，产品统销，盈利上缴国家，亏损由国家补贴，国家对企业业绩的考核只注重产值等规模指标。企业决策行为完全是对上级负责，即依靠上级的战略规划，致力于企业如何完成上级计划，追求产值数量最大化。改革开放后，特别是党的十届四中全会确立了社会主义市场经济体制的改革目标以来，我国企业改革多年的探索和实践证明，既坚持企业国有资本国家所有，又能实现政企分开，企业成为独立法人实体的关键是建立与社会主义市场经济体制要求相符的现代企业制度。党的十六大进一步强调“国有企业是我国国民经济的支柱……按照现代企业制度的要求，国有大中型企业继续实行规范的公司制度改革，完善法人治理结构”。这样，在社会主义市场经济体制下国有企业的决策行为就需要有根本性的变革。总的来看，随着社会主义市场经济体制的建立和完善，企业决策环境有所改善(如现代企业制度的健全；决策者权威、能力和对下属的信任程度；下属执行者要求独立的程度、参与决策的愿望与兴趣、对目标理解的程度、具备的知识与经验等)，企业决策行为主要取向是企业家型和下约束型两种。企业家型决策行为，是指企业的厂长、经理是企业决策最后的决断者，在企业具有极高权威，能够对企业的经营大计、战略实施的推进创造性地作出判断决定；下约束型决策行为，是指企业中层决策者拥有较大的决策自主权，企业长期经营形成的企业价值观和行为规范是其决策行为的制约力。

(3)法律限制。社会的法律限制、文化特点也会影响企业的决策行为。比如，市场经济条件下，国家各项法律制度的建立与完善，一方面使市场行为规范化代表着机会，另一方面使企业决策灵活性受到限制代表着障碍，这样，企业决策就不仅仅是照章办事，而是需要深思熟虑地分析决策。

1.4.1.4 信息因素

信息是决策主体在决策过程中作出正确决策的依据，表现为支持决策的资料、信息和以某种方式加工分析得出的某些结论。真实的信息是正确决策的基础和前提。影响管理决策质量的信息主要有以下四个因素。

(1)信息的可靠性。信息的可靠性是指信息符合实际情况的真实程度。信息越真实，可靠性就越高，只有真实可靠的信息才能有益于决策主体作出正确决策。为了保证信息的可靠性，对信息的收集、加工处理过程进行管理控制十分必要；同时，要尽量借助统计分析技术，测定调查研究分析结果在统计意义上代表总体的精确程度。

(2)信息的数量。信息的数量是指决策过程中决策主体所占有的与决策有关的信息的数量。决策主体就某一决策问题施行方案设计之前应预估所掌握的有关信息的数量是否足够,若不够,应当继续收集补充。必须指出,对信息的数量不能简单地理解为资料、消息条目的多少,重要的是所拥有资料、消息的信息含量,即资料、消息有益于决策主体减少对所关心事物认识上的不肯定性程度,这些不肯定性程度越低,信息含量大的资料、消息就越有助于决策主体作出正确决策。

(3)信息的及时性。信息的及时性是决策主体获得信息后能够迅速作出决策,使企业获得效益的及时程度。如果信息到达决策者的时间早,可保证决策者不失时机地作出决策,获得某种效益,则信息为及时;反之,信息到达的时间过晚,决策者不能据以获得某种效益,则信息为不及时。

(4)信息的适用性。信息的适用性是指为决策者提供的信息与其作出决策所需信息之间的一致程度,决策者面临决策的信息需求随决策者所在管理层次的决策类型的不同而不同。表 1 - 1 列出了企业作业决策、战术决策和战略决策三类不同决策的信息需求特征,凡是提供的信息与决策有关,符合信息需求特征的为适用信息;反之,与决策无关,不符合信息需求特征的为不适用信息。只有信息的适用性强,其价值才能增加。

表 1 - 1　不同决策类型的信息需求特征

信息特征	作业决策	战术决策	战略决策
时间性	历史的,现实的	⟶	未来的
来源	主要是内部的	⟶	外部的
综合性	具体、详细	⟶	综合、概括
范围	明确、狭窄	⟶	广泛
精确度	高要求	⟶	低
使用频率	高	⟶	低
数量性	以量化信息为主	⟶	以定性信息为主

1.4.2　企业成本对企业管理决策的影响

对企业的成本进行分类研究,为企业不同时期、不同经营状况进行决策提供了依据,并对西方经济学与马克思政治经济学中的成本含义进行了比较分析。

企业需要在市场运行中获取利益,降低成本,并在市场经济环境中生存、发展。企业的生存、发展,依据各种成本核算和成本测度,可以从不同的角度,以不同的标准,把企业成本分成若干类,从而指导不同时期的企业决策。

1.4.2.1 经济成本与会计成本

企业成本测度的范围包括经济成本和会计成本。经济成本是企业发展方向的标准,经济学家和企业经营管理者更加关注企业的经济成本,即关注企业的前景,预测企业将来的成本水平。在经济成本中运用最多的是机会成本,机会成本是作出一项决策时的重要依据,之所以有机会成本,是因为资源有多种多样的用途。在作出任何一项决策时都要使收益大于机会成本;反之,如果机会成本大于收益,则这项决策从经济的角度看就是不合理的。获取机会成本收益,企业必须比较和分析既定资源不同使用的经济效益,以选择最佳方案和为决策提供科学依据,从而实现资源的合理配置,因此,机会成本也称选择成本,只要存在选择就存在机会成本。机会成本不是一种实际成本,只是一种可能的成本,企业在经营决策或投资决策前更多的是考虑机会成本,但是一旦进入经营运作,就需以实际发生的成本来衡量、比较、分析决策的结果。机会成本的控制主要掌握在企业高层管理人员手中,往往不会向中下层管理者传递,但对机会成本控制的结果却会影响整个企业的生存和发展,因此,对机会成本的了解、掌握和控制有赖于高层管理人员的战略眼光和高屋建瓴的能力。

会计成本是企业在生产经营过程中,按市场价格实际支付的生产要素的费用记载在企业会计账本上的数据,是证明企业已经支出的费用。会计成本是一种实际发生的成本,是对企业经营运作的支出记载,也是企业对生产的产品进行定价的标准和依据;同时,通过对会计成本的计量、比较和分析,可准确了解企业的经营运作情况、费用与收益的配比情况,了解企业的经营成果,并作为利润分配的标准。会计成本需要专业人员进行记录,日常工作主要由会计担任,但是,如果要通过合理避税,从而降低企业成本则只有高级会计人员才可胜任。财务分析及管理人员以会计成本及企业的财务状况向高层管理者报告企业的现状,并对企业的运行态势作出一定的预测,指导企业的产品定价、营销及相关决策。

经济成本是关注将来的成本,会计成本是关注过去发生的成本,但二者对企业将来的发展都有预测作用。经济成本是考虑经营的这种可能与那种可能的收益比较,会计成本是通过对过去发生的成本预测企业未来的发展趋势。对经济成本与会计成本的比较研究有利于企业在建立初期、经营时期、规模扩张时期以及转型时期对成本的核算和成本的测度,从而为企业正确投资决策提供依据。

1.4.2.2 显性成本与隐性成本

显性成本是能够反映在会计账目上的成本,即会计成本,是能够公示并经受审计、检查和监督的成本。显性成本包括工资、材料、资产的租金等。显性成本是企业经营的直接的货币支付,企业非常重视这种成本,对成本进行控制主要是对会计成本的控制。隐性成本是不能或未在会计账目上反映出来的成本,往往是企业利用原来的资源,即使用了自有的生产要素,没有发生货币支付,导致会计账目没有反映。有些成本也无法在会计账目上反映出来,比如,机会成本虽然无法在会计账目上反映出来,但是确实会对企业的经营产生影响,因此机会成本是一种隐性成本。有些成本虽然能够在会计账目上反映出来,成为显性成本,但并非准确,如固定资产的折旧是按规定的方法进行折旧计算的,其无形磨损却不能体现在折旧费用中,所以,随着固定资产的使用时间的延长,其隐性成本越高,对企业的影响越大。隐性成本实际上降低了企业的经营效益,但是,因其在会计账目上无法反映,导致企业利润虚增,并由此增加企业的所得税缴纳额度,使企业收益受损,因此企业要尽量减少隐性成本的支出。隐性成本具有难以计量和把握的特点,需要管理人员和会计人员根据经验和自身的能力作出判断。

对企业存在的显性成本和隐性成本进行分析研究,有利于企业控制成本,减少隐性成本支出,及时和尽快收回成本,取得效益。对显性成本的准确和客观计量有利于企业对生产经营状况的掌控和预测,从而为持续经营和利润分配提供依据。

1.4.2.3 沉淀成本与预期沉淀成本

沉淀成本是指过去已经支出而无法收回的费用,是现在的任何决策都无法收回的成本。沉淀成本已经发生而无法收回,所以沉淀成本不应影响企业的当期决策,企业在决策时要完全撇开沉淀成本。但在实际决策中很容易牵涉沉淀成本,人们总是习惯于将沉淀成本加到经济成本中去,这样就会扩大成本总额,使企业对以前的投资念念不忘,想继续投资又恐无利可图,易影响企业以后的发展。因此,在运用成本分析时,一定要撇开沉淀成本,使其不影响新的决策。所有的生产和经营几乎都有一定的沉淀成本,只要不继续进行生产和经营,已经支付的成本都是沉淀成本。涉及沉淀成本的决策具有战略性意义,企业往往在转产、转型时会考虑沉淀成本,分析沉淀成本对市场结构、企业的竞争策略有重要的影响和意义。

预期沉淀成本也是一项投资,即企业投资时预计所要付出的成本。在考虑预期沉淀成本时,不要将沉淀成本计入投资额,这样才不会扩大成本总额,不会依此作出错误的决策。

区分沉淀成本与预期沉淀成本的意义在于,对投资者来说,一方面不要被过去的成本所限制;另一方面又要准确估计未来的成本。预期沉淀成本一旦发生就会成为实际的沉淀成本。

1.4.2.4 私人成本与社会成本

私人成本是企业从事生产活动实际支付的一切成本。私人成本是从单个企业来看的，通常是企业可以控制的。企业计算利润也以企业付出的私人成本为依据。

社会成本是全社会为这项生产活动所支付的一切成本。私人成本与社会成本往往是有矛盾的。有些行业和企业私人成本低，利润高，但是由全社会为其承担责任，社会成本很高。社会成本最终通过政府支出和政府转移支付体现，社会成本高会影响全社会的利润或福利水平降低。

在市场经济条件下，企业追求利润最大化，寻求既定产量下私人成本最低，也即寻求私人会计成本最低，或者在既定私人会计成本下寻求产量最大化，从而实现利润最大化。但是，由于企业是站在单个个体的角度对其本身的成本、产量、产品、市场份额进行分析的，在资源有限的社会、国家和地区，在价格导向的市场条件下，在具有竞争的市场环境中，单个企业往往不考虑其他企业、居民及全社会的利益，甚至是损害其他企业、居民和社会整体的利益而实现自身利益，实现其单个企业的利润最大化。企业在实现自身利润最大化的同时和创造价值的同时是毁灭或毁损具有价值的物品和资源。这样，财富和资源的流向发生了变化，在资源总量不变的情况下，财富和资源朝向缺乏监督管理的单个企业或个体流动，或许是遭到毁损，使社会资源价值流失。

现代工业文明带来的往往是私人成本低而社会成本高的经济状态，随着法律监督范围的扩大和法律效力的增强以及和谐共处意识的觉醒，人们对企业的评价和要求不再是单个企业的利润最大化，而是社会成本最低。只有实现社会成本最低、谋求社会效益最高的企业才是社会认同的企业，才是真正创造价值、创造财富的企业。

1.4.3 经营决策和经济效益

1.4.3.1 经营决策与效益的关系

自改革开放以来，我国社会主义市场经济体系日趋成熟和完善。企业不再有“大锅饭”吃，原来的财政拨款、国家包销变为现在的自主经营、自负盈亏。在这种情况下，决策成为企业的灵魂，决策的正确与否决定着企业的生存发展。因此，如何作出科学可行的经营决策，提高企业的经济效益，成为至关重要的问题。

(1)对“经济效益”含义的重新认识。一般认为，经济效益是指以尽量少的活劳动消耗和物化劳动消耗生产尽可能多的产品。但经济效益既是企业本身的效益，也是全社会的经济效益。因此，在企业的生产经营活动中，生产的产品和提供的劳务首先应符合广大消费者的需要，然后才是以最少的劳动占用和耗费取得最多的劳动成果。只有这样,企业才能既生产出社会需要的商品,又获得较高的经济效益,而且还能节省社会资源;反之,企业生产出来的产品没有市场需求,即造成资源的极大浪费,其效益也必定低下。马克思说过:“真正的财富在于用尽量少的价值,创造出尽量多的使用价值。”因此,不能片面认为效益就是耗费少、成本低、利润高或是缴税多。讲效益应当是投入最少,产出最多,而且生产出来的产品是社会所需要的。

在现实社会中,经济效益的微观表现形态是企业盈利,宏观表现形态是国民收入,其实质上都是剩余产品。因此,企业既要避免不顾产品耗费和产品适用性而片面追求高产量、高产值和高利润的做法,又要在低能耗的情况下加强管理,增加剩余产品,以保证社会财富的必要积累。所以,提高经济效益应当是以尽可能少的活劳动消耗和物化劳动消耗,生产尽可能多的符合社会需要的产品。

(2)决策是企业经营者最重要的职能。企业的经营过程实际上就是制定决策和实施决策的过程。决策的正确与否,直接关系到企业的经济效益和兴衰存亡。经营决策的核心内容就是要为提高经济效益服务。在经营决策的过程中,从对成本形态的分析、盈亏临界点的计算、成本—产量—利润依存关系的分析、价格的制定到销售渠道的选择、新产品开发、资金的筹措与使用,以及投资项目的评价等,无一不是围绕着“提高经济效益”这一核心进行的。

(3)经营决策的根本任务是提高企业经济效益。在市场经济逐步替代计划经济的情况下,企业要生存、要发展,就要不失时机地在原材料供应、生产制造和产品销售方面做大量的抉择工作,就要抓好企业的质量管理、劳动管理、财务管理和统计管理等,这些工作也涉及许多决策。不仅如此,企业还存在着广泛的外部联系:与政府及管理机构的联系、与其他企业之间的联系、与广大消费者之间的联系等。在这些联系中同样需要作出决策,但所有决策的目的只有一个:提高经济效益。因此,经济效益既是企业经营决策的出发点,也是经营决策的最终目的。

1.4.3.2 经营决策是提高经济效益的有效途径

(1)评价经济效益的原则。首先,微观经济效益服从于宏观经济效益。要大力提高企业的经济效益,但也不能忽视社会的经济效益。有些企业常常通过各种不合法的手段隐瞒收益,使实际上经济效益很好的企业在账面上却体现为亏损,从而达到少纳税或不纳税的目的。其次,兼顾当期效益与长远效益的一致。有些企业实行承包制后,经营者为了在承包期狠狠地捞一把,全然不顾企业长远的生存,每天加班加点,拼资源、拼设备、拼人力,这样必然造成企业行为的短期化。竭泽而渔,只重眼前的经济效益毕竟不是长久之计。

(2)运用经济效益审计监督和促进企业提高经济效益。与财务审计有所不同,经济效益审计是从经济、技术、管理和法规各方面对企业经济活动的合理性、经济性和有效性所进行的审计。它不仅是对财务收支进行审计,而且运用经济活动分析方法和现代管理的一系列方法进行事前、事中和事后分析,侧重经济评价与鉴证。此外,经济效益审计还强调后续审计,对于复杂项目还可携同技术人员一起参与。因此,经济效益审计可以为企业决策者提供大量有效且有方向性的数据,具有建设性的作用。

(3)影响企业经济效益的因素。我国一些企业经济效益欠佳,一方面是原材料价格提高,费用上涨;另一方面是产品销路不好,造成产品积压,导致资金短缺。这些问题产生的原因,除国家宏观调控机制不够完善、产业结构尚不合理、资源未能充分发挥作用、生产资料和消费市场疲软、通货膨胀以及物价上涨等客观因素之外,企业自身也要承担不可推卸的责任。比如,企业管理制度不健全、管理方法不科学、管理手段不恰当或管理方向有偏差,只重视解决资金与原材料等问题,忽视和放松了生产、市场、质量、成本和产品品种等管理工作,而这些问题又是因为受到企业决策的影响而产生的。

(4)正确决策是提高企业经济效益的有效途径。提高产品质量,增加产品品种的决策是提高企业经济效益的根本途径;同时,充分利用会计信息,及时作出正确的决策是提高企业经济效益的重要途径。要充分利用会计预测的职能进行投资决策、技术引进决策、产品开发决策、产品销售决策、技术改造决策、成本价格决策及其他与经济效益有关的决策。这样,不但可以规划各项资金的筹措、分配、使用和周转,为决策的顺利实施提供资金保证,又可以保证资金的合理使用和企业的经营方向。提高企业的决策能力,提高经济效益,必须提高决策人员的素质。既然经营决策的正确与否从根本上决定了企业的经济效益,而决策又是由人作出的,因此,提高决策人员的素质就成为当务之急。首先,决策人员必须树立效益观念,使效益最大化成为经营决策的首要目标,把提高经济效益作为一切经济工作的中心;其次,企业要加强对管理决策人员的培训,全面提高他们的政治素质和业务素质;再次,决策人员还要注意借鉴国内外的先进经验,增强企业预测、应变、竞争、信息传递和生存发展的能力,努力促进决策的科学化。

综上所述,经济效益不仅是经营决策的核心内容,也是企业的根本任务。良好的经济效益来自正确及时的经营决策,尤其是在我国社会主义市场经济快速发展的形势下,讲效益、抓效益、要效益已成为企业一切工作的出发点和落脚点。要实现到21世纪中叶我国达到中等发达国家水平的目标,必须减少企业的资源浪费,强化企业的各项管理手段,提高经济素质,扎扎实实地把经济效益搞上去。而要全面提高企业的经济效益,增加社会的有效供给,最终还是要依靠决策者把握市场经济规律,不失时机地作出正确可行的经营决策。

1.4.3.3 企业经营决策与企业信息的关系

如今,信息技术的发展,互联网络的普及与应用,使人们生活在信息化的时代。面对激烈的市场竞争,企业要想在艰难的市场环境中立于不败之地,作好企业的经营决策是解决企业竞争与发展的核心问题。企业要了解和分析企业间的信息,通过对比与参照,制定出企业经营的决策方针,在这个方针下保持企业的高效运行。企业的信息管理是一个企业提高自身竞争力的核心表现,决定着企业的经营决策。

(1)企业经营决策的含义与企业信息之间的关系。企业的经营决策不是一瞬间就能够确定或者是短时间内果断决定下来的,它需要有一系列前期的准备工作,通过对这些工作的分析与探讨,经过一段时间的考察和尝试才能制定出企业的经营决策。而这一系列工作最终结果取决于企业的信息资源,企业获得的信息决定着企业经营决策的方向,对经营决策有指导作用。

企业经营决策的基本范围主要由确立企业经营方向、经营目标和确定企业的经营方针两大方面组成。经营决策的内容主要包括产品决策、投资决策、供应决策、生产决策、营销决策、人力资源开发决策和企业合作决策等。企业信息的内容十分广泛,不同的信息会影响到不同方面的决策。根据信息的来源可以把企业决策分为确定企业经营方向、经营目标、经营方针及经营方案的多种决策。随着企业经营范围的扩大、市场环境的变化以及企业的不断发展,企业的经营方式、经营理念也会调整,决策的内容将会越来越多、越来越广泛,这也就意味着涉及企业的信息也会越来越多。

(2)企业经营决策与企业信息之间的相互作用。企业的初始经营决策的确定对于一个企业来说是相对困难的,因为企业要对一项新的、从未从事过的活动进行分析,这个过程需要掌握的企业信息与决策程序相对繁琐。这个过程中一般包括以下方面的工作:

第一,广泛地、有针对性地搜集信息,进行企业经营环境研究,确定企业新的经营方向和经营目标。初始决策首先面临的是要在广泛的经济领域里确定投资哪一个行业、哪一种产品的问题。这必须通过对内外环境及其自己具备的能力的双重认识、权衡来确定。

第二,拟定备选经营方案。在确定了新的经营方向、经营目标后,初始决策的第二项工作是围绕既定的经营方向、目标收集信息,拟定多个备选经营方案,这是决策的关键;如果只有一个经营方案就无法比较,也难以分辨方案的优劣。

第三,评价备选可行性经营方案。为了防止和避免决策失误,必须对备选方案进行全面评价。评价的内容为:经营方向和目标是否合理;经营方针及可行性方案是否符合经营方向和经营目标;决策所依据的价值准则是否正确;可行性方案在技术上是否可行;制定可行性方案所采用的理论和方法是否科学;

可行性方案在经济上是否合理;方案从社会的角度看是否可行;方案是否与企业的资源及能力相适应。评价的方法主要为:经验判断法、数学分析法和实验法。

追踪经营决策是指在已有的初始企业经营决策的基础上对已从事的企业经营活动的方向、目标、方针及方案作某些调整,如增减某种产品的生产量,增减某系列产品中的一种产品,停止生产某种产品,对企业的机构及人员进行调整,对企业管理方式、经营方式进行调整等。因为企业是运转的,这些信息也是动态变化的,企业决策的改善要根据信息的引导不断加以完善。通过对新的信息变化的研究,分析信息变化的差距及其原因,决定是否有改变和调整的必要。如果目标有改善的必要,就要进一步研究针对不平衡将要采取的措施,指出采取措施应达到的目的即改善目标。决策的本质是信息的引导,而要发挥正确信息的引导作用,就必须掌握大量的、准确的、企业以及同行业的市场信息,提出多种备选的可行性方案。可供选择的方案越多,信息越多、越准确,决策就有可能越完善。对经营方案的选择和比较,应该注意统筹兼顾,要注意反对意见,同时还要有及时的决断能力。

信息可分为初始信息与整合信息。对于大多数企业而言,并不是缺少最原始的信息数据,问题在于,面对过量的冗余数据和数据不一致,企业不能得出完善合理的分析结果,也就不能作出对企业起着方向指示作用的决策方案。因此,面对如此严峻的决策支持需求,我们就要对信息进行整合、归类、对比、分析,把大量的冗长、无规律的数据转换成可靠的、商用的信息,以便于决策。只有对初始信息进行科学的处理,企业内分散的原始操作数据和来自外部的数据汇集和整理到一起,才能为企业提供完整、及时、准确和清晰的决策信息,从企业信息池中随机地提取、分析数据,有效地服务于企业的全方位决策,由此也就带来了企业对信息处理的需求即信息管理。把企业的初始信息放到一个系统内,经过一系列的过滤、分类、汇总等处理,就形成了一个企业信息数据库,再通过日积月累的扩展,使数据库从一种局部的企业解决方案扩展到企业外部,扩展到企业的用户中去,使企业用户的数据库使用领域更加广泛,数据库从一种企业数据管理工具扩展到企业辅助决策工具,能够充分利用数据库中的数据资源,为企业的发展发挥辅助决策的功能。

(3)信息管理与企业经营决策的发展空间。信息化管理是企业的软实力,从某种角度上讲,它是一种无形的管理变革工具,为企业经营方向的确认和业务的开展与创新提供了良好的支撑。信息化管理的最基本表现就是科学化、数字化和整合化管理。对于一个企业而言,它要不断地成长和发展,调整不正确的或者不适应的决策方案,就要依托数据的有力支持。企业的经营决策是一个企业得以继续健康、稳健发展的方向,决策正确与否,受到信息准确性的影响,两者之间有着必然的因果联系。因此,企业的经营决策需要一个科学的数据支持,对这些信息的准确性进行大量分析离不开信息数据的管理,它们之间共存亡的必然联系,标志着两者巨大的市场发展空间。

企业的发展是一个过程,从开始的成立到业务的发展扩大表现为周期性的过程。一个企业发展到一定程度后,总会在经营方面遇到瓶颈,对于如何突破发展的瓶颈,把企业的经营风险降到最低并且保持可持续发展,果断而恰当的决策是必行之路。信息管理可以为企业经营决策提供一个科学的、务实的、符合当前经济环境的指导方案,是经营决策的智能支持工具。企业为了进一步发展壮大,要做好信息管理的各项工作。

1.5 怎样才能做出科学决策

随着市场经济的发展,我国的市场竞争日益激烈,对于一个在激烈市场竞争中争取获胜的企业来说,管理是企业生存的基础,是企业长久发展的保证,而经营决策在企业管理中更处于中心地位,经营决策正确与否关系着企业的兴衰与存亡,因此,经营决策贯穿于企业管理的全过程。企业的经营决策是在分析企业外部环境、内部条件的基础上,依据客观规律和实际情况,对企业总体发展和各种重要经营活动的经营目标、方针和策略作出正确抉择的工作,它是一个过程,是一种寻找问题、制订方案、评价和选择方案的活动。

经营决策的目的是通过谋求企业外部环境、企业内部条件、企业经营目标三者的动态平衡,以求得企业的最佳经济效益,而企业的外部环境和内部条件又是复杂多变的,所以,企业要作出一项成功的经营决策首先必须研究企业的外部环境和内部条件。

1.5.1 企业外部环境研究

企业外部环境主要是指企业以外的整体社会环境,包括国内外的政治、经济、军事、法律、文化教育及科学技术等因素。

企业进行外部环境研究,能为企业的经营决策提供客观、真实的依据;能使企业的决策具有相对的稳定性;能使企业很好地适应环境的变化;能让企业抓住机遇,回避风险;有助于企业作出正确的决策。

对企业外部环境的研究内容包括:一般社会环境的研究;相关科学技术发展情况的研究;资源供应的研究;相关市场的研究;国内政策的研究。

由于我国企业受市场和国家政策的影响较大,所以应当重点做好市场研究和政策研究。

1.5.1.1　市场研究

(1)市场需求研究。市场是企业生产和发展的基础,企业只有适应市场的需求,使产品适销对路,企业才能生存、发展壮大。影响市场需求的因素主要有以下三个:

一是购买力的大小。购买力的大小取决于三个因素:①国家货币发行总量。一般来说,货币发行总量大,购买力就强,企业就有可能大发展。②用户收入。用户收入包括个人收入和家庭收入。家庭平均收入是决定购买力大小的真正因素。③人口数量。一般来说,人口多的地区,市场规模大,购买力就强;另外,流动人口多的地区购买力也强。④国家对集团消费品购买力的控制程度。国家对企业或单位购置高级消费品控制较严时,社会集团的购买力就小。

二是购买动机。购买动机包括理智动机和情感动机两种:理智动机是建立在客观需要基础上的购买动机,是指人们在对商品有比较充分的了解、分析、比较的基础上的购买动力;情感动机是建立在主观情感需要的基础上的购买动机,如求新、求廉、好奇等,是一种不稳定的购买动机。

三是现实需求与潜在需求。现实需求是用户已经意识到并有能力购买并且准备购买某种产品的需求;潜在需求是处于潜在状态的需求,包括用户在客观上存在但还未意识到的需求和用户已意识到但由于其他原因还不能实现购买的需求。

(2)市场细分。根据用户的不同特点,把企业的总体市场细分出的不同子市场称为市场细分。比如,按社会属性划分,可以分为社会主义市场和资本主义市场;按气候划分,可以分为寒带市场、热带市场和温带市场;按地区划分,可以分为国际市场和国内市场;按产品用途划分,可以分为生产资料市场和消费资料市场。市场细分的目的在于了解用户和市场的分布情况,认清企业的主体市场、辅助市场,分析市场的潜力,以便更好地作出决策。

(3)市场容量分析。分析企业产品市场的总需求量。

(4)产品市场占有率。分析企业产品在同类产品市场中占有的比重。

(5)市场竞争研究。分析市场竞争情况需要做好两项调查:

一是对整个市场的竞争情况进行调查,分析主产品和替代产品的情况,认清企业在市场竞争中的地位。

二是对竞争对手和潜在竞争对手进行调查,包括其总体的基本情况、竞争能力、研发新产品的动向等。

(6)市场研究的方法。市场研究主要有两种方法:

一是市场调查。主要是了解市场过去的状况和现实的情况。主要方法有报刊收集法、询问法、观察法和实验法等。具体运用时可采用普查法和抽样调查法。

二是市场预测。市场预测是根据现有资料推测未来发展趋势的一种管理和研究方法。这种预测方法分为两种:①经验判断法,包括领导干部判断法、专业人员分析法和专业意见法;②计量法,包括平均法、回归分析法和统计法。

1.5.1.2 政策研究

政策研究是指企业的领导者和相关人员对国家的大政方针,以及与本企业有关的具体政策进行收集、归类、分析和预测,并根据分析预测的结果制定相应的内部政策、对策的全部管理活动的总称。对现行政策进行研究能使企业更好地理解和执行政策,能明确地知晓哪些事情该做、哪些事情不该做,从而及时地作出正确的决策,还可以从现行政策运行中找出规律性,从而预测政策的发展。

政策研究的方法主要有三种:一是调查,即收集政策信息,不管是公开的还是暂未公开的,只要是与企业发展相关的政策信息都要收集;二是分析研究政策信息;三是预测政策。

1.5.2 企业内部条件分析

第一,企业内部条件分析的含义。企业内部条件分析是对企业所拥有的客观物质条件和主观工作情况的定性和定量分析。

第二,企业内部条件分析的意义。企业内部环境或条件是企业经营的基础,是制定经营目标的出发点、依据和条件,是竞争取得成功的根本。对企业的内部环境进行分析,目的在于掌握企业目前的状况,明确企业所具有的长处和弱点,以便使确定的目标能够实现,发挥企业的优势,有效地利用企业资源;同时,针对企业的弱点,采取积极的改进态度,制定有效的改进措施。

第三,企业内部条件分析的重点。一般来说,一个企业的内部环境包括财务状况、产品线及竞争地位、设备状况、市场营销能力、研究和开发能力、人员数量及质量和组织结构等。其中,产品、市场和财务分析是企业内部条件分析的重点。

1.5.2.1 产品分析

(1)产品竞争能力:同类产品或替代产品的竞争性分析;产品的质量分析;产品的价格分析;产品的成本分析;产品的服务分析,包括售前和售后服务,同样产品的质量、价格比较服务水平。

(2)产品的市场容量:产品的适应性越强,市场容量就越大;否则,市场容量就小。

(3)产品市场占有率:产品在市场上占有的百分比。

(4)产品的寿命周期:产品一般包括投放期、成长期、成熟期和衰退期。企业要想立足市场,必须注重产品的更新换代,不断推出新产品。

(5)产品的获益能力:通常用资金利润率来计算。

(6)企业核心竞争力:一是市场开拓能力;二是扩大再生产能力;三是新产品开发能力。

1.5.2.2 市场分析

(1)研究市场容量:产品在市场中的年需求总量,进而明晰产品的市场适应性。

(2)研究市场占有率:企业产品在同类产品中的市场占有率。

(3)研究市场的竞争:市场的竞争性和竞争对手的情况。

(4)研究产品的市场定位:弄清楚产品的主体消费者是哪些群体。

(5)研究产品的市场组合:体现产品本身的市场效应,适应不同层次的消费者,也可以深入分析某个产品的细分市场。

1.5.2.3 财务分析

(1)资金利润率分析:分析投资成本,包括流动资金、固定资金和全部资金利润率。

(2)盈亏分析:找到企业的盈亏平衡点,包括产量法、销售额法和临界收益法。

(3)经营安全率分析:(现实产量-盈亏平衡的产量)/盈亏平衡产量·100%

(4)财务报表分析:包括常规报表、财务发展趋势报表和问题专项报表。

1.5.3 决策的程序及方法

企业在研究外部环境和进行内部条件分析的基础上,可进一步作出经营决策。

1.5.3.1 对现有企业的调查研究

企业进行经营决策是为了解决已经产生或将要产生的问题。经营问题是指企业经营实际达到的状况与应当达到或预期达到的状况之间存在的差距。在调查的基础上,确定企业的经营问题是什么?确定经营问题的具体方法是分析企业外部条件、内部条件、经营目标三者的动态平衡。在调查研究的基础上确定经营目标。目标要明确具体、切实可行并逐步落实。

1.5.3.2 对新建企业的论证

对新建企业,调查的侧重点在于市场调查和市场预测,了解社会是否有需求,其中主要是上市产品的销售市场预测;还要调查了解国家的有关政策,是否有利于本行业的发展;也要研究准备上市产品的内在品质、技术、设备等方面的问题,以避免企业的重复建设和产品的盲目上市。

1.5.3.3 制订多种方案

制订方案必须根据经营问题产生的不同情况、人们对问题产生原因的认识及作用程序制订不同的方案。

(1)对于已经产生的问题,可按人们对产生问题原因的认识和作用程序分为三类:一是人们对问题产生的原因还未查清,因而无法消除产生问题的原因,但维持现状又会带来更大损失,就应采取临时方案;二是对问题产生的原因已经查明,但企业无权或无力消除这种原因,或采取直接消除原因的方法并非最经济的方法,这时应采取具有补救作用的适应性方案;三是问题产生的原因已查明,企业有权也有能力消除这种原因,就应采取从根本上消除问题原因的矫正性方案。

(2)对于将要产生和可能产生的问题,一般有两种解决方法:一是问题产生的原因已十分明确,企业又有能力防止时,就制订预防性方案;二是企业虽然清楚问题及其产生原因但不能清除时,就制订紧急性方案。

1.5.3.4 评价、选择经营方案

一般来说,经营决策难以选择最优方案,只能选择满意方案。经营目标及其具体化的指标是衡量经营决策方案优劣的标准。其中,财务指标,特别是税率、资金利税率等指标尤为重要。选择方案的方法通常有三种:一是经验判断法;二是数学分析法;三是实验法,即选择少数几个典型环境为试点单位进行实验,以获得的经验和数据作为选择方案的依据。企业要根据实际情况选择可行的经营方案。

1.5.3.5 决策的形成方法

决策形成的方法有两种。

(1)经验判断法:凭借决策者的经验、智慧、判断能力作出决策,也称为主观决策,包括领导决策、专家决策。主观决策法的最好方式是领导直接听取专家的意见,和专家一起讨论,在专家意见的基础上形成决策。

(2)计量决策法:这种方法是建立在数学工具基础上的决策方法。它的核心是把决策的变量和变量同目标之间的关系用数学形式表现出来,即建立数学模式。然后,根据决策条件,通过计算求得决策答案。计量决策最常用的是决策收益表、决策树法以及数学方法加经验判断法。

总之,经营决策在企业管理中占据重要地位,关系到企业的生存与发展。企业只有在认真分析外部环境和内部条件的基础上,知己知彼、了解市场、洞察政策,才能做出令人满意的决策,从而引导企业在激烈的市场竞争中立于不败之地。

2

企业管理决策沙盘诞生背景

实践教学一直以来就是高校人才培养中的一个薄弱环节。解决实践教学问题的对策就是要转变观念,构建相对独立而系统的实践教学体系,加快适应实践教学需要的师资队伍建设,加强校内和校外的实习基地建设,并不断完善实践教学的考核制度。

据报道,中国高等教育规模已先后超过俄罗斯、印度和美国,位居世界第一。随着我国高等教育的快速发展,高校毕业生人数逐年增加(如图 2-1 所示),2009 年大学毕业生人数已经突破了 600 万,且其后几年都保持着上升的态势,2010 年大学毕业生人数达到 631 万,2011 年达到 660 万,2012 年达到 680 万,2013 年大学生毕业人数突破 700 万大关。

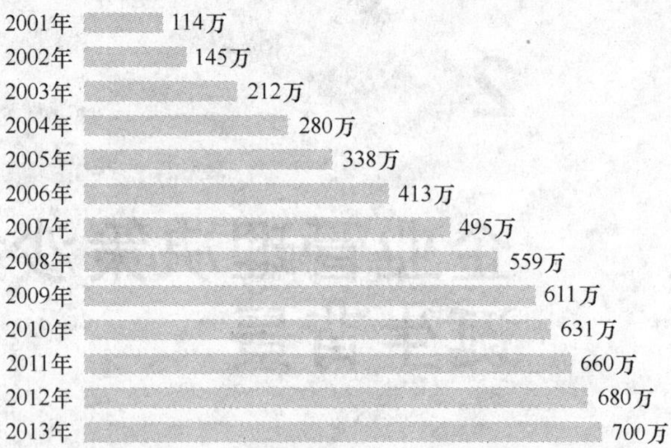

图 2-1　近年全国高校毕业生人数

随着我国高等教育的蓬勃发展,相伴而生的问题也显现出来:一方面是扩招带来的毕业生人数的激增;另一方面是学校教学中社会适应性的培养能力不足,越来越多的毕业生毕业即失业的问题也日益严重。学校是服务社会的,学校只有培养出社会需要的人才,它才会有生存和发展的基础,而毕业即失业的现象必然会阻碍我国高等教育事业的良性发展。近年来,为了能够让学生更好地适应社会需求,一些高校已经意识到了实践教学的重要性,开始顺应市场导向,开设了各种热门专业,增加了实践教学环节。然而,从总体上看,由于传统高等教育中不够重视理论与实践的结合,在教育教学中忽视实践教学环节的惯性作用依然存在,因此,当前的实践教学仍存在着一些问题。

2.1　当前实践教学中的问题与原因分析

实践教学通常是指有计划地组织学生直接从事实际操作的一种教学活动。

虽然目前高校都在尝试或开展实践教学，但从实践教学的效果来看，我国的实践教学总体水平不高，还处于起步阶段。我国实践教学发展缓慢的原因主要表现在以下五个方面。

2.1.1 受惯性作用的影响，在认识上仍轻视实践教学

从我国高等教育的历史来看，高校对实践教学重视不足，始终存在着重知识传授、轻能力培养的问题，直至目前，这种影响也未完全消除。一些办学者观念陈旧，不顾形势变化的需要，仍强调以理论教学为主，实践教学为辅，把实践教学看成是偏门甚至是可有可无；即使开展实践教学，其重心也不是为了培养学生的动手能力和分析问题的能力，而仅仅是将其作为一种加深对有关理论课程的理解和掌握的工具。这种对实践教学重要性缺乏认识、缺乏全员参与的现象依然存在，实践教学在很大程度上仍只是停留在理念上、宣传上，导致相关的工作难以推进，相关要求也很难落到实处。实事求是地说，这是我国实践教学发展缓慢的首要原因。

2.1.2 实践教学体系不完善，实践教学课程设置不到位

尽管目前大多数高校都能认识到实践教学对大学生就业的重要性，并在制定教学计划时明显增加了一些实践教学课程的课时，但是仍有很多实践课程是虚设的。由于一部分高校教育工作者认为实践教学只是理论教学的一个环节和适当的补充，因此，实践教学尤其是文科专业的实践教学被普遍弱化，在教学内容的安排上仍普遍存在着重理论、轻实践，重知识、轻能力的现象，缺乏培养学生动手能力和分析问题能力的一整套规划。加之近年来一些高校在条件尚不具备的情况下扩招速度较快，致使办学经费严重缺乏，实践教学基地无法保证，实践教学进一步被削弱，很多实践教学课程和环节无法安排到位。这些情况不可避免地导致了学生的理论学习与实践脱节、创新意识与动手能力不强。

2.1.3 实践教学的方法和手段落后，教学设施及基地不健全，教学效果差

在我国高校，以讲授为主的教学方法始终占据重要地位，而一些被国外证明效果很好的教学方法，如讨论法、案例教学法、项目课题研究教学法等，在教学中的运用并不广泛。在实践教学中沿袭的一般做法是，在实验、实习前，教师将实验实训的内容、操作方法与步骤、报告格式，甚至每一步将得到的结果等都写得一清二楚。在这种情况下，学生完成教学大纲的规定内容、掌握基本原理和方法，完全是在教师设定的范围内，都是机械地完成操作，学生缺少或者说根本不需要主动积极的思考。然而，一旦离开了教师，学生就会不知所措，其结果

只能是学生的独立创造性日渐消磨,动手能力较差。当然,教育经费的紧张与逐年扩大招生的现实矛盾也使很多大学的硬件建设受阻,教学设施差,教室安排紧也是导致教育手段、教学方式单一的客观原因之一。此外,一些高校不重视校外实践基地的建立和完善,没有建立相对稳定的校外实践教学基地,学生的社会实践多是凭关系,由学生自己去找,这种基地分散、临时性、随意性较多的实践教学状况,不但给教师及时指导和解决学生在实践中出现的问题增加了难度,而且,由于督查难以到位,学生不参加实践活动的情况也较为突出。这些问题的存在,不利于学生实践能力的培养,不利于学生自主创新意识和良好工作作风的形成,导致学生社会适应性不强。

2.1.4 师资队伍实践教学水平不高

从高校进人方面来看,当前一大批高学历的年轻教师成为高校教学的主力军,使教师学历层次有了较大提升,然而这同时也成为教学水平提高的瓶颈。目前,高校招聘教师,学历是主要条件,可是,我国的博士、硕士大多是从校门到校门,他们在接受教育时重理论、轻实践的现象相当普遍,他们所受到的教育基本上就是理论教育,本身并没有经过职业技能训练,毕业后也因课务重或基于职称的压力,也难有实践锻炼的时间和愿望。由于教师自身先天的缺陷,所以在指导学生动手训练时难免能力不足,很难对学生进行实践性教育的指导,在这种情况下,学生实践教学的学习效果差也就在情理之中了。从高校用人方面来看,对实践教学人员重视不够,与同等学历、具有相同专业技术职务的教师相比,实践教学人员往往地位低、待遇差,很多人认为从事实践教学工作低人一等。这些情况轻则影响到实践课教师工作的主动性和积极性,重则会导致许多优秀教师不愿意专门从事实践教学。毫无疑问,实践教学师资队伍的不稳定也是我国实践教学发展缓慢、教学水平不高的重要原因。

2.1.5 实践教学考核评价体系不科学,制度不严格

从评价体系来看,很多高校不注重营造实践创新的环境,没有制定有效的专门的实践教学考核办法和考核标准。长期以来高校采用的评价体系是一种以学习成绩为主的人才培养考核评价体系。这种考核制度,面对学生在实践中获得的千差万别的创新成果和达到的创新水平,显然无法作出公正而又科学的评价,其结果是既难以考查教师的实践教学水平,也不利于对学生创新意识和实践能力的培养。此外,多数高校还缺乏应有的激励机制,对学生参加学术报告、小发明、小创造等各种学科竞赛活动,参加科研立项或参与教师科研课题的科研活动,参加社会实践调查活动、科技服务和科普宣传活动等基本上不给予相应的学分,这种现象也严重抑制了学生开展实践活动的积极性,阻碍了实践教学的发展。

2.2 加强实践教学改革的对策分析

针对高校在实践教学中存在的问题,应当从转变观念入手,从学校和学生发展的实际出发,有针对性地制定相关措施和培养计划,并要有切实的措施对实践教学进行监督。具体来说应做好以下方面的工作。

2.2.1 从思想上重视高校实践教学,建立完整和相对独立的实践教学体系

重理论、轻实践的思想必须在教育界从上到下得以彻底改变,否则,加强实践教学就是空谈。此外,加强实践教学还应重构实践教学体系。由于实践是创新的基础,所以应当彻底改变传统教育模式下实践教学处于从属地位的状况。当前,摆在高校面前的一个重要任务就是要加紧构建能为更多学生提供一个具有综合性、设计性和创造性的实践环境,使每个大学生在4年的学习中都能接受多个实践环节的学习,这不仅能使学生掌握扎实的基本知识与技能,而且对提高学生的综合素质大有好处。

要建立完整和相对独立的实践教学体系,就一定要制订出相对独立的实践教学计划,进一步调整理论教学与实践教学的比例,适当减少理论课的教授时数,增加专业实习和课程实习的时间;要围绕学生走上社会所必须具备的能力和技能来设计每学年的实践教学课程,统筹安排,并以教学文件的形式固定下来。

2.2.2 改进高校进人用人方法,加强实践课教师队伍建设

培养一支结构合理、事业心强、技术水平高的实践课教师队伍是提高实践教学质量的关键,是大学毕业生及时适应社会需要的重要保证。为此,高校在引进教师时应尽可能将那些既具备专业理论知识,又有较强实践能力的综合型人才吸收到教学队伍中;要努力改善和提高从事实践教学工作的教师的待遇,使实践教学教师这一岗位成为能够吸引人才和留住人才的岗位;应当注意把那些素质好又有培养前途且乐于献身实践教学的教师,优先送到实训基地或相关部门进行实践锻炼,逐步提高教师队伍的整体水平;要加快兼职教师队伍的建设,采用请进来的办法,聘请一批企事业单位的专家、在实践基地里有丰富经验的技术骨干等作为兼职实习、实训的指导教师,这样,通过多种渠道的合力,组建一支以专职为主、专兼职结合的实践教学师资队伍。

2.2.3 加快实验或实践基地建设，为学生创造实践机会和展示才干的平台

让学生在设施良好的实践环境中接受案例教学，无疑会极大地激发学生学习的积极性和实践热情，更快、更好地培养学生的实践能力和职业能力。因此，实验或实践基地建设对实践教学的重要性是不言而喻的。对于实践基地的建设，一方面可依托高校资源，加大专项经费的支持力度，努力做好校内实践基地的新建、扩建和改建；另一方面应积极寻求外单位的支持，积极拓展校外实践基地，通过校外实践基地培养并为社会输送所需的技术应用人才。

2.2.4 改革实践教学的教育模式，积极实施以学生为主体的教学模式

学生能力的提高主要不是依靠老师教出来的，而是在实践中练出来的、悟出来的。鉴于此，实践教学一定要改革以教师为主体的传统教学模式，实施以学生为主体的教学模式。要让学生经常置身于一定的实践环境中，通过在实践中的亲身经历不断获得真正的感悟。实践教学应形式多样并且自成体系，可包括教学实验、实习课程设计、业务实习过程实践、社会调查研究、课外科技活动、科研训练、组织各类学科竞赛、直接参加生产一线的劳动，以及毕业实习等。而对于实践教学模式的选择，除了固有的教学方式外，还可以让学生走出去，积极参与到社会实践中，也可以把社会上具有丰富实践经验的专家请进来进行指导。当然，不管是何种形式，都必须以培养学生的实践能力为目的，都必须以学生为主体开展各项实践活动。

2.2.5 探讨实践教学考核的新方式，通过实践考核改革促进实践教学发展

传统的考试题型和方式只适合于对学生进行理论知识的评价，而实践能力则是学生将理论知识应用于实践的综合性能力，传统的考试题型和方式显然无法胜任这方面的评价任务，因此，对实践教学的考核一定要注重适合实践的考试方式。唯有如此，才能发挥考试的多种功能，并通过实践考核促进实践教学。为了使学生毕业后能更好地适应社会的需要，当前在探索实践考核的新方式时一定要注意与社会职业技能鉴定接轨，要建立起基本技能、专业技能及综合技能考核体系，学生技能模块教学完成后，要鼓励学生参加社会各种职业技术能力和技能考试、测试，取得社会公认的职业技能资格证书；应在教学中推行职业资格培训，通过职业资格考试系统检验学生的技能，培养从业规范和良好的职业素质，使学生在毕业时能达到劳动准入制度所要求的相关技能等级。

近年来,一些高等院校已经开始重视实践教学。强化实践教学环节,深化实践教学方法改革是当前高等院校实践教学工作的重点。为此,各高校积极探索各种实践教学的方式方法,其中沙盘模拟是近几年经管类实践教学非常流行的方式之一。

2.3 沙盘模拟概述

2.3.1 沙盘模拟的定义

沙盘模拟是通过引领学生进入一个模拟的竞争性行业,由学生分组建立若干模拟公司,围绕形象、直观的沙盘教具,实战演练模拟企业的经营管理与市场竞争,在经营模拟企业 4 ~6 年的过程中提高战略管理能力,感悟经营决策的真谛。

2.3.2 沙盘模拟的来源

应用于沙盘研究作战情况在我国有着悠久的历史。《史记·秦始皇本纪》中记载:"以水银为百川大海,机相灌输,上具天文、下具地理。"据说,秦在布置灭六国时,秦始皇亲自堆制沙盘研究各国的地理形势,在李斯的辅佐下,派大将王翦进行统一六国的战争。后来,秦始皇在修建陵墓时,墓中堆塑了一个大型的地形模型,以地形模型作为殡葬品。这说明,秦始皇从统一战争中认识到地形的重要性。模型中不仅砌有高山、丘阜和城邑等,而且用水银模拟江河、大海,用机械装置使水银流动循环。可以说,这是最早的沙盘雏形,至今已有2 200多年的历史。南朝宋史学家范晔撰《后汉书·马援传》中已有记载:汉建武八年(公元32 年),光武帝征伐天水、武都一带地方豪强隗嚣时,大将马援"聚米为山谷,指画形势",使光武帝顿有"虏在吾目中矣"的感觉,即东汉光武帝刘秀的伏波将军马援,用谷米堆制战场地形,用各色豆粒标出高山、平原、河流、峡谷、要地、隘口、城池、道路,以及敌我双方军队兵士的布置情况,直观地展现战场场景,为将领指挥作战提供了极大的方便。这就是世界上最早出现的沙盘。

北宋著名科学家沈括(1031 - 1095)发展了沙盘制作方法,把宋朝与契丹(辽)接壤的沿边地形制成木制地形模型。为方便起见,后来改为石粉糊木屑做在木面板上。他所在的定州(今河北定州市)冬天寒冷,模型做在木板上容易脱落,所以又改用熔蜡的方式制作,报送皇上,神宗看后甚为嘉评,并下诏边疆各州俱效法制作。因沙盘适用于军事,使用价值高,很快得到推广。

三国时期，蜀国军师诸葛亮，在四川奉节县南江边上一个被称为鱼腹浦的地方，聚石布成了“八阵图”，使吴国大将陆逊望而生畏。诸葛亮的“八阵图”一直是个谜，经现代军事科学家研究发现，这个“八阵图”共有乱石八九十堆，原来是秦岭地区的地形模型，诸葛亮用它模拟训练蜀国军队，是用于为出汉中、越秦岭、北伐在中原的魏国做军事准备。

由于沙盘使用价值高，因此，第一次世界大战后，沙盘在军事上的应用更加广泛。第二次世界大战时，德军每次组织重大战役都预先在沙盘上予以模拟演练。后来，随着电子计算机技术的发展，出现了电脑模拟战场情况的新技术，促使沙盘向自动化、多样化的方向发展。

最初的企业运营沙盘仿真实验是瑞典皇家工学院的科拉斯·梅兰于 1978 年开发的课程，其特点是采用体验式培训方式，遵循“体验—分享—提交—应用”的程序达到学习的目的。最初该课程主要是从非财务人员的财务管理角度进行设计的，其后不断改进与完善，针对职业（如 CEO、CFO 等职位）的沙盘演练课程也被相继开发出来。目前“沙盘演练”的课程被世界 500 强企业作为中高层管理者的必要培训课程之一，也被欧美的商学院作为 EMBA 的培训课程。

2.3.3 沙盘模拟课程的形式

沙盘模拟课程通过形象、直观的沙盘教具，仿真模拟特定环境中的企业经营。课程中，把学生分成 4 ~ 6 组，每组 4 ~ 7 人，每组各代表一个虚拟公司，每个小组的成员分别担任公司中的重要职务（CEO、财务审计经理、市场营销经理、生产运输经理、投资经理等），每个公司都是同行业中的竞争对手。学生们通过实战演练模拟企业的经营管理与市场竞争，在模拟企业 4 ~ 6 年的经营过程中学习、理解管理理论知识，并且指导经营决策。每一年度经营结束后，通过对业绩的盘点与总结，反思决策成败，解析战略得失，梳理管理思路，暴露经营误区，并通过多次调整与改进的练习，切实提高综合管理素质。每门沙盘模拟课程时间安排为 2 ~ 3 天，可安排 24 ~ 36 名学生同时学习。教室布局采用岛式教学，将学生分组通过实战模拟演练完成体验式学习。教学过程采用分组讨论、角色扮演、情景演练、案例分析、集中研讨和点评分析等多种方式，同时运用国内领先的软件分析工具进行动态数据分析。

2.3.4 沙盘模拟的优势

沙盘模拟课程完全不同于传统的灌输式的教学，具有实战性、互动性、趣味性、竞争性等特点，能够最大限度地调动学生的学习兴趣，使学生在学习中处于高度兴奋状态，充分运用听、说、学、做、改等一系列学习手段，调动所有的感官功能，对所学内容形成深度记忆，并能够将学到的管理思路和方法很快地运用于实践。在沙盘模拟课程中,学生学到的不再是空洞乏味的概念、理论,而是极其宝贵的实践经验和对理论产生的深层次的领会与感悟。

2.3.5 沙盘模拟课程的特点

2.3.5.1 体验式学习

在传统培训中,讲师是主体,学生是客体,参加培训是一种灌输式的被动学习。这种学习形式显然不适合成年人的认知特点,虽然教师输出的信息不少,但学生真正掌握的却不多。而且,由于学生的学习感官调动不充分,不能形成深度记忆,学到的知识很容易被忘记,很难获得预期的学习效果。

沙盘模拟解决了传统教学的这一缺陷。在沙盘模拟课程中,学生是主体,教师是客体,学生就是通过对模拟经营的完整体验,通过对模拟管理中的成功与失败进行反思和总结感受企业运营规律,感悟经营管理真谛,并对所学知识形成深度记忆,而且能够将学到的管理知识运用到工作实践中。

2.3.5.2 培养经营能力

沙盘模拟课程的根本立意就在于围绕经营学习管理。通过对企业经营过程的亲身参与和体验,使学生感受到能够成为为企业发展发挥更大作用的经营型人才的成就。通过对企业经营各环节的实际运作,了解企业整体的运营流程,树立整体经营意义上的协作意识和全局观念。

传统管理培训无法营造学习经营的理想环境,而沙盘模拟通过学生分组模拟相互竞争的企业,模拟行业的真实市场环境,很好地解决了这一难题,这也是沙盘模拟无可替代的情景教学优势。

2.3.5.3 在失误中认识错误

所有管理者在日常的管理中都养成了一定的工作习惯,这种习惯的养成都是靠管理中的感悟和认识形成的,这种习惯、管理思想和方法是否存在误区,可以通过模拟经营进行检验。在虚拟经营中犯错误不可怕,重要的是借此提高认识,避免在现实中犯错误。

2.3.5.4 基于组织智慧,演练团队决策

一个组织是否成熟,明显的标志就是看它是否有能力形成并运用组织的智慧。学生要避免靠个人能力的单打独斗,必须快速建设高效团队,形成团队个体之间的优势互补,运用团队智慧,对环境变化作出准确的判断和正确的决策。沙盘模拟课程最重要的内容就是让学生在每一次经营决策中感受团队智慧的价值,并在团队决策的过程中学习,成为参与决策的高手。

2.3.5.5 拓宽经营视野

很多时候,学生在模拟课程中往往可能只专注于某个业务单元或某个领域,有的还存在狭隘的部门意识,不利于内部各部门的沟通。通过培训,让学生

从更宽的角度、更高的起点认识企业经营。

2.3.6 沙盘模拟的目标

在模拟经营中，学生必须和团队一起分析市场、发现机会、识别问题，作出决策并组织实施。无论结果是成功还是失败，学生都会在这种近似实战的模拟演练中深刻领悟经营和管理的真谛。通过经营决策模拟，学生不但完成了围绕培训主题的高质量学习，达到有效提高并熟练运用不同管理技能的目的，还将在思想上发生深刻的变化，他们不但能够清晰地认识企业经营管理的实质，而且能够跨越性地完成从职能型管理到经营型管理、从经验型管理到科学化管理、从内窥式管理到开放型管理、从反应式管理到运筹式管理的思想转型，从而培养管理者的全局意识和系统思考能力，更新管理者的决策模式，拓宽管理者的思维领域。

2.3.7 沙盘模拟的价值

(1)打造积极向上的组织文化，创造具有共同心智模式的团队。

(2)体验企业的系统运营流程，重新认识本企业的经营目标、经营方针等。

(3)树立全局观念，冲破部门分割，拓展管理视角，增进沟通交流，培养协作精神。

(4)提高洞察市场和理性决策的能力。

(5)拓展管理视野，谋求有利于企业发展的外部条件。

(6)认识不同战略选择与经营业绩之间的逻辑关系，及时反思企业战略的正确性。

(7)培养管理者快速应变能力和危险管理能力，增强企业危机意识和抗风险的能力。

(8)打破部门界限，树立全局意识，使各部门经理充分认识企业经营的本质，对企业整体经营状况达成共识，增进部门间的沟通与合作。

(9)全面了解企业，获得企业系统运营的实践经验。

(10)提高企业中高层管理者的战略思考能力，提高企业整体经营的效率。

2.4 构建沙盘模拟教学体系的目标与措施

2.4.1 建立基于沙盘模拟教学环境的实践教学体系的优势

2.4.1.1 侧重实践和现场参与，激发学生主动思考和创新精神

沙盘模拟训练课程能提供现场实践的氛围，使学生们在对抗中有身临其境

的感觉,在成功和失败、权力和责任、决策和风险中领悟管理的知识和技巧,学会团队协作,全面提高管理的素质与能力。在课程中,学生基本上处于"发现问题—解决问题—发现新问题"的过程之中,每个团队必须共同分析问题,制定解决方案,具体实施并评价效果。从怎样才能避免破产到如何掌控市场优势,从怎样精确控制生产成本到如何提高资金周转速度,从一人领导到群策群力,从盲目操作到精细分工,在对抗的过程中促使学生主动地进行目的性极强的思考,激发学生的积极性,激发学生的潜能和创造力,提高课程的学习效果。相对于理论知识,沙盘模拟训练课程更多地侧重于实际操作能力的培养,最大限度地模拟一个真实企业的生产、财务和营销等过程以及多个企业间的战略对抗与合作,使学生能够直观地了解各种专业知识在日常工作以及战略决策中的实际应用,"在参与中学习知识,在实训中提升能力",这与目前倡导的"行动导向""任务驱动""工学结合"的教育教学改革理念和人才培养模式是一致的。

2.4.1.2 激发学生兴趣,明确专业价值

在管理类课程的授课过程中,经常会有学生问这样的问题:"我们学习这门课程有什么用?"总体来说,一方面,高校中管理类课程相对于技术类、专业类课程,概念性的内容偏多,并且传统的授课方式以讲授为主,学生的课堂体验相对较少,授课效果很不明显;另一方面,高职高专的学生层次和知识积累决定了他们很难对管理类课程有一个整体的掌握和深刻的理解。另外,管理类课程的授课效果也很难有一个行之有效的检验和考核方式,主观性较强。沙盘模拟训练课程与传统课程相比,其最大的特点是摒弃了教材的约束,课堂的主体由授课教师变成了参与其中的学生团队,教师的角色由知识的传授者、演讲者甚至是表演者转变为市场的组织者、经营的指导者、能力的促进者。在组建模拟企业、进行对抗的过程中,学生会遇到成本控制、资金周转、市场定位、原料采购、产品研发、应对突发情况、沟通和决策等多方面的问题,在解决问题的过程中学生自然而然地认识和了解管理、营销、财务、信息和商务等学科的相关知识点,对自身专业的价值也有了一个非常直观的体验。

2.4.1.3 培养学生的专业素养,提升学生的竞争力

管理类专业学生能力和素质的提升,主要靠的是实践而不是读死书、记定义、闭门造车或纸上谈兵。沙盘模拟训练课程是以实践作为绝对的主体,教师讲授和总结只是提纲挈领、画龙点睛。在课程中,学生能够自发地领悟有关合作、沟通、竞争、应变等方面的能力,提升自己的"3Q",即智商 IQ、情商 EQ 和逆商 AQ。经历了破产的刻骨铭心和成功盈利的欢呼雀跃,学生不仅能认识到战略决策的重要,更能明白"细节决定成败"的道理。通过对企业经营过程的模拟,学生对专业的方向和前景有了直观的了解,从某种意义上来讲,沙盘模拟训练课程对学生最有效的培养和教育不是能力上的而是心理上的。通过沙盘模

拟训练课程的学习,学生从心理上更加自信并坚定信心,能够更好地应对竞争和挑战。

2.4.1.4 拓展知识体系,提升综合素质

在高职院校的专业设置中,专业划分较细,这种专业壁垒禁锢了学生的发展空间和思维方式。沙盘模拟训练课程是对企业经营管理的全方位展现,通过学习,可以使学生在营销、生产、财务和战略管理等方面获益,养成基于信息管理的思维方式,全面提高学生的综合素质,使学生树立共赢理念、全局观念与团队合作精神,领悟保持诚信的重要性,了解自身个性与职业定位,甚至感悟人生,实现从感性到理性的飞跃。在沙盘模拟训练课程中,学生们经历了一个从理论到实践再到理论的螺旋式上升过程,这符合哲学上肯定—否定—否定之否定的客观规律,将自己亲身经历的宝贵实践经验转化为全面的理论模型。学生借助沙盘推演自己的企业经营管理理念,从宏观到微观,从战略到战术,从感性到理性,每一次基于现场的案例分析及基于数据分析的企业诊断,都会使学生恍然大悟,达到磨炼其商业决策敏感度,提升决策能力及长期规划能力的目的。

沙盘模拟教学是集知识性、趣味性、对抗性于一体的企业管理技能训练课程。在高校中,沙盘模拟课程往往通过游戏教学的方式让学生在模拟企业经营决策的过程中体验得失、总结成败。通过沙盘模拟课程的学习,学生的学习积极性和主动性明显提高,综合运用所学知识的能力得到了很大的提升,独立思考能力和团队精神得到了很好的锻炼,这些都有助于解决管理类专业实践教学培养学生能力不足的问题。

2.4.2 建立基于沙盘模拟教学环境的实践教学体系的目标

2.4.2.1 培养学生的团队协作精神

沙盘模拟对抗的最大特点就是构建模拟企业团队,团队内部实行民主集中制。团队成员分工协作,各个角色各司其职、各负其责,同时又相互沟通、团结协作,体现团队协作精神。每一个角色都有特殊的使命,都是肩负重任、责无旁贷。角色之间要彼此沟通、目标一致,必须同心协力。

2.4.2.2 培养学生的战略思想,克服短期经营行为

在沙盘模拟经营过程中,要求各个模拟企业至少连续经营 6 年,体现战略决策对企业的长远影响;体现企业经营环境的复杂多变;体现学生对复杂多变环境的应变能力;体现战略决策与短期行为之间的对立统一关系,培养和锻炼学生的决策能力、应变能力和协调能力。

2.4.2.3 培养学生树立双赢、共赢理念

面对无情的市场、激烈的竞争,一个企业单打独斗是难以与市场抗衡的。因此,企业之间需要沟通,需要协作。面对相同的经营环境和经营起点,不同的

战略、经营方针和决策，产生的结果可能是完全不同的。因此，只有做好市场分析、竞争对手分析和自我分析，及时沟通协作，才能赢得共赢。

2.4.2.4 培养学生的综合素质，提高知识应用能力

参加沙盘模拟企业经营学习的学生普遍认为专业知识得到了巩固、提高，同时学到了更多的新知识，对相关专业的知识有了更加深入的了解，个人的素质和能力也有了不同程度的提高。

2.4.3 建立基于沙盘模拟教学环境的实践教学体系的措施

2.4.3.1 课程体系设置

将沙盘模拟教学纳入专业人才培养方案，可以采取开设沙盘类课程或者专项实训周的方式完成教学任务。因为沙盘经营的规则比较复杂，在模拟经营过程前，授课教师要对经营规则和注意事项进行详细的讲解，但是大多数学生往往不能理解其含义，必须亲自动手做过一遍以后才能对规则有深刻领悟。同时，模拟企业的生产经营又具有连续性，若采用开设课程的方式，学时分散、时间跨度大，常常不能取得良好的实践教学效果，若采取专项实训周的方式则可以弥补这些缺陷，相对而言能取得较好的教学效果。

2.4.3.2 师资队伍建设

沙盘模拟教学具有跨学科、跨专业的特点，不仅要求教师有较为渊博的知识，还要求教师具备丰富的企业管理实践经验，了解企业在实际运营中可能出现的诸多问题，这样才能将沙盘实践教学与现实企业的实际运营相结合，深入分析经营的各个层面。因此，沙盘模拟实训课程应当配备具备综合知识素养的教师。但是，目前高校中的大多教师都是从高校到高校，缺少企业实践经验，既熟悉经济管理知识又具有实践经验的复合型教师非常少。因此，高校应充分利用现有师资队伍，打破教师的专业界限，抽调知识结构互补的专任教师组成沙盘教学项目团队。此外，应不断地对教师进行再教育与培养，在一定的时期内，应派教师到校外实训基地学习与锻炼，提高教师的素质与能力。

2.4.3.3 建立校企合作的实践教学模式

高校在开展沙盘模拟教学时，可以考虑与企业加强校企合作，共建沙盘培训基地，合理利用校外资源，积极引进企业中成熟的管理实践的教学内容和教学方法，以缩短学校与社会的距离。在实际操作中，可以采用请进来、走出去的方法，请企事业单位中相关方面的专家到学校为学生讲解沙盘的操作方法、用途及重要性；同时，指导教师带领学生到企事业工作现场观摩企业具体业务操作流程等，提高学生的学习兴趣，使学生对沙盘知识的学习产生强烈的愿望。

2.4.3.4 建立科学的沙盘教学效果评价机制

现行的实训教学评定标准主要是看最后的实训结果，许多教师在为各模拟

公司打分时只分析企业的经营结果，只看企业经营排名，导致学生在实训过程中急功近利。有的学生为了取得好的经营结果，不惜违反操作规则，有的同学害怕犯错，影响公司成绩，干脆什么都不做。沙盘模拟实训的考核应实行阶段性、全方位、多层次的考核方式，对学生成绩的评定不仅要看最后的实训结果，还要强调过程控制。教师应当考察实训全过程中的团队合作情况、遵守活动规则情况和经营活动记录情况等，重点强调诚信经营，通过综合考评，全面评价学生的专业实践能力。

2.4.3.5 组建沙盘类专业实践社团

由于开设沙盘模拟教学的课时很少，而真正掌握沙盘操作技能需要大量的时间，因此需要利用大量的课外时间进行练习。目前，授课教师平时工作量大，缺乏更多的时间组织额外的课外沙盘教学，因此有必要组建沙盘类专业实践社团。专业实践社团以学生为主体，由学生对沙盘实训室进行日常管理，教师指导学生开展课外沙盘学习，教师只对社团中的骨干学生进行重点培训，由骨干学生再向其他学生传授，充分发挥传、帮、带的作用。

2.4.3.6 积极参加沙盘模拟类技能大赛

沙盘模拟技能大赛是课堂教学的延伸，也是学生验证自己掌握课堂知识的最好平台。高校管理类专业应组织队伍代表学校参加国家级、省级各类沙盘模拟演练大赛，落实国家“普通教育有高考，职业教育有技能大赛”的职业教育办学理念。通过沙盘技能大赛，检验教学成果，促进沙盘教学水平的提高。

2.4.3.7 结合专业特征，针对专业的特点选择沙盘进行学习

随着高校对沙盘模拟教学的认可，沙盘突破了仅仅以制造型企业为背景的设计，物流企业沙盘、电子商务企业沙盘、供应链沙盘、市场营销沙盘、人力资源管理沙盘、客户关系沙盘及国际贸易沙盘等一系列沙盘相继出现。管理类专业学生可以结合专业特征学习相关的沙盘课程。

管理类专业实践教学通过沙盘模拟环境，仿真企业经营环境，为学生提供进入企业不同岗位操作和学习的机会，学生可以身临其境地把学到的专业知识运用到实践中去。沙盘模拟教学法是新兴的实践教学方法，充分体现出行为导向和岗位体验的实践教学理念。基于沙盘模拟环境构建管理类专业实践教学体系，既可以提高学生综合职业素质与能力，同时也可以解决困扰管理类专业发展的实践教学组织难、实施难的问题，有助于进一步完善现行的管理类专业实践教学体系。

3

企业管理决策沙盘模拟概述

如果把企业管理活动循环看成一串珍珠项链,那么决策就是项链中的颗颗珍珠。管理是由一系列的决策活动构成的,因此,决策能力是经营管理能力的核心。企业管理决策模拟沙盘就是通过模拟公司经营过程中的重大决策事件训练学生的决策能力,在训练战略决策能力的同时训练其他各项管理决策能力,以便学生具备实践的决策能力。

企业管理决策沙盘模拟是将公司置身于瞬息万变的市场环境中,通过模拟公司的整体运营过程,让学生通过分析公司内外部环境,制定战略决策、市场及产品决策、生产决策、营销决策、财务决策和投资决策,体验公司的经营决策过程,从而掌握制定决策的方法,认清决策陷阱和误区,达到提高学生决策能力的目的。

3.1 企业管理决策沙盘简介

企业管理决策伴随着企业的发展而发展。随着科学技术的不断进步、企业规模的变化、市场竞争程度的不断加剧以及企业目标的多元化,与小生产方式相适应的、只是凭借领导者个人阅历、知识和智慧进行决策的经验决策时代已经成为过去。当今社会的决策怎样进行,作为决策者需要具备哪些能力,需要在哪些方面进行决策,都是当代进行决策人才培养所需要考虑的问题。

管理就是决策。决策是企业管理的核心,它关系到企业的兴衰荣辱、生死存亡。可以说,领导者科学理性的决策为企业的成功奠定了坚实的基础。

企业管理决策模拟沙盘是将企业各个决策部门中各个岗位与具体的工作内容制作成类似的实物模型,将企业管理操作决策过程设计为运作规则,进而模拟企业各部门职能运营的过程。在进行企业管理决策模拟沙盘的操作时一般将5~6名学生分为一个学习小组,将每个小组看作一家公司,小组中的各个成员成为这家公司各部门的经理,在指定的模拟性管理情景与条件下,演练各种企业管理活动。

企业管理决策沙盘模拟通过对宏观环境和市场环境进行分析,在融资、投资、上市、固定资产配置、人员配置、产品生产、市场开发和研发认证等方面进行相应的决策,不断提升企业管理决策的有效性,提高公司效益,有效地增强公司的竞争实力,从而提升学生的企业管理决策能力。

3.2 模拟企业概况

3.2.1 公司组织结构简介

在企业管理决策沙盘模拟中各组学生模拟一家生产制造公司,在公司运作时,需要总经理协调各部门进行相应的工作,并且进行决策;其他部门岗位有财务审计经理、人力资源经理、生产运输经理、市场营销经理和投资经理,公司组织结构如图3-1所示。财务审计经理主要管理公司的资金运用;人力资源经理主要负责对生产人员、生产线管理人员、产品销售和产品服务人员的招聘与管理;生产运输经理根据市场需求安排相应的产品生产;市场营销经理主要负责产品销售工作;投资经理根据市场投资环境情况进行相应的金融投资。

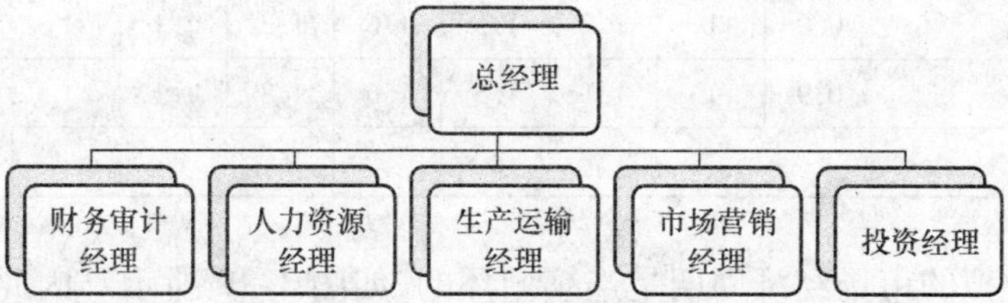

图3-1 公司组织结构

为了避免学生将该模拟企业与他们所熟悉的行业不经意地产生关联,因此,将企业管理决策沙盘模拟中所涉及的产品设定为一个虚拟产品,即P系列产品:P1,P2,P3和P4。其中,P1为低端产品;P2,P3为中端产品;P4为高端产品。将企业管理决策沙盘模拟中涉及的市场设定为三个市场:M1,M2和M3。公司发展中的一个重要因素是资金,因此,在公司的运营过程中,公司管理者应当抓住机遇,充分利用资金,以获得最大的利润。随着市场环境的快速变化,原有的发展策略已不能将公司提升到一个新的发展地位,因此,经公司董事会及全体股东一致决定,将企业交给一批优秀的新人经营,以推动企业发展,他们希望新的管理层可以完成以下各项工作:

- 建设企业运营团队,提高执行效率。
- 制定与执行企业发展战略。
- 财务的合理分配和支出控制。
- 合理配置人员。

➢ 分析市场环境,制订并执行最适合公司发展的市场营销计划。

➢ 执行投资项目,获得最大的利益回报。

总之,新的管理层必须创新经营,专注经营,以获取公司最大利益为前提,在公司经营的各个方面作出最有利于公司发展的决策,实现良好的经营业绩。

3.2.2 公司宏观环境分析

沙盘模拟公司的宏观环境为一个循环 10 年的经济周期。在这 10 年的经济周期中,为了让各公司针对不同的市场环境作出决策,分别设置了复苏期、繁荣期、衰退期和萧条期,各经济周期中有着不同的市场景气指数、投资环境指标和通货膨胀率,如表 3-1 所示。

表 3-1 经济周期表

项目＼周期	复苏期			繁荣期		衰退期			萧条期	
年份	1	2	3	4	5	6	7	8	9	10
市场景气指数	0.9	1	1.2	1.5	1.6	1.3	1.1	1	0.8	0.7
投资环境指数	0.9	1	1.1	1.5	1.6	1.3	1.1	1	0.8	0.7
通货膨胀率(%)	3			4		5			2	

上述模拟的市场经济周期是连续循环的,如图 3-2 所示。因此,各公司在运营时要注意当前所处的经济周期,并且关注这个经济周期内相应的市场景气指数、投资环境指数和通货膨胀率的信息,因为这些信息会影响公司的运营成本,对公司的发展前景有着重要的意义。

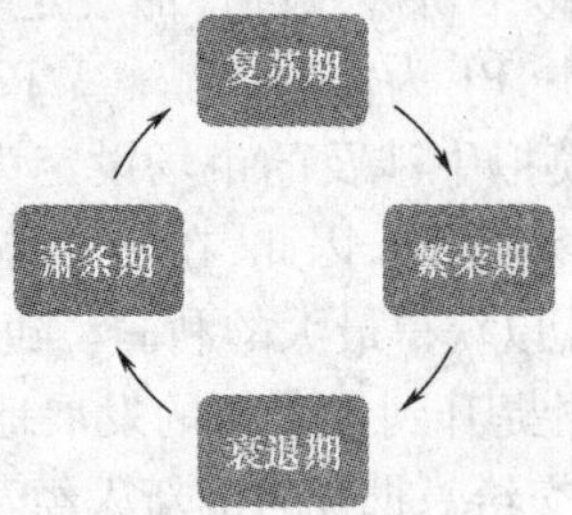

图 3-2 市场经济周期循环

3.2.3 市场产品需求环境分析

公司所处的经济周期不同,四种产品的市场需求量也会根据经济周期发生相应的变化,如图 3-3、图 3-4 和图 3-5 所示。公司在运营过程中需及时把握市场需求变化，及时调整和制定企业发展策略。

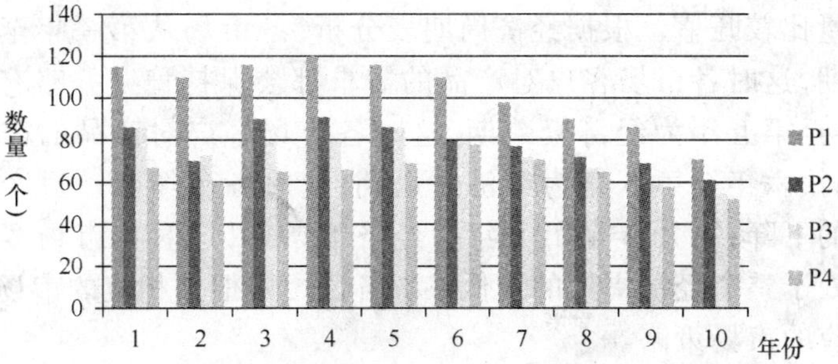

图 3－3　M1 市场产品需求趋势

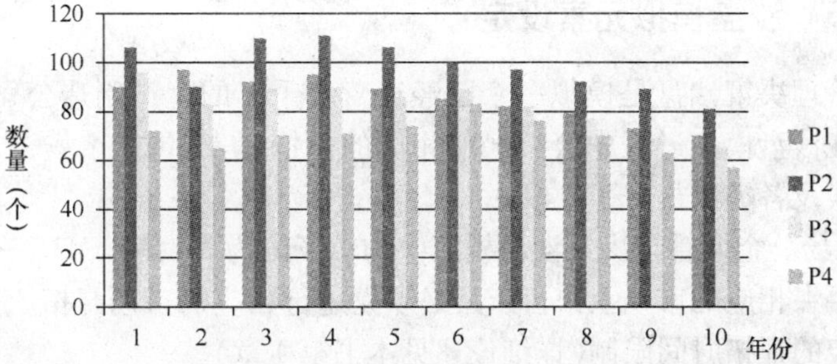

图 3－4　M2 市场产品需求趋势

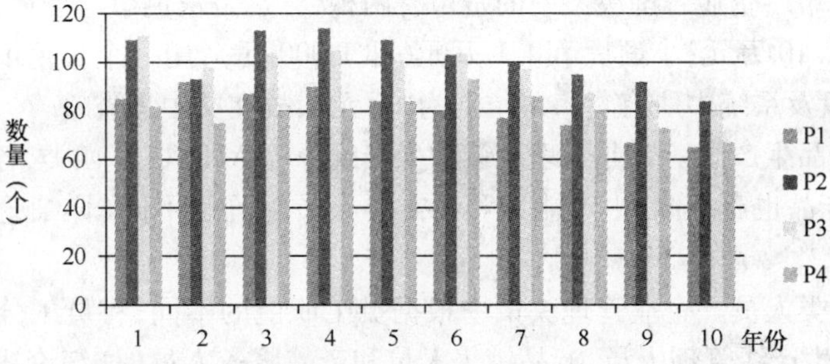

图 3－5　M3 市场产品需求趋势

在图 3－3、图 3－4 和图 3－5 中，横坐标表示经济周期中的年份，纵坐标表示四种产品的市场需求量。从图中我们可以看到，三个市场中 P1，P2，

P3,P4 四类产品的需求情况,M1,M2 市场相对的定位是中低端产品市场,相应的市场需求量不是非常旺盛。M3 市场定位为高端产品市场,相应的市场需求量比较旺盛。根据经济周期表分析,各市场从第一年至第三年为经济复苏期,这时各市场客户对产品的需求都会保持稳定并略有上升的态势;第四年至第五年为经济繁荣期,这时各市场客户对产品的需求会有明显的上升;第六年至第八年为经济衰退期,这时各市场客户对产品的需求会有明显的下降;第九年至第十年为经济萧条期,这时各市场客户对产品的需求会处于整个经济周期的最低谷。各公司要根据相应的市场趋势制定和执行相应的市场策略。

3.2.4 企业财务状况

企业拥有初始资金为 100 万元,暂无相应的固定资产、人员及产品。

3.2.5 沙盘模拟元素设定

企业管理决策沙盘是模拟一个已经运营若干年的生产制造公司。经营者需要了解在沙盘模拟过程中会接触的相应的模拟元素,包括市场、产品、货币、产品生产线及各类人员。

(1)市场。企业管理决策沙盘模拟中的市场分为 M1,M2,M3 三个市场,企业如果需要在相应的市场上销售产品必须先进行相应的市场开拓。当然,市场开拓有一定的开拓时间限制(详细论述见本书第 4 章)。

(2)产品。企业管理决策沙盘模拟中可销售的产品分为 P1,P2,P3,P4,各类产品也需要进行相应的研发生产后才可以在相应的目标市场进行销售(详细论述见本书第 4 章)。

(3)货币。企业管理决策中的货币有两种,分别是灰色币与橙色币,用一个橙色币表示 10 万元;小额货币 0.1 万元(即 1 000 元),用一个灰色币表示 1 万元。本沙盘及系统中所有货币单位均为"万元",故在文中均省略。

(4)产品生产线。企业管理决策中生产线分为 A、B、C、D 四类,各类生产线能生产的产品也有不同,生产能力和所需要人员配置也不同(详细论述见本书第 4 章。)

(5)各类人员。企业管理决策中根据员工职能的不同,将员工分为生产线生产人员、生产线管理人员、产品销售人员和产品服务人员(详细论述见本书第 4 章)。

3.3 模拟角色简介

公司人力资源体系相对比较完善,设有总经理、财务审计经理、人力资源经理、生产运输经理、市场营销经理和投资经理。各部门管理人员各司其职,根据公司的战略规划和决策进行相应的生产、管理、销售和投资活动。在企业管理决策模拟沙盘课程中,5~6名学生为一个小组,学生分别扮演总经理、财务审计经理、人力资源经理、生产运输经理、市场营销经理和投资经理的角色,每个角色承担不同的岗位职责,学生通过了解各角色的职能,选择适合自己的角色。

3.3.1 总经理

总经理是公司的最高层负责人。在沙盘模拟企业中,公司战略规划的重大决策均由总经理与人力资源经理、生产运输经理、市场营销经理和投资经理讨论制定。总经理除了要为公司战略规划作出决策外,还要监控公司的财务状况及整体经营情况,及时处理各种突发事件,并作出相应的决策。总经理带领管理团队主要完成以下各项工作:

- 筹建公司团队。
- 制定公司发展战略。
- 分析竞争格局。
- 确定经营指标。
- 配置固定资产。
- 协同、领导管理团队。
- 进行业绩考评。
- 管理授权与总结工作。

3.3.2 财务审计经理

财务审计经理负责管理公司的资金收支,需要和总经理、人力资源经理、生产运输经理、市场营销经理和投资经理协调与管理各项资金的支出,必要时进行相应的融资。现金流量管理是财务经理一项重要的职能,财务经理必须建立完善的公司现金流管理体系,为确保企业的生存与发展、提高企业市场竞争力提供保障。财务经理主要完成以下各项工作:

- 制定财务计划。
- 控制财务支出。

➢ 把控费用收支。

➢ 进行公司融资。

3.3.3 人力资源经理

人力资源经理主要负责公司中各类员工的招聘与配置,需要与生产运输经理配合,根据公司整体战略规划,协调生产线的生产人员与管理人员的招聘与配置,保证产品生产和运输计划的正常执行;与市场营销经理配合,根据公司整体战略规划,协调销售人员与服务人员的招聘,保证产品的正常销售与产品售后服务支持。人力资源经理主要完成以下各项工作:

➢ 制定招聘计划和实施方案。

➢ 组织和实施招聘活动。

➢分析人力资源供需状况及其动态。

➢ 分析内部人力资源需求。

3.3.4 生产运输经理

生产运输经理主要负责公司产品研发、产品生产和产品运输,需要与市场营销经理配合,分析目标市场的产品需求,制定相应的产品组合战略。制定了相应的产品战略后,生产运输经理需要与总经理制定相应的固定资产购置计划,配置相应的生产线。生产运输经理主要完成以下各项工作:

➢ 分析市场需求。

➢ 研发产品。

➢ 制定与执行产品生产计划。

➢ 合理配备相关生产线人员。

3.3.5 市场营销经理

市场营销经理主要负责公司市场的开拓,需要分析各市场的产品需求信息,为公司制定最佳的市场开拓和产品销售决策,并在此过程中协调总经理、财务经理、人力资源经理和生产运输经理的工作,以保证市场销售工作的顺利推进。市场营销经理主要完成以下各项工作:

➢ 分析市场环境。

➢ 制定与执行销售计划。

➢ 开拓市场。

➢ 进行公司资格的认证。

➢ 配备销售人员。

➢ 产品销售与销售信息反馈。

3.3.6 投资经理

投资经理主要负责公司投资计划的制定与执行,以"钱生钱"的理念和方式为公司获取尽可能多的流动资金,用于公司日常经营。根据公司的战略规划进行相应的融资,评估投资环境的风险,做好公司的风险防范。投资经理主要完成以下各项工作:

- 分析投资环境。
- 制订投资计划。
- 执行投资项目。
- 实时跟踪投资项目的进展情况。
- 为适应公司需求,实时调整和变更投资项目。

3.4 企业管理决策沙盘盘面介绍

企业管理决策沙盘盘面如图 3 - 6 所示。企业管理决策沙盘盘面作为企业管理决策沙盘模拟的主要推演模型,在推演的过程中各成员要各司其职,详细了解各岗位所需要掌控的模块以及现金流量的收支操作,了解盘面的操作流程和业务流程。盘面上主要反映的是各职能岗位决策之后的实施结果,其中包括四大模块:财务与投资中心、费用与资产结算中心、生产与库存中心、认证研发与营销中心。各岗位人员根据四大模块的具体内容进行相应的操作。

3.4.1 财务与投资中心

财务与投资中心主要涉及财务经理与投资经理的工作内容,该区域主要包括公司银行贷款、银行信托、债券投资、股权投资、上市以及公司总经费。财务与投资中心操作区如图 3 - 7 所示。

公司总经费:此处用于存放企业现有的货币资金,由财务审计经理进行相应的收支管理,其他各岗位需要动用资金,必须向财务审计经理进行相应的申请。

银行贷款:此处用于存放企业现阶段贷款信息卡片和所需支付的贷款利息,由财务审计经理进行管理。贷款最长年限为 4 年,最短年限为 1 年,待贷款到期后,企业需还本付息,需要将贷款的本金交予教师(详细规则见本书第 4 章)。

银行信托:此处用于存放企业银行信托投资资金,由投资经理进行相应的操作。企业每年都可以选择银行信托,银行信托最长年限为 4 年,最短年限为 1

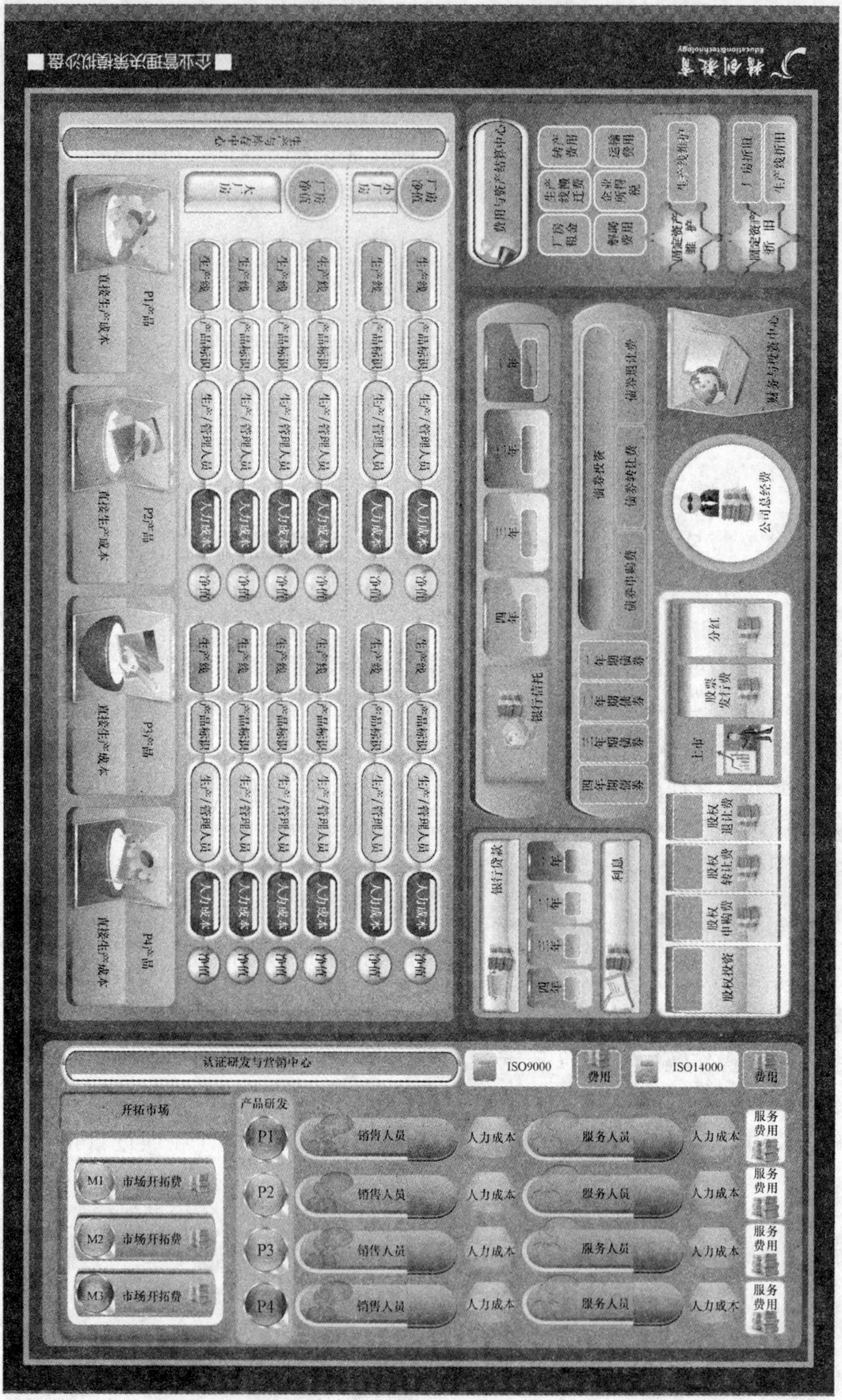

图 3－6　企业管理决策沙盘模拟盘面

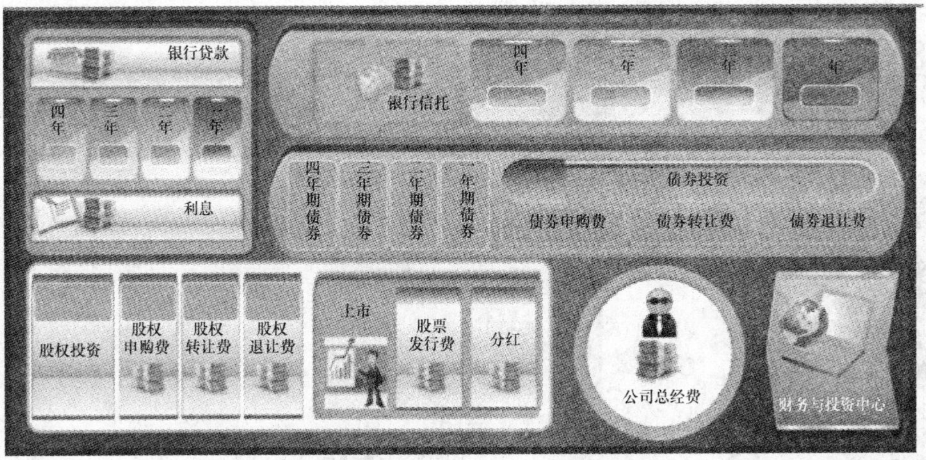

图 3－7 财务与投资中心操作区

年。此处需存放信托货币资金和信托年限资料的卡片,各信托期限所产生的利息有所不同(详细规则见本书第 4 章)。

债券投资:此处用于存放企业的债券投资资金,由投资经理进行相应的操作,企业每年都可以进行相应的债券投资。债券投资区域主要包括各年限债券、债券申购费、债券转让费和债券退让费。市场上的债券供应是有限的,各企业在债券投资方面需要进行相应的竞争,才可以获得相应的债券投资(详细规则见本书第 4 章)。

股权投资:此处用于存放企业股权投资所购得的股权证,由投资经理进行相应的操作,企业每年都可以进行相应的股权投资。股权投资区域包括股权投资、股权申购费、股权转让费和股权退让费。市场上的股权供应是有限的,各企业在股权投资方面需要进行相应的竞争,才可以获得相对比较满意的股权,以此获得较满意的投资收益(详细规则见本书第 4 章)。

上市:此处用于企业进行相应的上市操作(详细规则见本书第 4 章)。

3.4.2 费用与资产结算中心

费用与资产结算中心由财务审计经理进行操作,主要包括各项费用的支出以及固定资产的维护与折旧计算。费用与资产结算中心操作区如图 3－8 所示。

厂房租金:企业每年需要支付租用厂房的租金,按年支付(详细规则见本书第 4 章)。

生产线搬迁费:企业可以随时对现有的生产线进行搬迁,但在搬迁的同时

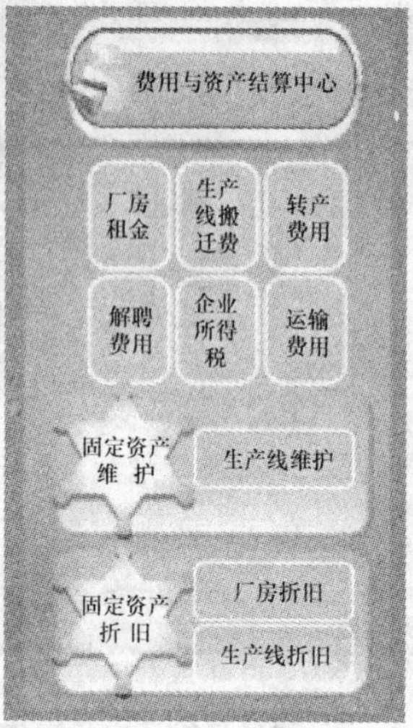

图 3－8　费用与资产结算中心操作区

需要即时支付一定的费用（详细规则见本书第 4 章）。

转产费用：企业根据产品销售战略的调整，可以对生产线进行相应的产品转产操作，但转产的同时需要即时支付一定的费用，转产于下一年生效（详细规则见本书第 4 章）。

解聘费用：企业根据相应的战略，可以对人力资源进行相应的调整，解聘多余的人员，但在解聘人员时需要即时支付一定的费用（详细规则见本书第 4 章）。

企业所得税：企业每年年末运营结束时需要计算相应的利润，并支付相应的企业所得税（详细规则见本书第 4 章）。

运输费用：企业生产完成的产品，需要运输到相应的目标市场才可以进行销售，在运输的过程中需要即时支付一定的运输费用（详细规则见本书第 4 章）。

生产线维护：企业每年生产任务完成后，要对相应的生产线进行维护，以便来年进行相应的产品生产，生产线维护费用按年支付（详细规则见本书第 4 章）。

厂房折旧：企业在生产运营过程中，厂房会有一定的使用折旧，每年年末按每年的折旧额计提折旧（详细规则见本书第 4 章）。

生产线折旧：企业在生产运营过程中，生产线会有一定的使用折旧，当生产线折旧到某种程度时就不能再使用，每年年末按每年的折旧额计提折旧（详细规则见本书第 4 章）。

3.4.3 生产与库存中心

生产与库存中心由生产运输经理和人力资源经理操作,包括厂房、生产线、生产/管理人员的配置与管理,以及相应的人力成本与产品生产成本的支出管理。生产与库存中心操作区如图 3－9 所示。

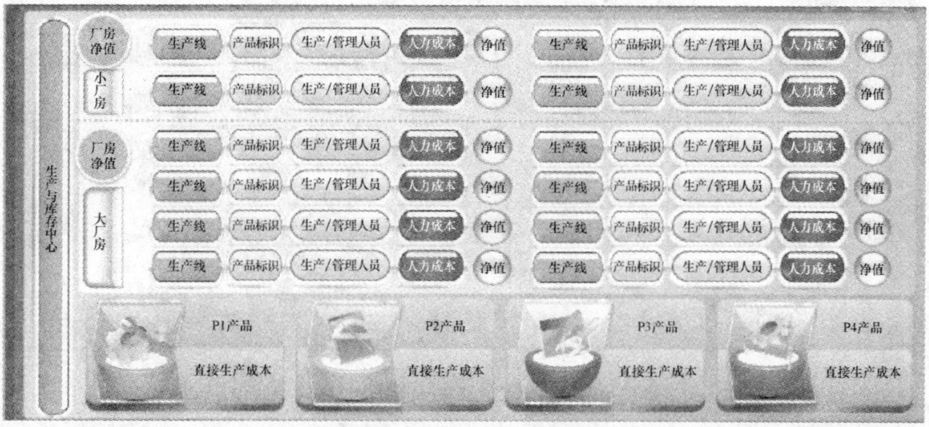

图 3－9 生产与库存中心操作区

厂房净值:企业管理决策沙盘模拟中的厂房有两类:小厂房与大厂房。小厂房与大厂房的主要区别在于能够容纳的生产线的数量不同,小厂房可以容纳 4 条生产线,大厂房可以容纳 8 条生产线。厂房在企业管理决策模拟沙盘中的配置方式有两种:一种是企业以自购的方式配置;另一种是企业以租赁的方式配置。厂房配置完成后,从教师处领取相应的厂房标识。自购的厂房需要在“净值”上放置自购的费用。自购的厂房每年都会有折旧,折旧费用每年从厂房净值中扣除(详细规则见本书第 4 章)。

生产线:企业管理决策沙盘模拟中的生产线主要由五部分组成:生产线、产品标识、生产/管理人员、人力成本、净值。在初次购买生产线时需要确认购置生产线的类型(标识)、产品标识(确定所生产的产品)、净值(购置费用)。生产线要正常运转进行生产,需要配置相应的生产/管理人员,年末需支付相应的人力成本。生产线的折旧也需从净值中扣除(详细规则见本书第 4 章)。

产品直接生产成本:企业管理决策沙盘模拟中,根据相应的产品生产数量会产生不同的产品生产规模效应,所有的生产线的同类产品需要进行综合计算(详细规则见本书第 4 章)。

3.4.4 认证研发与营销中心

认证研发与营销中心由市场营销经理与人力资源经理操作，主要内容包括市场开拓、ISO 认证、产品研发、销售人员配置、服务人员配置、服务费用，以及人力成本支付。认证研发与营销中心操作区如图 3－10 所示。

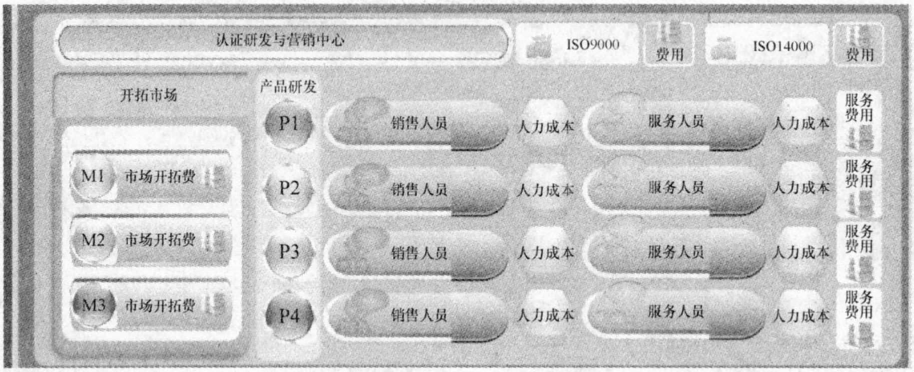

图 3－10　认证研发与营销中心操作区

市场开拓：企业管理决策沙盘模拟中在开拓了的市场进行相应的产品销售（除了本身的市场开拓）之外，还需要配置相应的市场准入机制（ISO 认证），对不同的市场有不同的 ISO 认证要求。市场开拓后从教师处领取相应的市场卡片（详细规则见本书第 4 章）。

ISO 认证：根据市场开拓的需要企业进行相应的 ISO 认证。ISO 认证有相应的认证费用和认证周期。认证成功后从教师处领取相应的 ISO 认证卡片（详细规则见本书第 4 章）。

产品研发：企业管理决策沙盘模拟中的企业只能生产和销售已经研发的产品，产品研发需要相应的研发费用和研发周期。产品研发成功后从教师处领取相应的产品研发成功的卡片（详细规则见本书第 4 章）。

销售人员：企业销售产品必须为产品配置相应的销售人员，销售人员销售不同的产品需具备不同的销售能力（详细规则见本书第 4 章）。

服务人员：企业销售产品后，必须对产品开展售后服务。售后服务必须配置相应的服务人员，服务人员对不同的产品需具备不同的服务能力（详细规则见本书第 4 章）。

服务费用：为销售的产品配置相应的服务人员之后，还需要支付相应的服务成本（详细规则见本书第 4 章）。

人力成本：在年末时，需要支付相应的人力成本，包括销售人员与服务人员的薪酬（详细规则见本书第 4 章）。

4

企业管理决策沙盘模拟运营规则

子曰:“工欲善其事,必先利其器。”正如《论语》中所说,准备工作做好了,可以事半功倍。也就是说,做任何事情要先打好基础,具备能力,才能有收获。

企业管理决策沙盘模拟运营也是如此,在着手操作模拟沙盘和系统电子沙盘前必须了解相应的运营规则,只有熟悉和掌握运营规则,才能正确使用和操作企业管理决策沙盘,才能在模拟运营中脱颖而出,获得企业持续经营的良好业绩。

4.1 融资

每年年初,总经理可以根据企业发展战略规划与年度预算作出是否需要融资的相关决策。

企业管理决策沙盘模拟提供了三种形式的贷款,分别为长期贷款、短期贷款与紧急融资。不同形式的贷款,其贷款年息和还款时间各有不同,具体情况如表 4-1 所示。

表 4-1 融资

贷款类型	贷款期限	贷款时间	贷款额度累计	年息(%)	还款方式
长期贷款	2~4 年	每年年初	所有者权益的 80%	10	年初付息,到期还本
短期贷款	1 年	每年年初		5	到期一次还本付息
紧急融资	1 年	任何时间		20	到期一次还本付息

4.1.1 长期贷款

长期贷款的年限为 2~4 年,在每年年初时确定贷款金额。长期贷款到期前,贷款企业需支付贷款金额 10% 的利息,贷款到期后企业需要连本带息一次性支付。

4.1.2 短期贷款

短期贷款的年限为 1 年,在每年年初时确定贷款金额。相对于长期贷款,短期贷款的年息较少,为 5%,比较适于因资金周转而进行的融资,与长期贷款相同的是,贷款到期后企业需要连本带息一次性支付。

4.1.3 紧急融资

紧急融资可以在任何时间进行。紧急融资的贷款期限为1年,年息高达20%,到期后必须一次性还本付息。

需要说明的是,长期贷款与短期贷款的总金额不能超过所有者权益的80%。

4.2 市场开拓及资格认证

4.2.1 市场开拓

企业管理决策沙盘模拟中的市场被分为M1,M2,M3三个市场,公司进入相应的市场进行销售活动需进行市场开拓。市场开拓标准如表4-2所示。

表4-2 市场开拓标准

市场 项目	M1	M2	M3
开拓费用(万元/年)	3	3	3
开拓时间(年)	1	2	3

规则说明:

企业管理决策沙盘模拟提供了企业可以销售产品的三个市场,各个市场的产品需求容量各有不同,三个市场的关系为M3 > M2 > M1;除了产品需求容量不同之外,相应的价格趋势也是M3 > M2 > M1。产品销售价格应当作为企业开发上市的重要关注点,企业只有在市场上销售尽量多的产品,才能使企业获得最大的收益。

4.2.2 ISO资格认证

企业ISO资格认证主要有ISO9000体系(质量认证)及ISO14000体系(环境认证)两项。能否获得ISO的资格认证,关系到市场开拓成功后能否在其市场正常地进行产品销售。公司必须拥有相关的认证才能进入相应的市场,具体要求如表4-3所示。

表4－3　市场开拓认证要求

市场	M1	M2	M3
需获得的认证资格	ISO9000	ISO9000	ISO9000/ISO14000

获得各项ISO资格认证所需时间与费用如表4－4所示。

表4－4　IOS资格认证要求

资格认证	ISO9000	ISO14000
认证费用(万/年)	3	4
认证时间(年)	1	2

规则说明：

ISO资格认证和市场开拓都有相应的时间要求，然而，进入市场进行产品销售，必须获得相应的ISO资格认证。所以，在企业管理决策沙盘模拟的操作中需要掌握好市场开拓认证和ISO资格认证的时间。

4.3　产品研发与固定资产配置

4.3.1　产品研发

企业管理决策沙盘模拟运营过程中主要涉及P1，P2，P3，P4四种产品，各类产品的研发时间与费用如表4－5所示。

表4－5　产品研发

产品	P1	P2	P3	P4
研发时间(年)	1	1	2	3
研发费用(万/年)	2	4	3	3
产品科技系数	0.1	0.3	0.5	0.7

规则说明：

(1)P1产品定位为低端产品，P2，P3产品定位为中端产品，P4产品定位为高端产品。

(2)根据产品的不同定位，越是高端的产品，研发时间越长，相对需要投入的研发费用也就越多。

(3)各类产品的科技系数各不相同,越高端的产品,科技系数也就越高,产品科技系数影响生产线所生产的产品数量。

4.3.2 固定资产配置

产品的生产需要公司配置一定的固定资产,主要是厂房和生产线的配置。

4.3.2.1 厂房配置

厂房根据其容纳的生产线数量分为两种:小厂房和大厂房。厂房的各项属性如表4-6所示。

表4-6 厂房配置

厂房	生产线容量(条)	购置费(万)	租金(万/年)	折旧年限(年)	折旧额(万/年)	出售残值(万)
小厂房	4	40	6	4	8	8
大厂房	8	70	10	5	12	10

规则说明:

(1)公司可根据自身情况选择租赁或者购置厂房,其中,租赁厂房不计入公司固定资产。

(2)厂房购置当年开始折旧,折旧额与其使用年限如表4-6所示。折旧年限到期后,厂房不能继续使用。

(3)公司可退租已租赁的厂房,退租时必须保证厂房内已无生产线,无任何生产活动。退租的同时需要支付当年的租赁费。

(4)公司可根据自身情况对厂房进行出售,出售时必须保证该厂房内已无生产线,无任何生产活动。出售厂房的收入与厂房是否处在折旧年限内有关,若处于折旧年限内,出售价格=厂房购置费-(每年折旧额×已折旧年限);若已到或超过折旧年限,则出售价格=出售残值。

4.3.2.2 生产线配置

生产线根据生产科技系数、适用产品等分为A型、B型、C型、D型四种。生产线的各项属性如表4-7所示。

表4-7 生产线配置

生产线类型	A	B	C	D
技术系数	0.2	0.3	0.5	0.7
适合生产的产品	P1	P1/P2	P1/P2/P3	P1/P2/P3/P4
购置费(万)	10	15	20	25

续表

生产线类型	A	B	C	D
维护费(万/年)	1	1	2	3
折旧额(万/年)	3	4	4	5
折旧年限(年)	3	3	4	4
出售残值	1	3	4	5
转产费用(万/年)	不能转产	2	2	1
生产人员限额(个)	6	5	3	2

规则说明:

(1)科技系数:生产线分为四个科技系数等级。根据生产线不同的自动化程度,各生产线配置的生产人员最高限额也有不同。生产线的技术系数越高,所需配置的生产人员也就越少,可生产的产品种类越多;科技系数越高的生产线,生产的产品数量也越多。

(2)维护费:生产线的维护费在生产线建成当年年末就需支付。

(3)折旧额:生产线建成当年开始计提折旧。

(4)出售:生产线是可以出售的,如处于折旧年限内,则出售价格 = 生产线购置费 -(每年折旧额 × 已折旧年限)。如超过折旧年限,则出售价格 = 出售残值。

(5)转产费用:每条生产线当前只能生产一种产品,如果需要该生产线生产其他产品,必须进行转产,转产后下一年才可进行新产品的生产。转产需要转产费,不同的生产线转产的费用也各有不同;生产线当年可先生产、后转产,但不可当年先转产、后生产。

(6)生产线搬迁:公司可通过搬迁生产线实现各类型厂房的灵活配置,每次搬迁需支付1万元生产线搬迁费,搬迁工作当年即可完成,当年就可进行生产。

4.4 人力成本与招聘

企业在产品的生产与销售的过程中都需要配置相应的人员,因此,对于企业管理决策沙盘模拟而言,做好人力资源配置方面的决策也是至关重要的。人员的合理配置不但能够为公司减少人力成本,还能为公司增加赢利。

在沙盘模拟中,人员招聘被分为正常情况下的招聘和紧急招聘两种方式。正常招聘是按照流程规定的常规招聘,紧急招聘则是不属于正常招聘的招聘。因为紧急招聘往往是企业急需的人员,所以,招聘费用的支出要高于正常招聘,紧急招聘的成本为正常招聘成本的 3 倍。企业各类人员的人力成本与解聘费用如表 4 – 8 所示。

表 4 –8　人力成本与解聘费用

员工类型	人力成本(万/人/年)	解聘费用(万/个)
生产人员	3	1
管理人员	5	2
销售人员	4	1
服务人员	3	1

规则说明:

(1)在制定生产人员招聘决策时,主要需要考虑生产线的类型与产品的生产计划。由于企业产品的生产量是按照生产函数进行计算的,所以,生产人员的数量直接影响产品的产量。

(2)每条正常生产的生产线至少配备一名管理人员,且每 4 名生产人员必须有一名管理人员。

(3)销售人员和服务人员的数量与所销售的产品数量有关,具体情况如表4 –9所示。

表 4 –9　销售人员和服务人员与产品销售数量和服务数量

产　品	P1	P2	P3	P4
每位销售人员销售产品数(个)	12	11	8	7
每位服务人员服务产品数(个)	15	12	10	8

(4)一名销售人员在同一时间段只能销售一种产品。

(5)未配备销售人员,产品不能进行正常的销售。

(6)一名服务人员在同一时间段只能服务一种产品。

(7)若销售成功后,未配备服务人员,产品的销售收入无法获得。

4.5 产品生产

4.5.1 生产函数

在沙盘模拟中,产品的生产数量由生产函数决定,其公式为:

$$生产函数:Q=\frac{A_i}{B_i}L_i^{\alpha}K_i^{\beta}$$

公式中,Q 为生产线上产品的总生产量;A_i 为第 i 条生产线技术系数;B_i 为第 i 条生产线生产的产品技术系数;L_i 为第 i 条生产线投入的劳动力数量(生产人员 + 管理人员);K_i 为第 i 条生产线投入的资本(该生产线的净值);α 为劳动力产出的弹性系数;β 为资本产出的弹性系数。

本沙盘模拟根据国家计委的测算,α 与 β 分别为:$\alpha=0.3$,$\beta=0.7$

例如,G01 公司花费 10 万元购置一条 A 型生产线,在该生产线上配置 1 名生产人员与 1 名管理人员用于生产 P1 产品,则 P1 的产量为:$Q=\frac{0.2}{0.1}2^{0.3}10^{0.7}$。

4.5.2 产品的生产成本

产品的实际生产成本与年度通货膨胀有关。公司在进行产品生产时,同一时间对同一产品进行加工,在一定范围内其单位成本随着产品数量上升而相应下降,达到成本的临界点,体现出生产的规模效应和边际效应。具体情况如表 4-10所示。

表 4-10 各类产品生产规模效应

P1 产品	数量(件)	0~10	11~20	21~30	31~40	41~60	61~80	81↑
	单位成本(万/件)	2	1.8	1.6	1.5	1.4	1.3	1.2
P2 产品	数量(件)	0~10	11~20	21~30	31~40	41~60	61~80	81↑
	单位成本(万/件)	2.5	2.3	2.1	2	1.9	1.8	1.7
P3 产品	数量(件)	0~10	11~20	21~30	31~40	41~60	61~80	81↑
	单位成本(万/件)	4	3.8	3.5	3.2	3	2.8	2.7
P4 产品	数量(件)	0~10	11~20	21~30	31~40	41~60	61~80	81↑
	单位成本(万/件)	5.5	5.3	5	4.8	4.5	4.3	4

规则说明:

(1)产品的直接生产成本 = 相应产品生产成本 ×(1 + 通货膨胀率)

(2)公司在进行产品生产时可考虑产品的生产规模效应,以降低产品的生产成本。例如:在经济周期的第二年,G01 公司生产 P4 产品 25 件,则 P4 产品的直接生产成本为 129 万元,由[25 ×5 ×(1 +3%)]计算得出。

4.6 产品销售

企业管理决策沙盘模拟中的产品销售采用竞拍模式,每年每个市场的每类产品都有相应的产品需求。各公司在制定竞拍价格时受制于产品的限价。各类产品的最低限价为产品的直接生产成本。各类产品最高竞拍价格如表 4 – 11 所示。

表 4 – 11 产品售价

产品 市场	P1	P2	P3	P4
M1	6	8	10	12
M2	8	10	12	14
M3	9	11	13	15

产品拍卖收购规则:

其一,根据产品的竞拍价格高低判断是否优先收购,竞拍价格低的产品优先被市场收购。

其二,在上述条件相同的情况下,根据公司上年度的排名作出判断,排名靠前的公司优先被收购。

其三,若以上条件相同,则比较各公司提交竞拍的时间,提交时间早的公司优先被收购。

规则说明:

(1)产品销售首先从 M1 市场开始,其后分别为 M2,M3 市场。若在 M1 市场企业竞拍未成功,可以等待在 M2 或 M3 市场竞拍。

(2)每个公司的同一种产品在不同的市场可以制定不同的竞拍价格。

(3)各市场产品实际需求量 = 市场产品参考需求 × 市场景气指数 × 组数

4.7 产品运输

公司在进行产品运输时,同一时间对同一产品进行运输,在一定范围内其单位运输成本随着数量上升而相应下降,达到成本的临界点,体现运输的规模效应和边际效应。具体情况如表 4 – 12 所示。

表 4 – 12 各类产品运输成本规模效应

M1 市场	数量(件)	0 ~ 10	11 ~ 20	21 ~ 30	31 ~ 40	41 ~ 60	61 ~ 80	81 ↑
	运输成本(万/件)	1.4	1.2	1	0.9	0.8	0.7	0.6
M2 市场	数量(件)	0 ~ 10	11 ~ 20	21 ~ 30	31 ~ 40	41 ~ 60	61 ~ 80	81 ↑
	运输成本(万/件)	1.7	1.5	1.3	1.2	1	0.9	0.8
M3 市场	数量(件)	0 ~ 10	11 ~ 20	21 ~ 30	31 ~ 40	41 ~ 60	61 ~ 80	81 ↑
	运输成本(万/件)	2.8	2.6	2.4	2.3	2.2	2.1	2

规则说明:

产品销售后,需要针对销售的各个市场支付相应的运输成本。产品的运输成本受生产规模效应的影响。因此,在制订销售计划时可结合产品的运输进行决策。

4.8 产品服务

公司完成产品销售任务后,需对各类产品开展售后服务,其服务费用支付如表 4 – 13 所示。

表 4 – 13 各类产品服务费用

产品	P1	P2	P3	P4
服务费用(万/年)	1 / 6	2 / 6	3 / 6	4 / 6

规则说明:

(1)产品的服务费用与产品的类型、数量有关。

(2)产品的服务费用遇到小数则向上取整。例如,销售 6 个 P1 产品需支付 1 万元的产品服务费,若销售 7 个 P1 产品则需支付 2 万元服务费。

(3)产品若不开展售后服务就无法取得销售收入。

4.9 产品清仓

由于不具备销售的条件,或者由其他因素引起产品积压,公司可以将产品以直接生产成本的价格对库存产品进行清仓处理,且不需要支付相应的产品服务费用和配备服务人员。

4.10 金融投资

金融投资是指公司在进行产品生产的同时,不以固定资产或者产品存货抵押,只以现金的形式进行的投资。金融投资是企业经营中需管理者作出的一项重大决策,正确的投资决策能为公司带来丰厚的收益。金融投资的总投资额为上年度所有者权益的30%,即用于三种方式(银行信托、债券投资和股权投资)的金融投资的投资总额不得超过上年度所有者权益的30%。

4.10.1 银行信托

银行信托是指将公司的资金委托给银行进行投资。银行信托的收益率如表4-14所示。

表4-14 银行信托信息

信托年限	1年	2年	3年	4年
年收益率(%)	5	8	10	15

规则说明:

银行信托按信托年限分为1年期信托、2年期信托、3年期信托和4年期信托。四种年限的信托投资有着不同的年收益率,公司可根据自身的投资决策进行信托投资。选择某种信托投资,在投资到期前每年可以收到相应的收益,到期时可收回本金。

4.10.2 债券投资

债券投资按期限分为1年期债券、2年期债券、3年期债券和4年期债券。

每种债券定量发行，每个品种的债券一年只发行一次，且每年都有四种可以发行的债券。债券投资信息如表4－15所示。

表4－15 债券投资信息

债券年限	1年期	2年期	3年期	4年期
发行价	1	1	1	1
参考发行数量	50	60	80	100
年收益率(%)	10	12	15	18
交易费用率(%)	2			

规则说明：

(1)债券的实际发行价＝投资环境指数×参考发行价

(2)参考发行数量以教师发布的数量为准。

(3)债券申购的优先顺序：当各公司申购同一种债券的总额小于发行的实际发行总额时，各公司就按各自申购的数量认购；如果各公司对同一种债券申购的数量总和大于未认购额，就按照各公司申购数量的一定比例进行分配。

其一，按公司上一年资产负债率的高低排序，资产负债率低的公司优先申购成功。

其二，如果资产负债率相同，将债券未认购额(每年发行额)按照各公司申购数量的一定比例进行分配，即

公司认购数量＝公司申购数量/各公司申购总数×未认购数量

(4)申购费用：申购费用＝债券认购额×交易费用率

(5)债券收益：债券投资总收益＝∑(每种债券认购额×年收益率×年限)

(6)债券退让：在债券投资期内，如果投资者急需收回投资资金，可以通过债券退让的方式实现。债券退让时需要支付相应的退让费用，到期的债券自动全部退让且不需支付退让费用。债券退让费用的计算公式为：

债券退让费用＝退让额×交易费用率

债券投资收益的计算公式为：

债券投资收益＝持有债券年限×债券年收益率×债券数量×投资环境指数

(7)债券转让：在债券投资期内，如果投资者急需收回投资资金，可以通过债券转让出售债券，市场卖方为市场上的其他公司。债券转让费用的计算公式为：

转让费用＝转让数量×投资环境指数×交易费用率

4.10.3 股权投资

股权证主要包括股权证编号、股权证面值和股权年收益。股权投资采用参

加股权申购会的方式进行。在公司经营过程的某个特定时间才可以参加股权申购会,具体时间由教师决定。股权申购会是指公司首先提交股权申购总额,然后根据公司提交的申购总额支付一定的股权申购手续费,交易费用率为2%。

规则说明:

(1)申购顺序:预期申购额高者优先选取;在预期申购额相同的情况下,上一年资产负债率低者优先选取;在两个条件都相同的情况下,以提交股权申购时间判断选单先后顺序。

选择股权成功后再支付股权证的实际成本即股权证面值。

(2)申购费用:申购费用=预期申购股权额×交易费用率

(3)股权退让:在股权投资期内,如果投资者急需收回投资资金,可以通过股权退让的方式实现。股权退让只能得到股权证的票面价值,且需要支付相应的退让费用,到期的股权投资自动全部退让且不需要支付退让费用。股权退让费用的计算公式为:

股权退让费用=退让总额×交易费用率

(4)股权转让:在股权投资期内,如果投资者急需收回投资资金,可以通过股权转让出售股权,市场买方为市场上的其他公司,转让股权时需要填写股权转让申请书,教师同意后将发布信息。公司可与有意向的公司进行洽谈,如洽谈成功,在最低与最高价格区间内,双方协议价格进行交易,转让费用承担主体由双方协商确定。股权转让费用的计算公式为:

股权转让费用=转让额×交易费用率

4.11　公司上市

公司上市,顾名思义就是让公司成为上市公司,为公司筹集更多的运营资金。在本沙盘中,公司上市分为两种:A股上市、创业板上市。公司若要上市需符合相应的条件,其条件如表4-16所示(注:只能选择A股或创业板上市)。

表4-16　公司上市条件

上市种类	上市条件
A股上市	连续3年盈利且连续累计净利润达到300万
创业板上市	连续2年盈利且连续累计净利润达到200万

4.11.1　股票发行总额

公司上市可发行的股票总额受到公司上年度资产的影响。A股上市可发行股票总额为上年度资产的30%，创业板上市可发行股票总额为上年度资产的40%（注：资产=负债+所有者权益）。

4.11.2 发行股票价格、每股分红及数量

发行的股票价格受每股分红以及银行1年期存款利率的影响。其中，每股分红由公司自行确定，银行1年期存款利率固定为3.5%。股票价格计算（每股分红与股票价格均以元为单位）公式为：

股票价格=每股分红/银行1年期存款利率

例如：模拟公司IPO总额为300万，填写每股分红为0.02元，这时的股票价格=0.02/0.035=0.57元（保留两位小数），这时最多发行总量为：3 000 000/0.57=5 263 158股。

4.11.3 股票发行

从公司运营的第三年开始，市场会有部分投资者开始投资公司股票。投资者投资总额由教师决定。股票是否成功发行，应按以下步骤逐一操作与确认。

第一，公司是否满足上市基本条件。

第二，由教师扮演投资者，投资者可以根据各公司的实际情况购买其发行的股票，但投资者也可以根据实际情况不购买相应公司的股票。

4.11.4 股票发行费用

公司在提交上市申请成功后，需要做一系列上市准备工作，包括进行投资者宣传，对财务账目进行整理等。因此，公司上市申请成功后需缴纳一部分股票发行费，发行费为10万/次。

4.12 风险投资

为了使企业有更多的机会筹集更多的资金进行运营，在沙盘模拟中，特地设置了风险投资这一方式。在满足条件的情况下，企业可以自主决定是否获得风险投资，这部分资金按所在公司所有者权益的比例入股。

4.12.1 获得风险投资的条件

上年资产利润率达到50%以上或净利润增长率达到50%，可以获得风险投资。

4.12.2 风险投资额

当公司满足可获得风险投资的条件时，根据随机情况，公司可获得公司上年度所有者权益的20% ~30%不等的资金作为等额的风险投资。例如，公司上年度所有者权益为300万元，通过随机，公司获得了75(即300×25%)万元的风险投资。由于对公司创业团队的智力投入、运营时间和承担经营风险等因素予以考虑，将风险投资所占股权降低5%进行核算，因此，风险投资占有公司15%[即75/(300+75)-5%]的股权。

4.12.3 风险投资退出

当公司成功IPO上市后，风险投资根据公司融资后的股权总额，按照股权比例获取资金并退出。

若投资当年风险投资基金占公司15%的股权，公司通过上市后，风险投资者退出，获取退出当年所有者权益15%的资金退出收益。例如，风险投资额为50万元，投资当年原有所有者权益为450万元，则风险投资比例为10%。风险投资退出当年公司所拥有的资金为1 000万元，则风险投资者可获100(即1 000×10%)万元。

4.13 其他规则及其说明

(1)企业所得税：企业在发展过程中创造的利润应向教师缴纳相应比例的企业所得税，如表4-17所示。

表4-17 企业所得税

年利润范围	所得税征收比例
公司年利润≤30万(小型微利企业)	免税
超过30万<公司年利润≤150万的部分	征收5%的企业所得税
150万<公司年利润≤250万的部分	征收10%的企业所得税
250万<公司年利润的部分	征收15%的企业所得税

(2)取整规则：沙盘模拟中合计数出现小数点的数据皆向上取整数。

(3)盈余公积金：净利润的10%作为法定盈余公积金。在提取法定盈余公积金前需弥补利润亏损，提取公积金之后才能发放股利。

4.14 总评分规则

10 年经营期结束后，对运营公司的运营情况作出综合评分。总评分计算公式为：

总评分 = 所有者权益 ×（1 + 资产利润率）

5

企业管理决策沙盘模拟系统

企业管理决策沙盘模拟系统是与企业管理决策实物沙盘完全配套的软件。该系统采用仿真模拟的设计理念,系统需要预先设定各种市场环境、投资环境和运行时间等各种参数。在实践教学中,让学生根据系统所提供的环境进行财务决策、固定资产配置决策、产品生产决策、投资决策以及人员配置决策等企业运营中涉及的相关决策,在资金总量相同的情况下选择市场,对生产和数据进行量化的经营与管理,以实现公司利润最大化的最终目标。本章对企业管理决策沙盘模拟系统的设计理念及系统安装进行说明,主要对管理员、教师、学生三种不同角色的系统操作进行详细阐述。

5.1 系统概述

5.1.1 系统简介

企业管理决策沙盘模拟系统分为管理员、教师、学生三种角色子系统。由教师设定行业,学生可以挑选出自己认为合适的市场、购置厂房、购建生产线进行产品的生产与销售,最后由教师根据总评价系统给出学生的排名。企业管理决策沙盘模拟系统主要由公司设立、环境分析、市场产品及资格认证、固定资产购买、人员招聘及辞退、产品生产与销售以及金融投资等功能模块组成。

5.1.2 设计思路

精创教育科技有限公司《企业管理决策沙盘模拟系统 V2.1》设计的基本思路是采用仿真模拟的方式让学生了解企业管理决策的相关知识,其核心追求是,不仅仅是把教师掌握的现有知识技能传递给学生,而且是让学生自己动手,主动了解公司建立、市场及行业的情景分析,以达到学习与了解企业管理决策的目的。这套系统可有效地解决传统教学中理论与实践相脱节的问题。

在企业管理决策教学中,让学生在资金总量相同的情况下,在系统所提供的不同行业中选择市场,对生产和数据进行量化的经营与管理,根据总评价判断学生的排名。本系统由教师先预设各种不同的行业及行业背景,并设定各种参数,学生按照教师设定的行业,选择自己认为合适的市场、生产线和厂房等,以公司利润最大化为最终目标进行各年度的经营。

本系统采用 ASP. NET(C#)技术开发、分层结构开发模式,系统后台数据设置灵活,教师可以根据需要设置各种模拟实验参数,以改变不同环境中的模拟要求。系统提供当前典型的行业环境类型,让学生进行产品、生产线和厂房的选择,以及人员招聘和销售产品的模拟与演练。其中,数据的量化、充满竞争和互动性、灵活的后台控制能力、寓教于乐的开发设计是本系统的最大特色。

5.1.3 系统安装要求

服务器端要求:Windows 2008 Server。

客户端要求:Windows 2000 及以上操作系统,Internet Explorer 6.0 及以上版本。

软件采用:SQL - Server 2008 R2,IIS6.0。

5.1.4 软件安装

企业管理决策沙盘模拟系统安装程序自动安装完成。自动完成部分包括加密狗驱动、软件程序和软件数据库。

(1)双击管理决策沙盘模拟系统文件安装包的"setup. exe",进入安装程序,如图 5 - 1 所示。

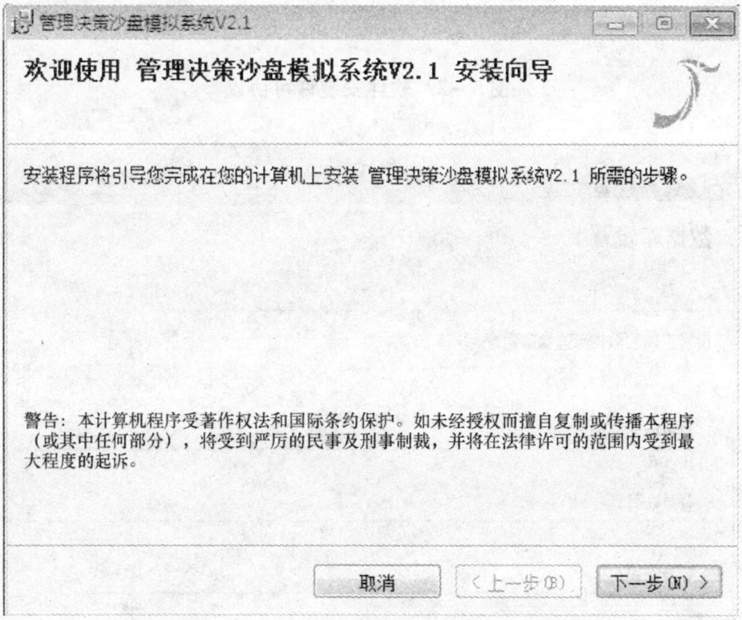

图 5 - 1 系统安装界面

(2)单击"下一步",如图 5 - 2 所示,并选择"同意"。

(3)单击"下一步",如图 5 - 3 所示,设置相应的服务器(注意,假如本机上有多个数据库,服务器要带上实例名)、账号、密码及数据库名称。

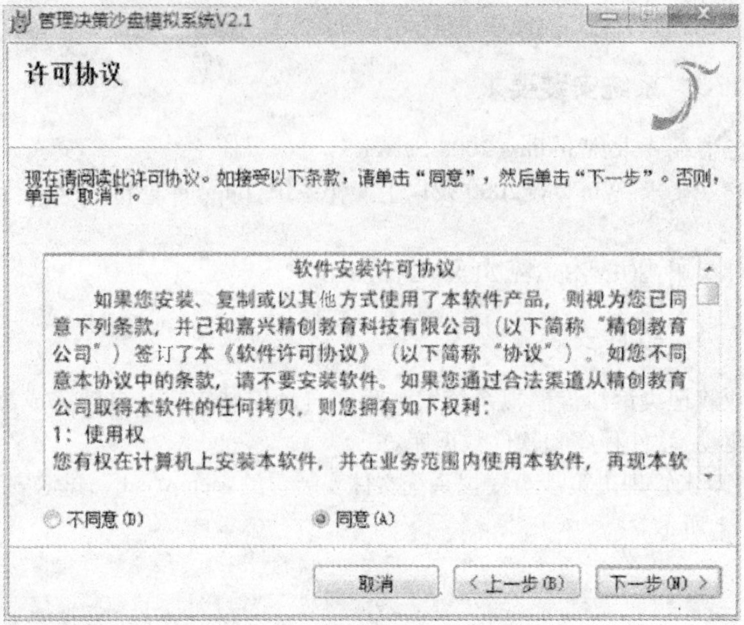

图 5－2　软件安装许可协议

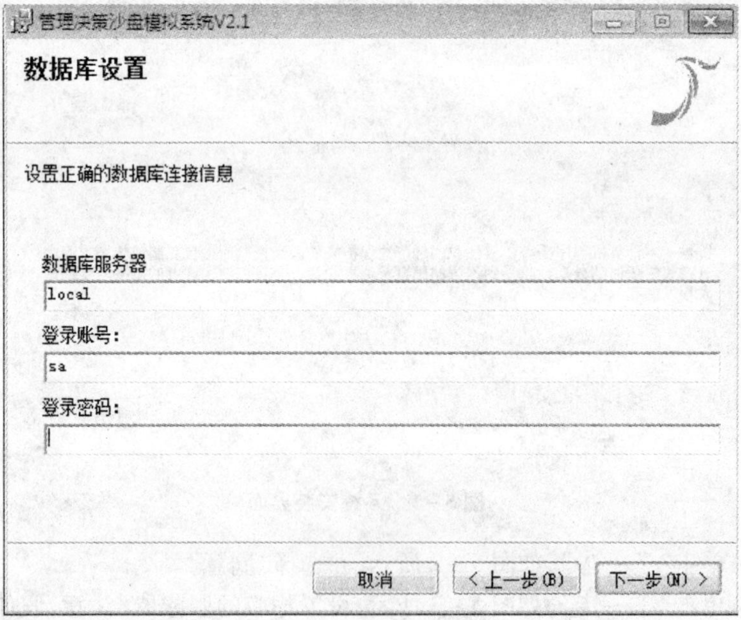

图 5－3　数据库设置

(4)选择程序所要安装的文件夹,点击下一步,如图 5-4 所示。

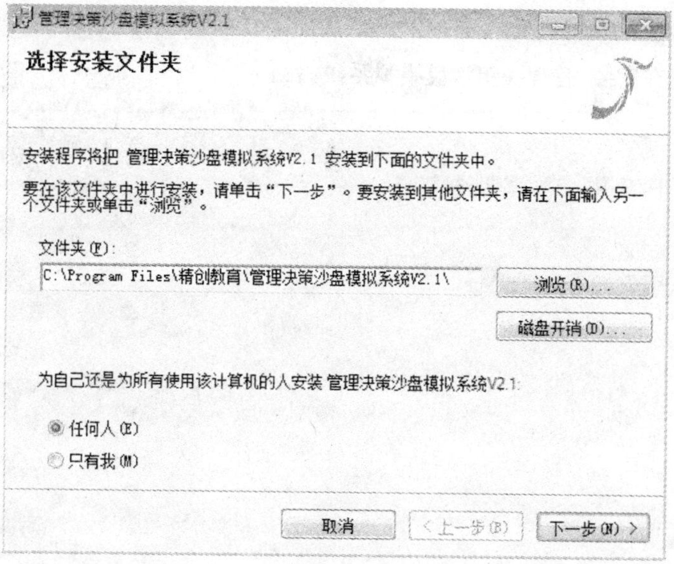

图 5-4 选择安装文件夹

(5)确认安装,单击“下一步”,如图 5-5 所示。

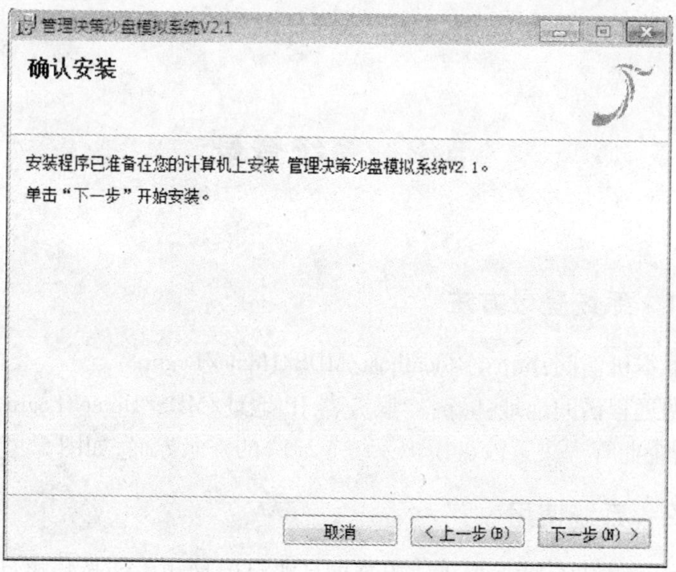

图 5-5 确认安装

(6)等待安装,如图 5 -6 所示。

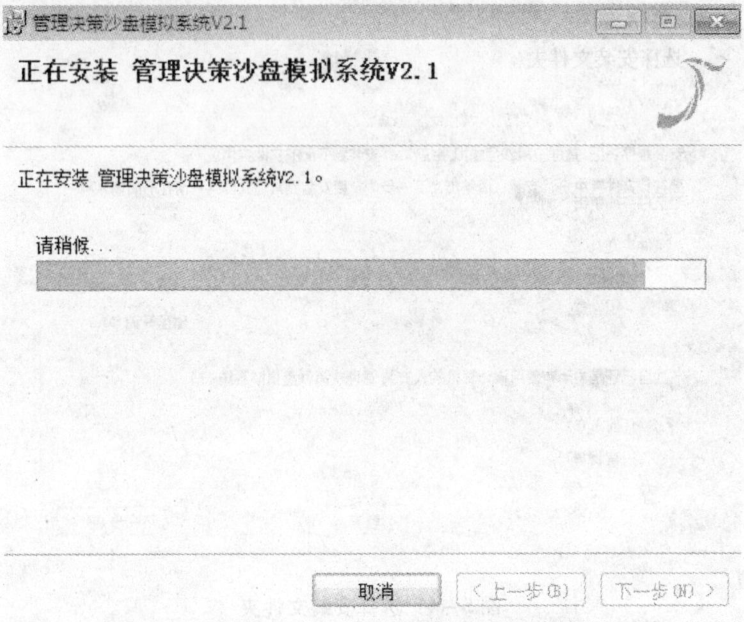

图 5 -6　等待安装

(7)安装完毕,单击“关闭”。

5.2　系统登录

5.2.1　系统登录方法

服务器本机访问:http://localhost/MDS/Home/Login。

局域网远程访问地址:http://服务器 IP 地址/MDS/Home/Login,“回车”就可以进入《企业管理决策沙盘模拟系统 V2.1》的登录界面,如图 5 -7 所示。

5.2.2　系统使用

系统初次使用时,首先需要使用管理员账号添加相应的教师账号,然后各教师根据需要创建项目,企业管理决策沙盘模拟系统允许多位教师单项目运行。

(1)管理员账号与密码:账号:admin 密码:admin。

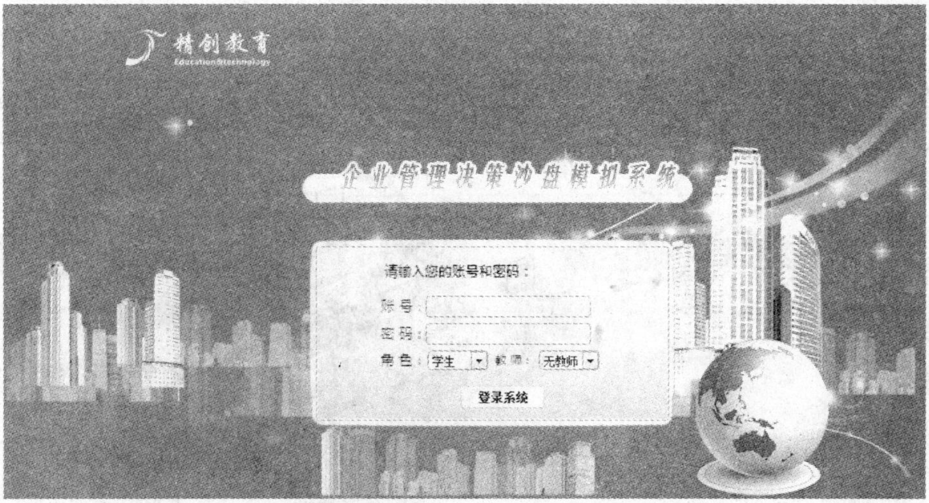

图 5 - 7　企业管理决策沙盘模拟系统 V2.1 登录界面

(2)教师账号由管理员根据教师需要个性添加即可。

(3)学生账号的命名规则为:G01、G02…G100,默认密码为:111111。

5.3　管理员系统功能模块

5.3.1　管理员界面介绍

管理员默认账号和密码为:admin/admin,在登录类型选择“管理员”选项即可进入系统管理员操作界面,如图 5 - 8 所示。

管理员端的主要功能模块是管理教师账号。管理员界面主要由用户信息、教师列表、短信息、展示区和工具箱组成。

5.3.1.1　用户信息

用户信息主要显示当前的管理员用户名、系统时间,如图 5 - 9 所示。

5.3.1.2　“教师列表”功能

工具箱中的“教师列表”功能用于管理教师账号,单击“教师列表”,如图 5 - 10所示。

在系统初次使用时,教师列表数据为空,管理员需要根据教师需求添加相应的教师账号。单击“添加教师”,如图 5 - 11 所示。教师账号信息包括教师账号、教师密码、真实姓名、联系方式、邮箱和性别信息。

图 5-8　管理员界面

图 5-9　用户信息

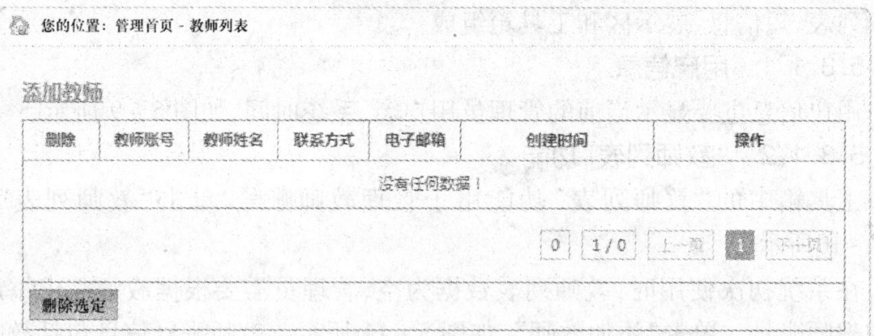

图 5-10　“教师列表”功能

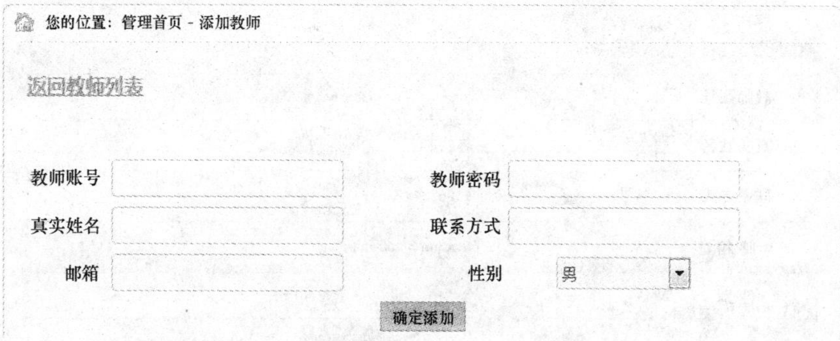

图 5－11　添加教师

所有信息填写完成后，单击“确定添加”，如图 5－12 所示。

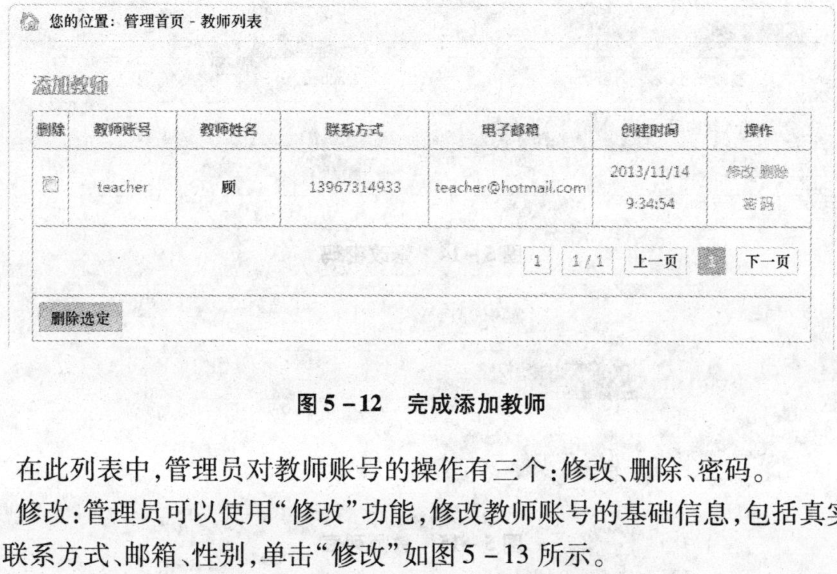

图 5－12　完成添加教师

在此列表中，管理员对教师账号的操作有三个：修改、删除、密码。

修改：管理员可以使用“修改”功能，修改教师账号的基础信息，包括真实姓名、联系方式、邮箱、性别，单击“修改”如图 5－13 所示。

删除：管理员可以根据管理的需要删除多余的教师账号。

密码：在系统使用过程中，教师可能会遗忘密码，管理员可以根据需要修改该教师账号密码，此处教师密码输入非用隐藏字符“＊”号表示，直接显示输入的字符，如图 5－14 所示。

5.3.1.3　教师列表

在教师列表中显示当前系统中所有的教师账号，以便管理员进行相应的信息管理。单击相应的教师账号，可以快速查询和修改教师账号的基本信息，如图 5－15 所示。

图 5－13　修改信息

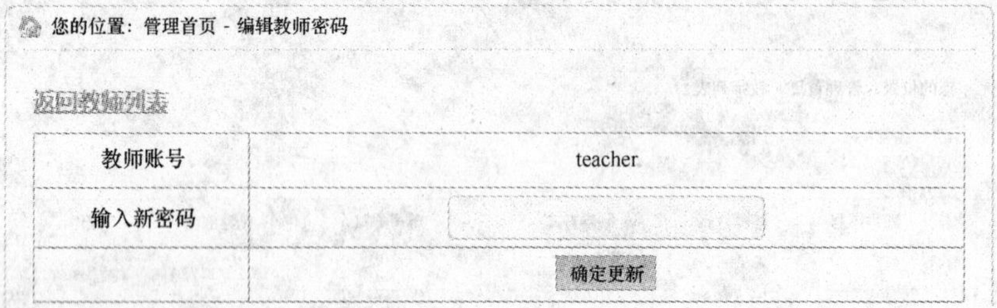

图 5－14　修改密码

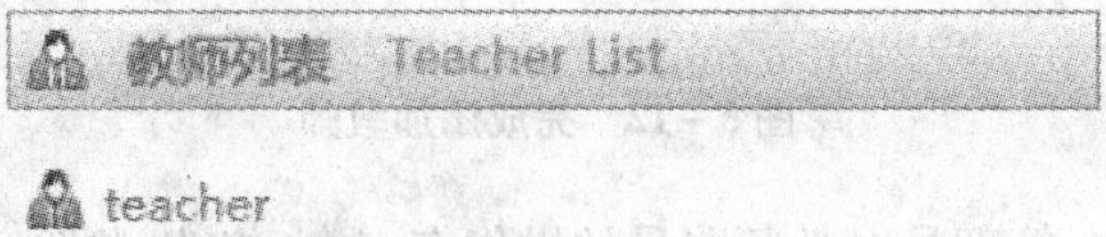

图 5－15　教师列表

5.4　教师端功能模块

5.4.1　教师端流程介绍

教师端功能模块的使用如图 5－16 所示。

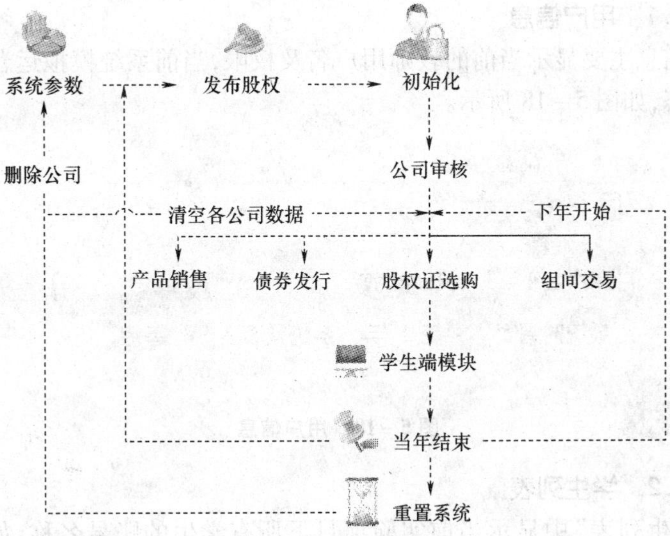

图 5－16 教师系统运行流程

5.4.2 教师端功能介绍

教师端的各项组成部分为：用户信息、学生列表、短信息、展示区、工具箱和其他功能等，如图 5－17 所示。

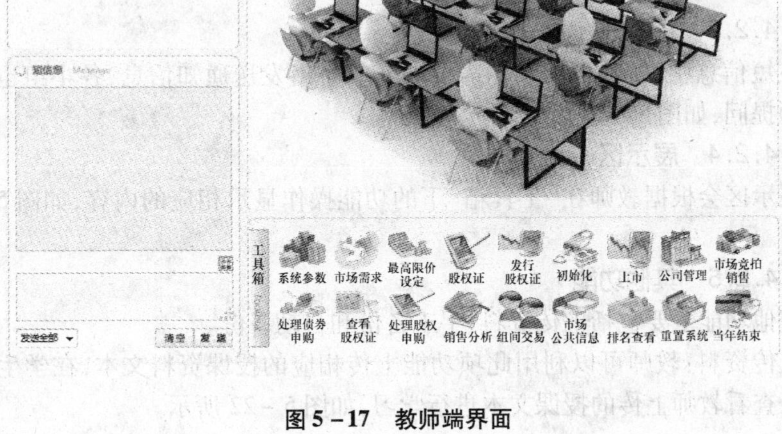

图 5－17 教师端界面

5.4.2.1 用户信息

用户信息主要显示当前的教师用户名及权限，当前系统模拟运营时间及当前系统状态，如图 5－18 所示。

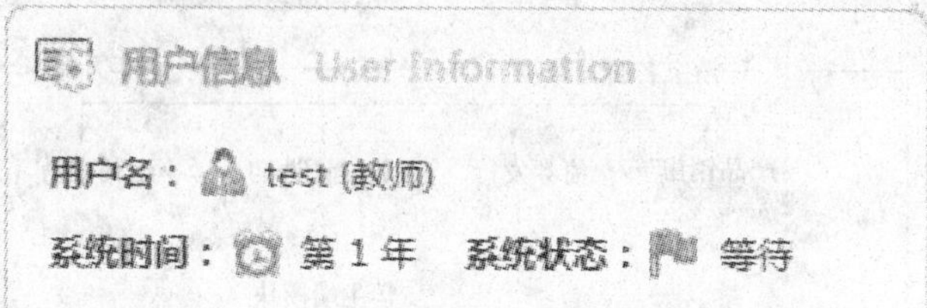

图 5－18 用户信息

5.4.2.2 学生列表

在“学生列表”中显示当前实验项目下所有学生的账号名称，如图 5－19 所示。

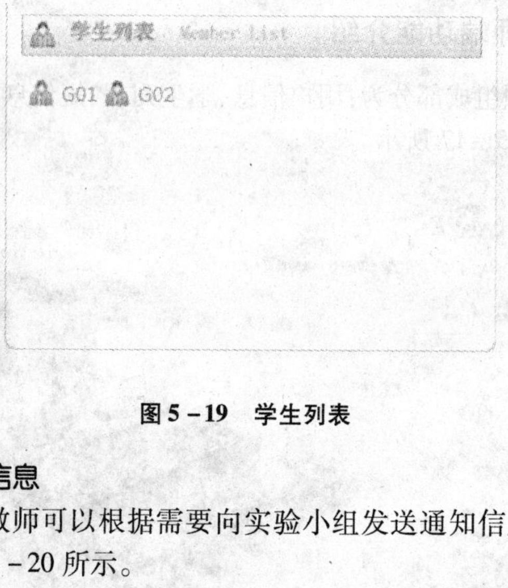

图 5－19 学生列表

5.4.2.3 短信息

在短信息中，教师可以根据需要向实验小组发送通知信息，各小组也可以向教师提问，如图 5－20 所示。

5.4.2.4 展示区

展示区会根据教师在“工具箱”下的功能操作显示相应的内容，如图 5－21 所示。

5.4.2.5 其他功能

其他功能主要包括上传资料、手工备份和自动备份。

上传资料：教师可以利用此项功能上传相应的授课资料文本，在学生端学生可以查看教师上传的授课文本进行学习，如图 5－22 所示。

图 5－20 短信息

图 5－21 展示区

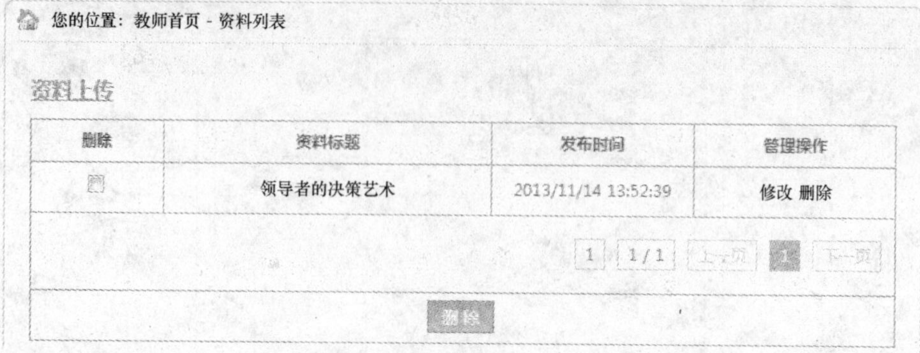

图 5－22　上传资料列表

单击“资料上传”，如图 5－23 所示。教师需要添加相应上传资料的标题及内容，确定添加即可。

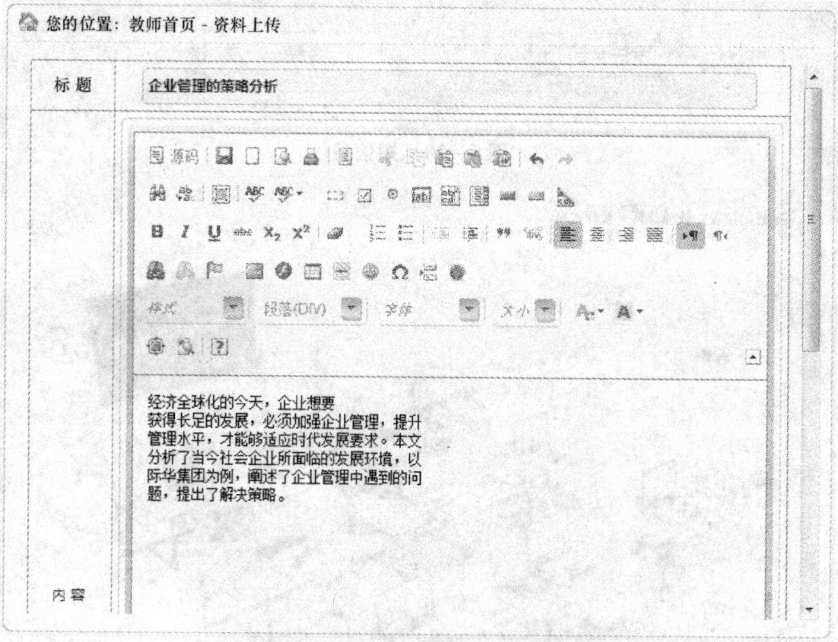

图 5－23　资料上传

手工备份：教师在实验项目运行时，可以手工备份当前的数据库，以便系统发生错误时进行还原，如图 5－24 所示。

单击“备份系统”，系统会出现提示界面，“确定”即可，稍等片刻备份即可

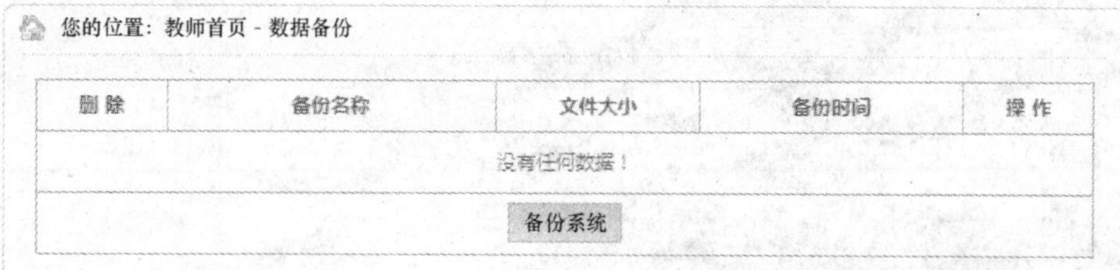

图 5 – 24　数据备份

完成，如图 5 – 25 所示。备份完成后系统会自动添加备份名称，并显示备份文件的大小、备份时间，如果有还原的需要单击“还原”即可。

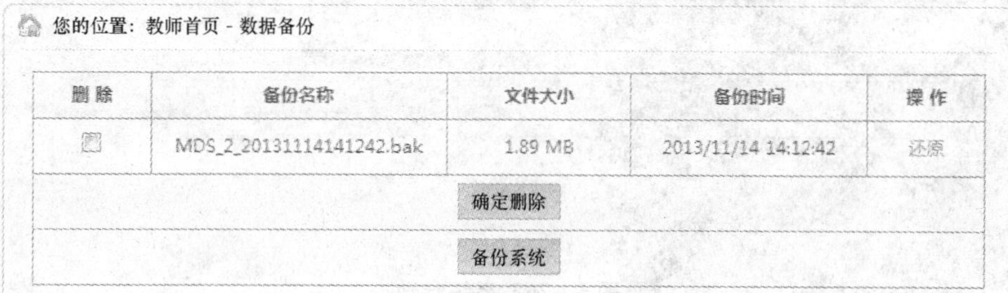

图 5 – 25　数据备份完成

自动备份：在“工具箱”中的“系统参数”中设置自动备份的时间即可，以“分钟”为时间单位。

5.4.3　工具箱

工具箱是教师端重要的组成部分，实验项目的配置、运行、查询都在此项中操作。工具箱的主要功能包括系统参数、市场需求、最高限价设定、股权证、发行股权证、初始化、上市、公司管理、市场竞拍销售、处理债券申购、查看股权证、处理股权申购、经营分析、组间交易、市场公共信息、排名查看、重置系统和当年结束。

5.4.3.1　系统参数

单击“系统参数”，系统会出现“确定修改系统参数”界面，主要包括与规则相应的一些参数，这些参数在本书第 4 章规则中已有详细介绍，其他最主要的参数有初始资金、参赛组数、是否开放注册流程、起始年、运营时长以及自动备份时间，如图 5 – 26 所示。

初始资金：初始资金是指各个小组企业运营的初始资金，默认为 100 万元。

图 5－26　系统参数

参赛组数：参赛组数是指小组的数量，默认为 2 组，实验小组的账号由系统自动生成，账号：G01——G0N（N 为设置的最大组数），密码：11111。

是否开放注册流程：在企业管理决策沙盘模拟系统中，教师可以根据需要确定各小组是否体验公司注册的完整流程。

起始年：在企业管理决策沙盘模拟中经济周期以 10 年为一个循环周期。教师可以根据需要选择某一个起始点作为“起始年”。

运营时长：在企业管理决策沙盘模拟系统中，教师可以根据需要设定系统的运营时间。

自动备份时间：自动备份是系统备份的一种方式，教师可以根据需要设置相应的自动备份时间。

5.4.3.2　市场需求

在工具箱处单击“市场需求”，展示区内显示的内容如图 5－27 所示。

“市场需求”界面中展示的信息有相应的市场名称、图标、开拓费用、市场开拓所需年份，在操作中可以设置相对应市场各类产品 10 年的需求。教师在此处设置的是单组市场的需求，真正的市场需求要用单组数据乘以“系统参数”中的“参赛组数”。

市场名称	图 标	开拓费用	所需年份	操 作
M3	M3	3 万/年	3 年	设置需求
M2	M2	3 万/年	2 年	设置需求
M1	M1	3 万/年	1 年	设置需求
3 1/1 上一页 1 下一页				

图 5－27　市场需求

产品名称	P1	P2	P3	P4
第 1 年	21	16	12	10
第 2 年	22	15	11	9
第 3 年	22	15	12	10
第 4 年	21	14	13	10
第 5 年	22	13	13	9
第 6 年	20	13	12	8
第 7 年	20	12	10	8
第 8 年	19	13	11	7
第 9 年	19	12	9	7
第 10 年	18	10	8	7

图 5－28　M3 市场设置需求

单击“M3”市场的“设置需求”，如图 5－28 所示，在此处可以设置相应市场 10 年的各类产品的单组需求。设置完成后，单击“确定更新”即可，如图 5－29 所示。

5.4.3.3　最高限价设定

在工具箱处单击“最高限价设定”，展示区内显示的内容如图 5－30 所示。

第 10 年	18	10	8	7
确定更新 取消				

图 5－29　确定更新

产品名称	市场 - 市场售价	
P1	M1	6 万
	M2	8 万
	M3	9 万
P2	M1	8 万
	M2	10 万
	M3	11 万
P3	M1	10 万
	M2	12 万
	M3	13 万

图 5－30　最高限价设定

界面中显示每类产品在各市场竞拍的最高限价，教师可以根据教学的需要进行相应修改。修改完成后，单击“更新最高限价”即可，如图 5－31 所示。

P4	M1	12 万
	M2	14 万
	M3	15 万
更新最高限价		

图 5－31　更新最高限价

5.4.3.4　股权证

在工具箱处单击“股权证”，展示区内显示的内容如图 5－32 所示。

您的位置：教师首页 - 股权证

添加股权证

选择	股权编号	面值	收益	操作
删除选定				
☐	038	14 万	1 万/年	编辑 删除
☐	037	13 万	5 万/年	编辑 删除
☐	036	13 万	4 万/年	编辑 删除
☐	035	13 万	3 万/年	编辑 删除
☐	034	13 万	2 万/年	编辑 删除
☐	033	13 万	1 万/年	编辑 删除
☐	032	12 万	5 万/年	编辑 删除
☐	031	12 万	4 万/年	编辑 删除
☐	030	12 万	3 万/年	编辑 删除

图 5－32　股权证

在“股权证”界面中，教师可以操作的内容有添加股权证、编辑股权证和删除股权证(单个、多个)。

添加股权证：系统初始运行时有部分默认的股权证，教师可以根据授课的需要添加更多的股权证，单击“添加股权证”，如图 5－33 所示。在此可以添加相应股权证的面值及收益。数据填写完成后，单击“确定添加”即可。

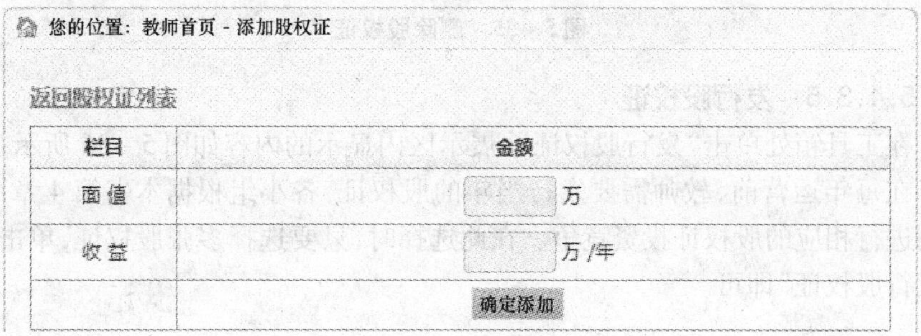

您的位置：教师首页 - 添加股权证

返回股权证列表

栏目	金额
面值	万
收益	万/年
	确定添加

图 5－33　添加股权证

编辑股权证：教师可以根据授课的需要修改相应股权证的面值及收益，单击“编辑股权证”，如图 5－34 所示。在此可以修改相应股权证的面值及收益。数据修改完成后，单击“确定更新”即可。

您的位置：教师首页 - 编辑股权证

返回股权证列表

股权证编号	038
面值	14 万
收益	1 万/年
	确定更新

图 5－34　编辑股权证

删除股权证：教师可以根据授课的需要删除不需要的股权证，可以同时删除多个或单个股权证，如图 5－35 所示。在选择的复选框中选中要删除的股权证，然后单击“删除选定”即可。

选择	股权编号	面值	收益	操作
删除选定				
☑	038	14 万	1 万/年	编辑 删除
☑	037	13 万	5 万/年	编辑 删除
☑	036	13 万	4 万/年	编辑 删除
☑	035	13 万	3 万/年	编辑 删除

图 5－35　删除股权证

5.4.3.5　发行股权证

在工具箱处单击“发行股权证”，展示区内显示的内容如图 5－36 所示。

在每年运营前，教师需要发行当年的股权证，各小组根据本书第 4 章中的规则进行相应的股权证投资竞争。在此选择时，只要选择多张股权证，单击“确定发行股权证”即可。

您的位置：教师首页 - 发行股权证

	股权编号	面值	收益
确定发行股权证			
☑	001	4万	1万/年
☑	002	4万	2万/年
☑	003	5万	1万/年
☑	004	5万	2万/年
☐	005	5万	3万/年
☐	006	6万	1万/年
☐	007	6万	2万/年
☐	008	6万	3万/年
☐	009	7万	1万/年
☐	010	7万	2万/年

图 5－36　发行股权证

5.4.3.6　初始化

教师端运行到这一步骤时，教师就完成了前面一系列的系统初始化的设置，这时单击工具箱的“初始化”，如图 5－37 所示。

在图 5－37 中教师可以看到“系统参数”中设置的数据，确认无误后，单击“确定初始化”即可。

5.4.3.7　上市

根据上市规则，企业达到上市条件后，即可填写每股分红以及发行总额；然后向教师提交申请，由教师端确认处理审核，审核通过之后，学生即可获得上市之后的收益，如图 5－38 所示。

5.4.3.8　公司管理

当教师端“初始化”完成后，教师即可分配相应的学生账号，各小组即可登录系统进行公司注册与信息完善，如图 5－39 所示。

5.4.3.9　市场竞拍销售

当各公司根据市场需求提交各类产品的市场销售数量后，教师在该模块可以看到各公司提交的销售各类产品的明细，以及最后实际销售产品的数量，如图 5－40 所示。

您的位置：教师首页 - 初始化

数据初始化后，将自动开始系统经营

系统参数

确定初始化					
初始资金	100万	参赛组数	2 组	是否开放注册流程	☑
金融投资率	30 %	劳动产出系数α	0.3	资本产出系数β	0.7
贷款累计比例	80 %	管理人员比例	25 %	交易费用率	2 %
生产人员人力成本	3万	生产人员解雇成本	1万	管理人员人力成本	5万
管理人员解雇成本	2万	销售人员人力成本	4万	销售人员解雇成本	1万
服务人员人力成本	3万	服务人员解雇成本	1万	起始年	5
运营时长	5 年	自动备份时间	1 分	系统状态	等待

图 5－37　系统初始化

您的位置：教师首页 - 上市审核

公司	上市种类	发行总额	每股分红（元）	发行数量	操作	购买股票	投资操作
当前没有任何公司提出上市申请							

图 5－38　上市审核

您的位置：教师首页 - 公司管理

☑	用户名	公司名称	公司现金	当年时间	经营状态	审 核	操 作
☑	G01	XXOO	200 万	第 1 年	未开始	公司申请待审核	修改|密码
☑	G02	XXX	200 万	第 1 年	未开始	公司申请待审核	修改|密码
审核选定　批量注资							

图 5－39　公司管理

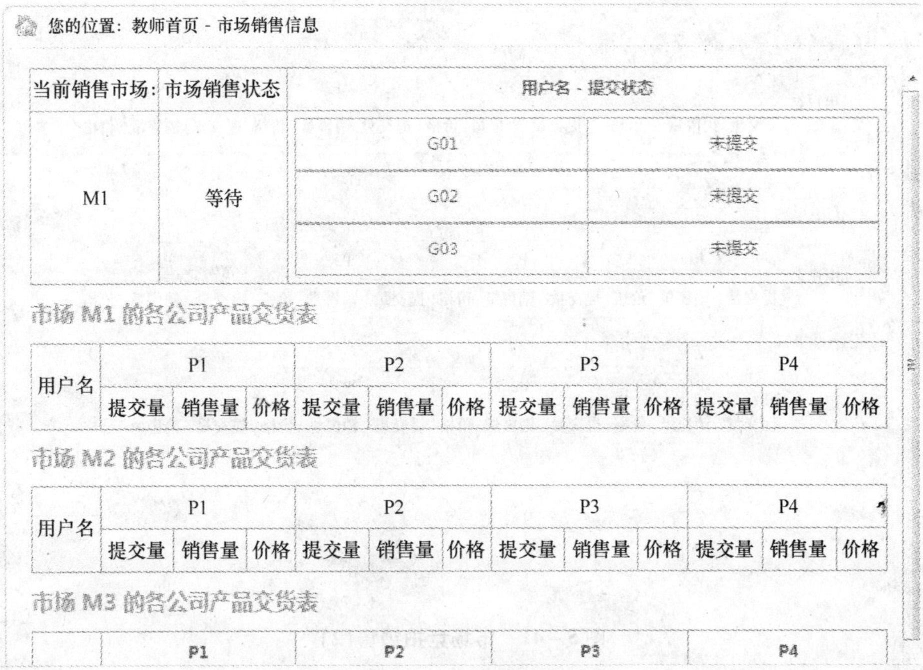

您的位置：教师首页 - 市场销售信息

当前销售市场：	市场销售状态	用户名 - 提交状态	
M1	等待	G01	未提交
		G02	未提交
		G03	未提交

市场 M1 的各公司产品交货表

用户名	P1			P2			P3			P4		
	提交量	销售量	价格	提交量	销售量	价格	提交量	销售量	价格	提交量	销售量	价格

市场 M2 的各公司产品交货表

用户名	P1			P2			P3			P4		
	提交量	销售量	价格	提交量	销售量	价格	提交量	销售量	价格	提交量	销售量	价格

市场 M3 的各公司产品交货表

	P1	P2	P3	P4

图 5－40　市场竞拍销售(1)

待所有公司销售提交完成后，会显示各用户在各市场各类产品的提交量、销售量和价格，如图 5－41 所示。

5.4.3.10　处理债券申购

单击“处理债券申购”，如图 5－42 所示。当各公司债券申购完成后，教师能看到所有公司申购债券的信息，教师此时还可以设置要发布的债券数量。

待教师确认并单击“确定处理债券申购”，然后单击“确定发布债券申购”，根据规则将债券分配给各公司，如图 5－43 所示。

5.4.3.11　开始股权选购

单击“查看股权证”，可以看到当年市场上发布的股权证。

待各公司经营至股权申购时，各公司须提交股权申购额，然后由教师进行确认操作，再由学生根据规则进行轮流选单，直到放弃为止。

单击“开始股权申购”，如图 5－44 所示。在此界面中，教师可以看到各公司的信息，包括用户登录名以及相应的申购信息，这时教师单击“确定处理股权申购”即可。

您的位置：教师首页 - 市场销售信息

市场 M1 的各公司产品交货表

用户名	P1			P2			P3			P4		
	提交量	销售量	价格	提交量	销售量	价格	提交量	销售量	价格	提交量	销售量	价格
G02	36	36	6.00万	0	0	0万	0	0	0万	0	0	0万

市场 M2 的各公司产品交货表

用户名	P1			P2			P3			P4		
	提交量	销售量	价格	提交量	销售量	价格	提交量	销售量	价格	提交量	销售量	价格

市场 M3 的各公司产品交货表

用户名	P1			P2			P3			P4		
	提交量	销售量	价格	提交量	销售量	价格	提交量	销售量	价格	提交量	销售量	价格

图 5－41　市场竞拍销售(2)

您的位置：教师首页 - 处理债券申购

确定处理债券申购

各公司债券申购申请列表

用户名	债券名称	申购数
G01	一年期	10
G02	一年期	11

设置债券发行量

债券名称	发行价	年收益率	所需年份	发行量
一年期	1.6万	10 %	1 年	30
二年期	1.6万	12 %	2 年	10
三年期	1.6万	15 %	3 年	80
四年期	1.6万	18 %	4 年	100

图 5－42　处理债券申购

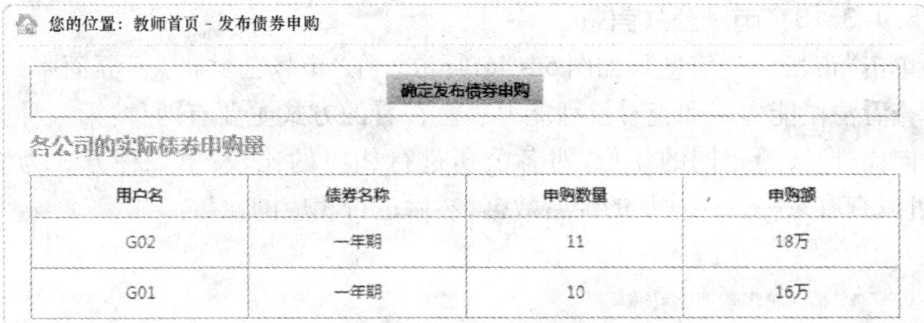

图 5－43　确定发布债券申购

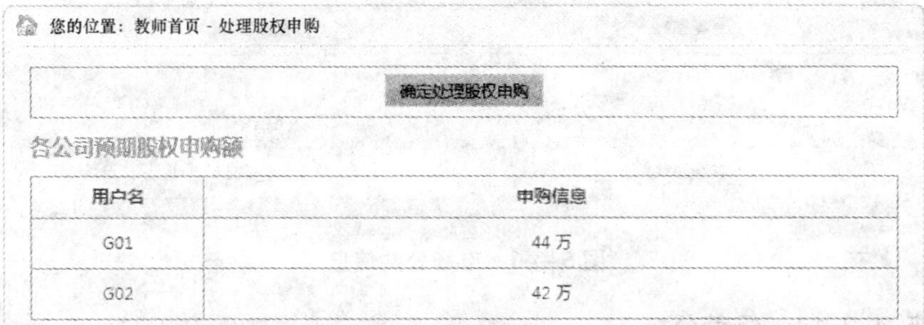

图 5－44　处理股权申购

5.4.3.12　组间交易

单击“组间交易”，如图 5－45 所示。“组间交易”主要包括各公司股权转让申请与债券转让申请，各公司在转让洽谈后，由持有方发起相应的转让申请，之后由教师进行相应的股权转让审核与债券转让审核，最后由交易双方进行转让交易的确认。

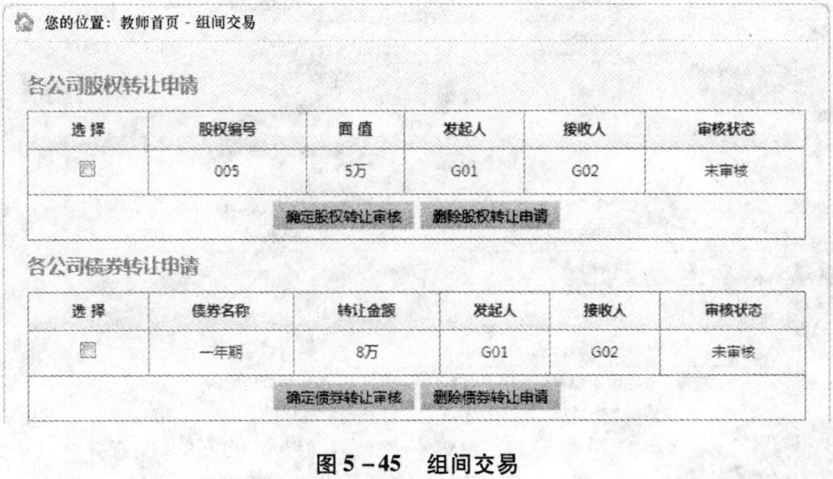

图 5－45　组间交易

5.4.3.13 市场公共信息

单击"市场公共信息",如图5－46所示。在"市场公共信息"界面中,主要包括查看清偿能力表和查看盈利能力表。查看的方式主要有两种:第一种方式为横向比,即按照相同的年份,对各公司进行相应的比较;第二种方式为纵向比,可以查看某一公司6年的经营数据,然后进行相应的比较。

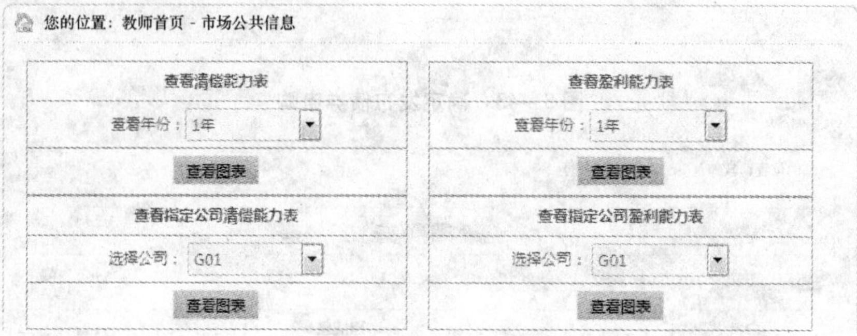

图5－46 市场公共信息

5.4.3.14 经营分析

单击"经营分析",如图5－47所示。"经营分析"查询主要包括各公司各年度的成本表、借贷表、现金流量表、资产负债表、利润表、销售与金融投资收入表和综合费用表,还可以查看指定公司某年份的所有经营表与各公司所有年份的所有报表。

图5－47 经营分析

5.4.3.15 排名查看

单击“排名查看”,如图 5 - 48 所示。教师可以在“排名查看”中查看各公司各年度的排名情况以及相应的总评价得分。

您的位置：教师首页 - 排名查看

第 1 年的公司排名

排名	用户名	公司名称	总评价得分
1	G01	XXOO	0 分
2	G02	XXX	0 分

图 5 - 48 排名查看

5.4.3.16 重置系统

教师在某一项目完成后,可以进行重置系统。重置系统有两种方式:一种方式是删除公司;另一种方式是保留公司。这两种方式之间的区别在于:如果选择删除公司,教师需要重新初始化项目进行操作;如果保留公司,则不需要进行相应的初始化操作,只要发行股权证即可进行操作;公司也不需要再进行注册,直接登录即可以学生账号进行操作。

5.4.3.17 当年结束

待所有公司当年经营结束后,教师需要对当年结束进行确认。当年结束后,教师需要操作“发行股权证”,发行下一年度的股权证,股权证发行后即为下一年经营的开始。

5.5 学生端功能模块

学生端的功能模块主要分为两部分:一部分为企业成立之初的注册与信息完善,主要让学生在这一过程中体验企业注册的流程以及相关企业注册流程的知识;另一部分为企业运营,包括企业的固定资产配置、产品生产、产品销售、人员配置和投资等流程。

各公司根据教师分配的账号进行登录,如图 5 - 49 所示。登录时,输入分配的账号与密码,“角色”选择“学生”,“教师”选择“teacher(根据教师分配)”,单击“登录系统”即可。

学生登录系统后,如图 5 - 50 所示。此时还不能进行任何操作,可以先进

图5-49　登录界面

入“注册流程”，查看完整的公司注册流程；然后进入“申请公司”，填写完整的基础信息；待教师审核后，才可进行相应的企业运营操作。

图5-50　学生登录系统后

5.5.1　企业注册流程

在图5-50中，单击“注册流程”后，界面如图5-51所示。在此能够查看完整的公司注册流程。

在图5-51中，单击“申请公司”，便可以查询完整的申请公司流程，单击“申请公司”后，界面如图5-52所示。在此填写真实姓名、性别、民族、出生日

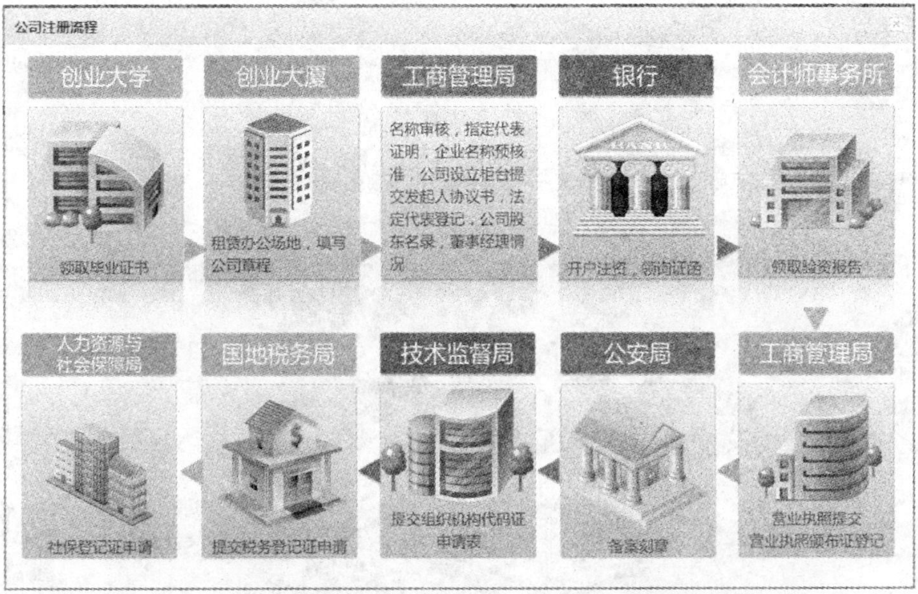

图 5－51　公司注册流程

期、住址及相关人员的身份证号码，填写完成后，单击“提交”。

图 5－52　公司管理注册

个人信息填写完成，如图 5－53 所示。此时正式进入公司注册的流程。图中上方详细列明了公司管理注册的完整流程，某项流程完成后，其文字显示为红色。

图 5－53　公司注册流程

5.5.2　企业运营流程

企业管理决策沙盘模拟系统中的企业运营主要由生产运营和金融投资两部分组成。其中，生产运营包括市场开拓、产品研发、ISO 资格认证、厂房配置、生产线配置、人员招聘、生产成本结算、销售人员分配、产品销售、产品清仓、服务人员配置及销售收入到账；金融投资包括上市、风险投资、申请贷款、银行信托、申购债券及股权投资。

5.5.2.1　学生端界面介绍

在系统使用前，需要学生先熟悉相应的操作界面，系统整个界面包括基础信息区、短信息区、厂房与生产线展示区、综合操作区和功能操作区。

(1)基础信息区。基础信息区包括用户信息、财务信息、研发认证信息、库存信息、销售信息及员工信息。

用户信息中主要包括学生当前使用账号的用户名、当前时间和状态，如图 5－54 所示。

财务信息中主要显示企业当前的资金情况，包括当前现金、长贷总额、短贷总额、紧急融资、风险投资、上市融资及可投资额，如图 5－55 所示。

图 5－54　用户信息

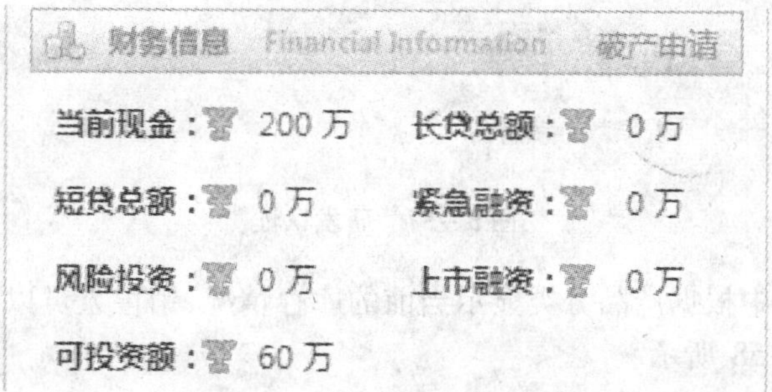

图 5－55　用户信息

在模拟过程中，如果因为企业经营不当造成资金不足，这时就可单击“破产申请”，如图 5－56 所示。填写相应的破产申请理由，提交至该实训项目的教师端，教师可以根据实际情况对该公司进行破产处理的确认。

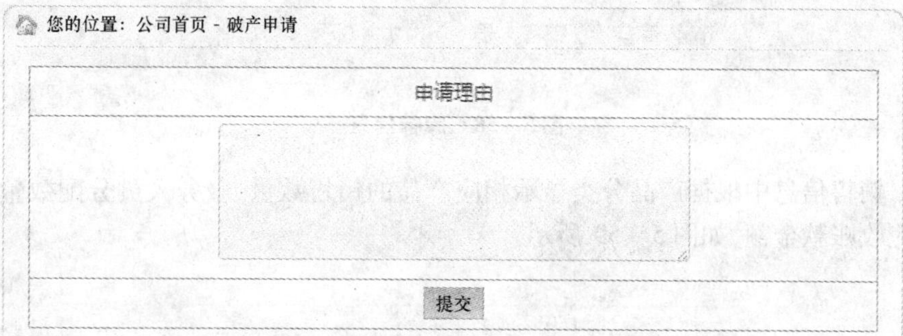

图 5－56　破产申请

研发认证信息中主要包括市场开拓、产品研发、ISO 认证情况以及当前的环境指数，如图 5－57 所示。其中，市场开拓、产品研发、ISO 认证都有相应的研发认证周期，研发认证通过后会显示相应项目的彩色图标；如果还未通过则是灰色图标，将鼠标指针移动到图标上时会显示相应的研发认证进度。环境指数会根据运营年的变化而变化，相应的文字提示有复苏期、繁荣期、衰退期及萧条期,各个时期都有相应的经济发展周期,每个经济发展周期都有不同的市场环境指数、投资环境系数及通货膨胀率,将鼠标指针移动到“环境指数”后的图标上会显示当前经济周期下的三项指数。

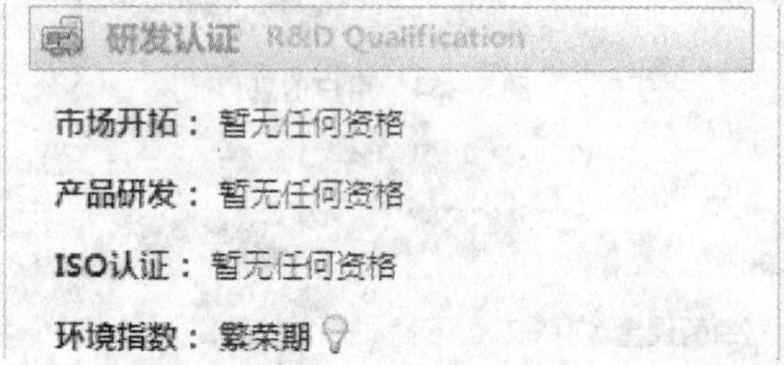

图 5－57　研发认证

库存信息中根据产品分类显示当前的库存情况、销售人员以及相应的生产成本,如图 5－58 所示。

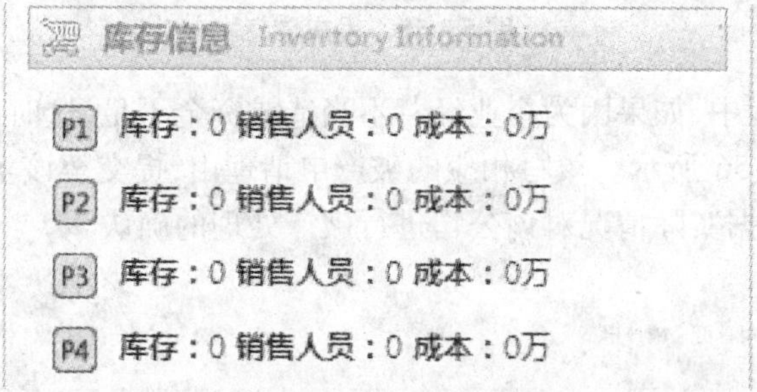

图 5－58　库存信息

销售信息中根据产品分类显示相应产品的销售数量、服务人员分配数量以及应收账款金额,如图 5－59 所示。

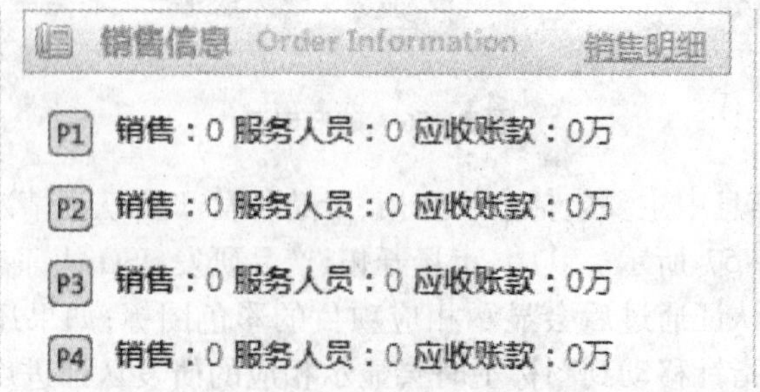

图 5－59　销售信息

在销售信息中展示的各产品在各市场销售的总体情况，如果需要分别了解各产品在各市场的销售明细，单击“销售明细”后，界面如图 5 - 60 所示。

您的位置：公司首页 - 订单明细

产品名称	面向市场 - 销售数量 - 服务人员 - 应收账款			
P1	M1	销售：0	服务人员：0	应收账款：0
	M2	销售：0	服务人员：0	应收账款：0
	M3	销售：0	服务人员：0	应收账款：0
P2	M1	销售：0	服务人员：0	应收账款：0
	M2	销售：0	服务人员：0	应收账款：0
	M3	销售：0	服务人员：0	应收账款：0
P3	M1	销售：0	服务人员：0	应收账款：0
	M2	销售：0	服务人员：0	应收账款：0
	M3	销售：0	服务人员：0	应收账款：0
P4	M1	销售：0	服务人员：0	应收账款：0
	M2	销售：0	服务人员：0	应收账款：0
	M3	销售：0	服务人员：0	应收账款：0

图 5 - 60　销售明细

(2)短信息区。短信息区中会显示当前账号和其他公司聊天的信息、当前账号与教师的聊天信息以及一些自动的系统通知信息，在短信息的左下角区域可以选择信息发送的对象，如图 5 - 61 所示。

(3)厂房与生产线展示区。厂房与生产线展示区主要显示企业的固定资产配置。厂房区域可容纳的数量为一个小厂房与一个大厂房，生产线区域可容纳的生产线的数量和厂房有关，如图 5 - 62 所示。

(4)综合操作区。综合操作区主要包括环境分析、重要规则、实验报告、资料查看、研发查询及运营状况，如图 5 - 63 所示。

环境分析主要由三个部分组成，分别为经济周期展示、系统参数展示与产品需求展示，如图 5 - 64 所示。这些数据能够为企业的运营提供良好的数据支持。

重要规则主要由四个部分组成，分别为市场开拓规则、产品研发规则、厂房

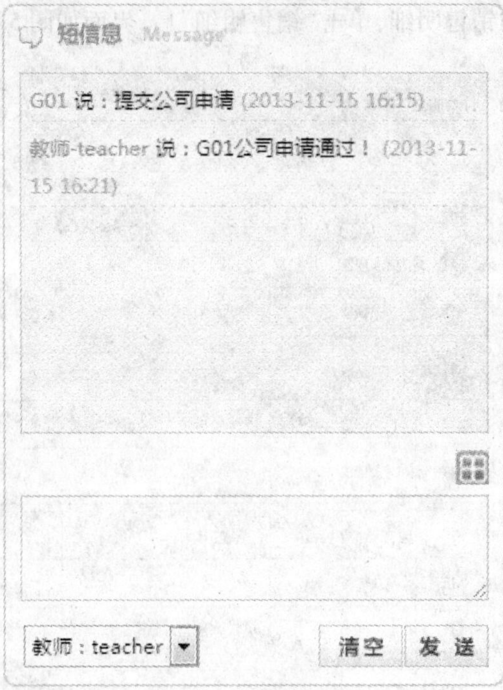

图 5－61　短信息区

图 5－62　厂房与生产线展示区

规则和生产线规则，如图 5－65 所示。这四项规则数据能够很好地为企业运营提供良好的数据支持。

图 5－63　综合操作区

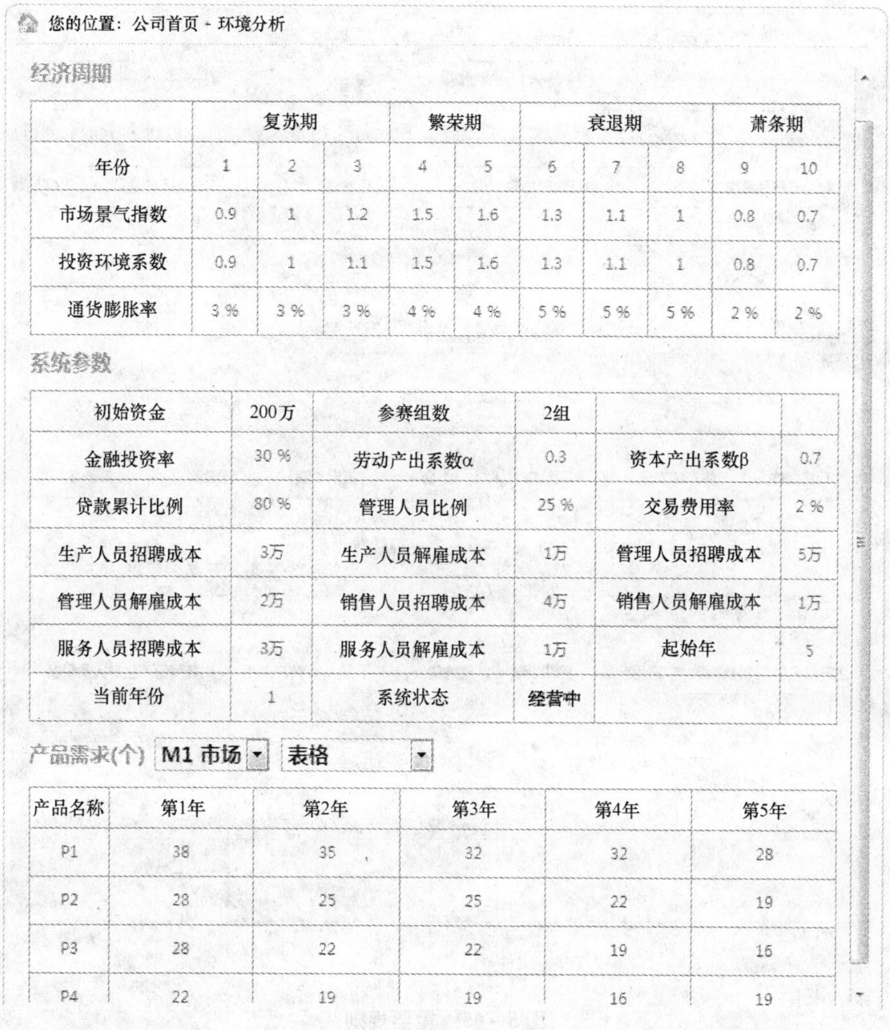

您的位置：公司首页 - 环境分析

经济周期

	复苏期			繁荣期		衰退期			萧条期	
年份	1	2	3	4	5	6	7	8	9	10
市场景气指数	0.9	1	1.2	1.5	1.6	1.3	1.1	1	0.8	0.7
投资环境系数	0.9	1	1.1	1.5	1.6	1.3	1.1	1	0.8	0.7
通货膨胀率	3 %	3 %	3 %	4 %	4 %	5 %	5 %	5 %	2 %	2 %

系统参数

初始资金	200万	参赛组数	2组		
金融投资率	30 %	劳动产出系数α	0.3	资本产出系数β	0.7
贷款累计比例	80 %	管理人员比例	25 %	交易费用率	2 %
生产人员招聘成本	3万	生产人员解雇成本	1万	管理人员招聘成本	5万
管理人员解雇成本	2万	销售人员招聘成本	4万	销售人员解雇成本	1万
服务人员招聘成本	3万	服务人员解雇成本	1万	起始年	5
当前年份	1	系统状态	经营中		

产品需求(个)　M1 市场　表格

产品名称	第1年	第2年	第3年	第4年	第5年
P1	38	35	32	32	28
P2	28	25	25	22	19
P3	28	22	22	19	16
P4	22	19	19	16	19

图 5－64　环境分析

实验报告中会显示本组企业每年年末提交的实验报告总结，可以根据需要回顾前期的总结报告。从这些总结报告中分析企业自身存在的问题，以便为今后的发展作出更好的决策。

您的位置：公司首页 - 重要规则

市场开拓

市场名称	费 用	开拓时间	所需ISO认证
M1	3万/年	1 年	ISO9000
M2	3万/年	2 年	ISO9000
M3	3万/年	3 年	ISO9000 ISO14000

产品研发

产品名称	科技含量指数	研发费	研发时间
P1	0.1	2万/年	1 年
P2	0.3	4万/年	1 年
P3	0.5	3万/年	2 年
P4	0.7	3万/年	3 年

厂房

厂房名称	生产线容量	购买价格	租 金	折旧年限	折旧额	出售残值
小厂房	4 条	40万	6万/年	4 年	8万/年	8万
大厂房	8 条	70万	10万/年	5 年	12万/年	10万

生产线

生产线名称	科技指数	适用产品	购买金额	维护费	折旧额	转产费用	出售残值	生产人员限额
A	0.2	P1	10万	1万	3万/年	不能转产	1万	6 人
B	0.3	P1 P2	15万	1万	4万/年	2 万	3万	5 人
C	0.5	P1 P2 P3	20万	2万	4万/年	2 万	4万	3 人
D	0.7	P1 P2 P3 P4	25万	3万	5万/年	1 万	5万	2 人

图 5 – 65　重要规则

资料查看中会显示教师上传的一些与课程相关的学习资料，各公司可以根据需要，通过对这些资料的学习提升能力，如图 5 – 66 所示。

研发查询会根据企业的实际研发情况，查询操作记录的数据，以便企业进行相应的查询，其中包括市场研发进度、产品研发进度及资格认证研发进度，如图 5 – 67 所示。

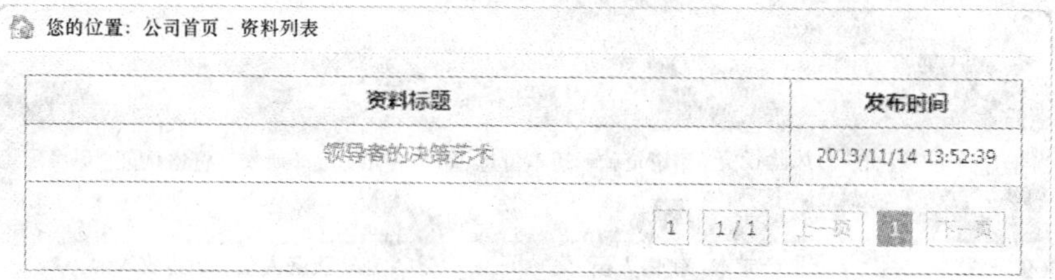

图 5－66　资料列表

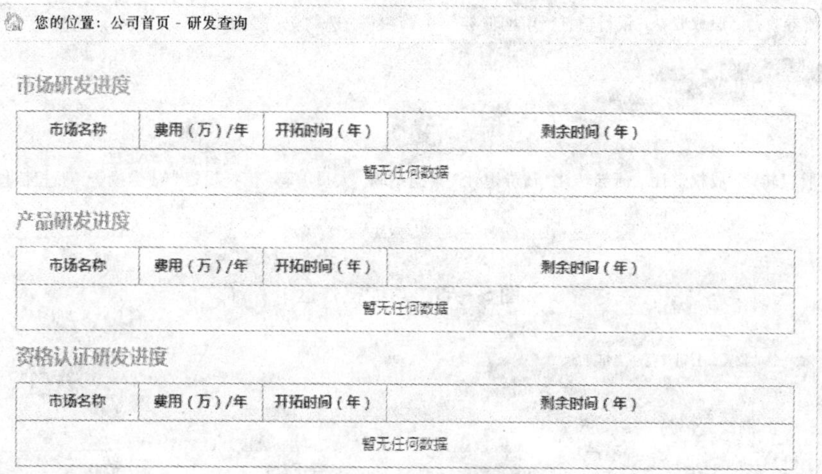

图 5－67　研发查询

运营状况中主要展示各企业运营的主要数据报表，其中包括风险投资表、股票发行及股利发放表、借款还本付息表、现金流量表、销售与金融投资收入表、综合费用表、利润表和资金负债表。这些数据报表的数据系统会根据操作实时更新。

(5)功能操作区。如图 5－68 所示，功能操作区主要分为两个部分：流程操作与其他。

流程操作部分包括企业管理决策运营中所需要的功能流程，学生可以根据这一流程进行相应的操作。

其他部分包括一些企业管理决策运营中额外的操作，这些额外操作包括股权转让、股权退让、债券转让、债券退让、紧急招聘、人员解聘、查看信托投资、查看债券投资和查看股权信息的操作。

5.5.2.2　学生端操作流程

(1)当年开始。当公司申请通过之后，单击“当年开始”，如图 5－69 所示。如果上一年度有贷款，那么在本年度开始时就需要支付贷款到期的本金和利息；

图 5－68 功能操作区

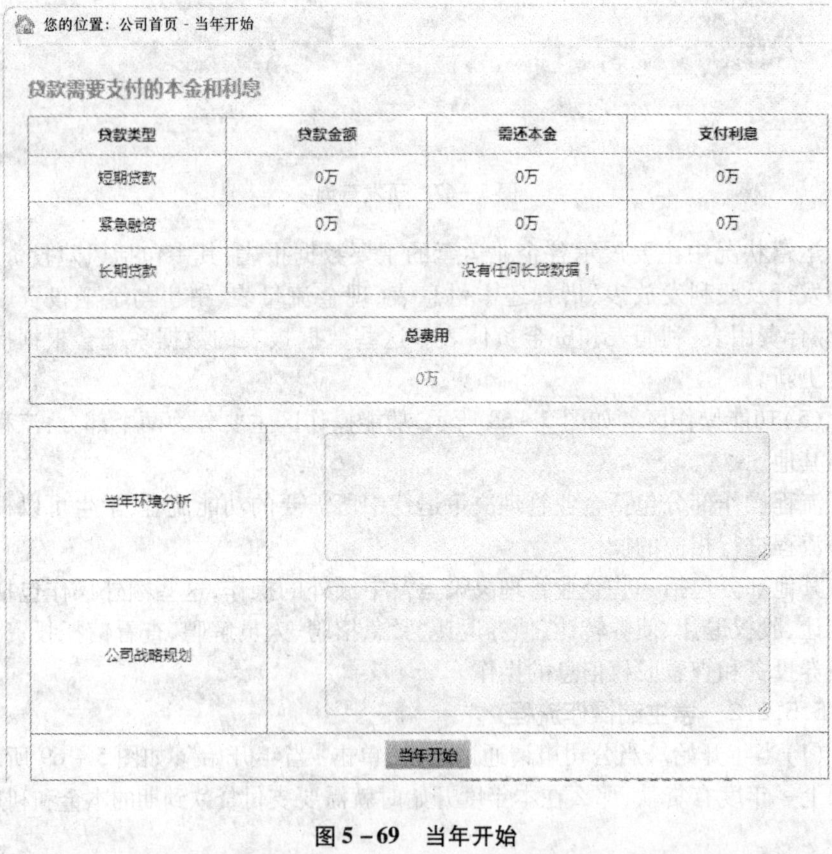

贷款类型	贷款金额	需还本金	支付利息
短期贷款	0万	0万	0万
紧急融资	0万	0万	0万
长期贷款	没有任何长贷数据！		

总费用
0万

图 5－69 当年开始

如果上一年度有租赁的厂房，在上一年度结束时没有退租，还需要支付厂房租金；在厂房中如果有生产线，还必须支付生产线维护费，以及各类人员的人力费用。学生可以根据环境分析中的数据对当年的环境进行分析；然后，根据当年环境分析的情况为公司制定战略规划。当年环境分析与公司战略规划填写完成后，单击“当年开始”即可。

（2）上市。单击“上市”，如图 5－70 所示。因为此时是企业运营年的第一年，各企业都不可能达到上市的条件（A 股上市需连续 3 年盈利且连续累计净利润达到 300 万，创业板上市需连续 2 年盈利且连续累计净利润达到 200 万），所以各企业都不能进行上市申请，单击“进入下一步”即可。

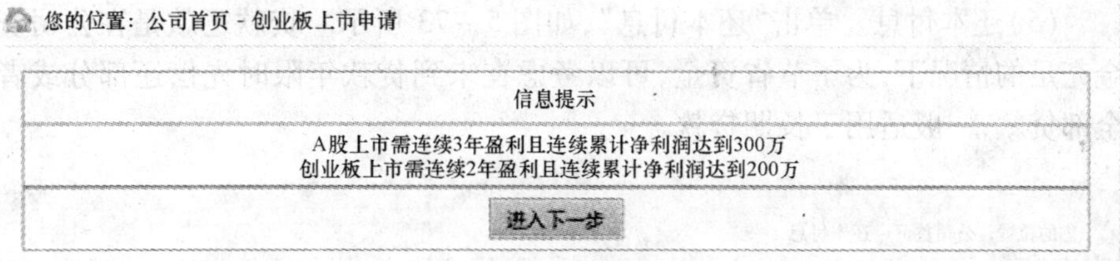

如图 5－70　上市申请

（3）风险投资。单击“风险投资”，如图 5－71 所示。在第一年时所有公司都没有资格进行风险投资的申请，到下一年时，公司上年的资产利润率必须达到 50% 以上或利润增长率达到 50% 以上才可以申请风险投资，否则也是不能申请风险投资的。

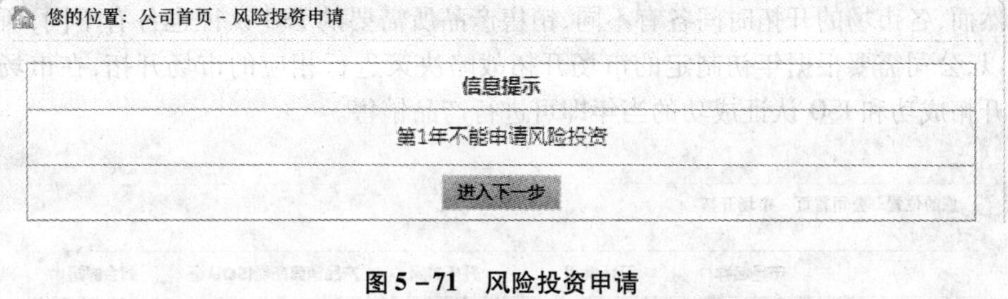

图 5－71　风险投资申请

（4）申请贷款。单击“申请贷款”，如图 5－72 所示。贷款分为三类：短期贷款（1 年）、长期贷款（最短 2 年，最长 4 年）、紧急融资。根据规则，这三项贷款的总金额不能超过当年年初资产总额的 80%。因为短期贷款与紧急融资贷款的时间都是一年，所以会在下一年开始时同时偿还本金和支付利息；长期贷款会根据相应的年限，未到贷款年限时每年支付相应的贷款金额的利息，到贷款年限时要求偿还本金与利息。

您的位置：公司首页 - 申请贷款

贷款类型	贷款金额
短期贷款	0 万
长期贷款	0 万 年限：4年
紧急融资	0 万

确定贷款

图 5－72　申请贷款

(5)还本付息。单击“还本付息”，如图 5－73 所示。贷款还款是在公司资金充足的情况下，为了节省资金，可以考虑在未到贷款年限时先偿还部分或者全部贷款，一般适用于长期贷款。

您的位置：公司首页 - 还本付息

编号	贷款金额	贷款时间	贷款年限	剩余还款年限	还款金额
无借款信息					

图 5－73　还本付息

(6)市场开拓。单击“市场开拓”，如图 5－74 所示。公司可以销售产品的市场有三个，分别为 M1，M2，M3 市场，但公司在销售之前必须对市场进行开拓。然而，各市场的开拓时间各有不同，销售产品所需要的 ISO 认证也各有不同，所以，公司需要根据年初制定的市场开拓战略决策进行相应的市场开拓，在市场开拓成功和 ISO 认证成功的当年即可进行产品销售。

您的位置：公司首页 - 市场开拓

☐	市场名称	开拓费用	开拓时间	产品销售所需ISO认证	剩余时间
☐	M1	3万/年	1 年	ISO9000	完成
☐	M2	3万/年	2 年	ISO9000	1 年
☐	M3	3万/年	3 年	ISO9000 ISO14000	2 年

确定开拓

图 5－74　市场开拓

(7)产品研发。单击“产品研发”,如图5-75所示。模拟产品分为四类,分别为P1,P2,P3,P4。各类产品有着不同的研发费用和研发时间,公司可以根据当年年初制定的产品研发战略决策进行相应的产品研发,产品研发步骤完成的当年即可进行相应的产品生产。

您的位置：公司首页 - 产品研发

☐	产品名称	研发费用	研发时间	剩余时间
☐	P1	2万	1年	完成
☐	P2	4万	1年	完成
☐	P3	3万	2年	1年
☐	P4	3万	3年	2年

确定研发

图5-75 产品研发

(8)ISO资格认证。单击“ISO资格认证”,如图5-76所示。ISO资格认证包括ISO 9000与ISO 14000认证,两项认证有不同的认证费用和认证时间,公司可以根据当年年初制定的ISO资格认证战略决策进行相应的ISO资格认证,ISO资格认证成功的当年就可以利用需要认证的市场,即可在需要认证的市场上销售产品。

您的位置：公司首页 - ISO资格认证

☐	认证名称	认证费用	认证时间	剩余时间
☐	ISO9000	3万/年	1年	完成
☐	ISO14000	4万/年	2年	1年

确定认证

图5-76 ISO资格认证

(9)厂房配置。单击“厂房配置”,如图5-77所示。厂房分为两种类型,分别为小厂房与大厂房。小厂房与大厂房的主要区别在于生产线容量的不同,在购买价格和租金上也有所不同。公司可以根据需要,以相应的生产线配置厂房,配置方式主要有租赁和购置,两者的区别主要在于,租赁的厂房不构成企业的固定资产,购置的厂房则为企业的固定资产。每家公司最多配置一个小厂房与一个大厂房。

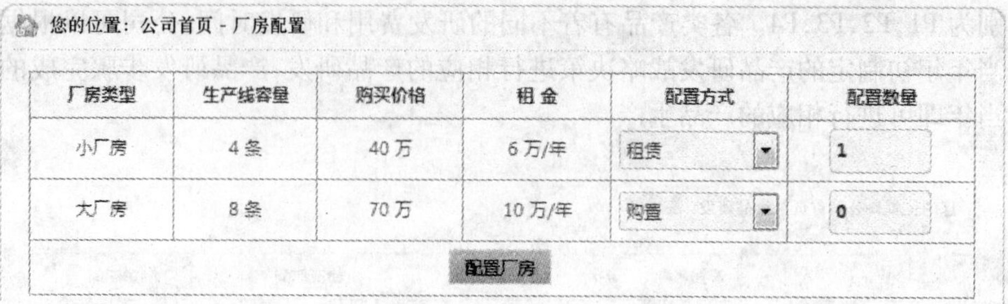

图 5-77　厂房配置

厂房配置完成后，“厂房”区域显示配置的厂房信息，主要包括该厂房的配置方式（租赁、购置）和该厂房的生产线容量，如图 5-78 所示。如果厂房是购置的，还会显示该厂房折旧后的额度。

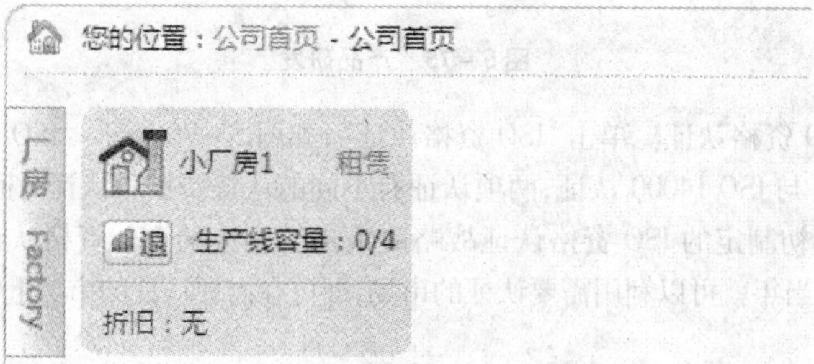

图 5-78　公司首页—厂房信息

（10）生产线购置。单击“生产线购置”，如图 5-79 所示。生产线一共有四种类型，分别为 A，B，C，D。不同的生产线，其购买价格和维护费用不同，其中最主要的差别在于，不同的生产线生产的产品也有所不同：A 型生产线只能生产 P1 产品，B 型生产线能生产 P1，P2 产品；C 型生产线能生产 P1，P2，P3 产品；D 型生产线能生产 P1，P2，P3，P4 产品。在图 5-79 中选择生产线需要放置的“所属厂房”，以及所购置生产线所生产的产品定位和购置数量。

生产线购置完成后，会在“公司首页”的“生产线”区域显示购置的厂房，如图 5-80 所示。生产线上所展示的信息包括该生产线的价值、状态、生产人员数量、管理人员数量以及该生产线当前所能生产的产品定位，对生产线的操作主要包括“搬”、“产”、“转”、“配”、“售”（其后将作详细介绍）。

（11）人员招聘。单击“人员招聘”，如图 5-81 所示。人员类型主要包括生产人员、管理人员、销售人员和服务人员。不同的人员担负着不同的职责：生产

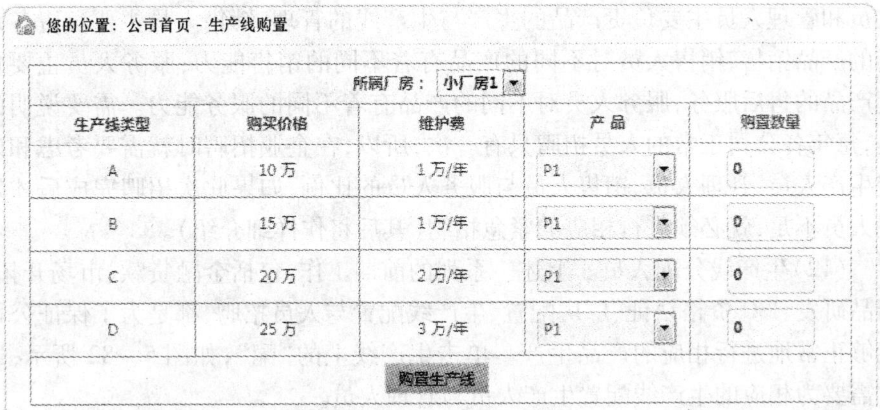

图 5－79　生产线购置

图 5－80　公司首页—生产线信息

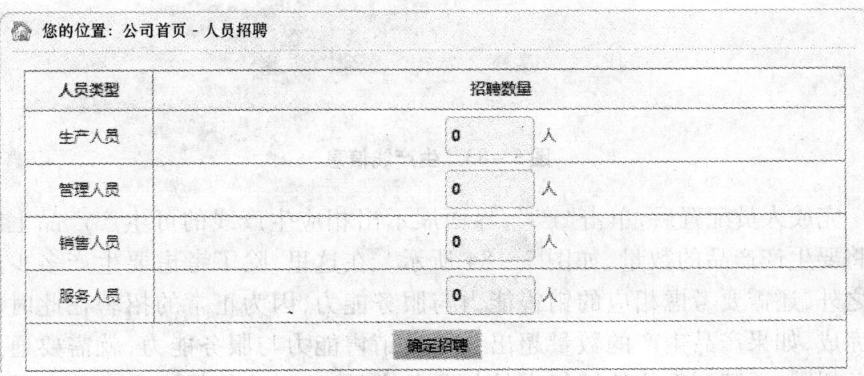

图 5－81　人员招聘

人员和管理人员主要负责产品的生产与生产线的管理；销售人员主要负责各市场的产品销售，销售人员对不同的产品有着不同的销售能力；服务人员主要负责产品的售后服务，服务人员对不同的产品有着不同的服务能力。需要说明的是，每年各公司正常的人员招聘只有一次，所以，在企业招聘时就需要考虑和确定生产人员、管理人员、销售人员与服务人员的比例，如果此次招聘完成后才发现人员不足，就必须进行相应的紧急招聘（其后将作详细介绍）。

（12）生产线分配人员。上述一系列的前期工作，包括金融贷款、市场开拓、产品研发、ISO资格认证、厂房配置、生产线配置与人员招聘，都是为了保证公司能够正常地进行相应的产品生产。单击生产线上的“配”，如图5－82所示，这时需要为相应的生产线配置生产人员与管理人员。

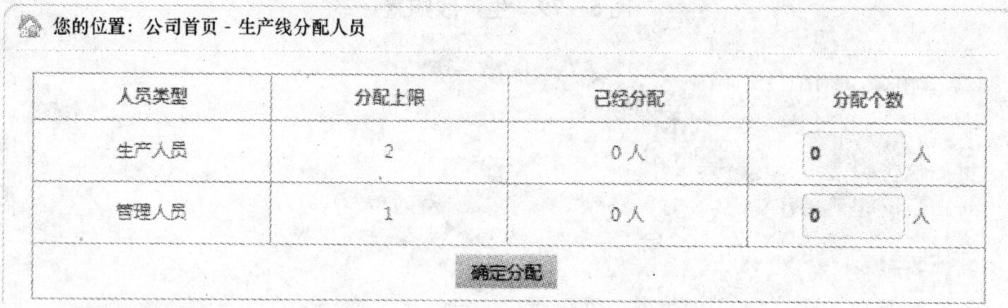

图5－82　生产线分配人员

人员配置完成后，展示出相应生产线上当时所配置的生产人员数量和管理人员数量，以便进行查询，如图5－83所示。

图5－83　生产线信息

完成人员配置后，单击“产”，界面展示出相应生产线的可生产产品上限与将要生产产品的数量，如图5－84所示。在这里，除了考虑要生产多少产品之外，还需要考虑相应的销售能力与服务能力，因为正常的招聘在此时已经完成，如果产品生产的数量超出公司的销售能力与服务能力，就需要通过紧急招聘，招聘到额外的销售人员与服务人员，这样才能保证生产的产品正常销售。

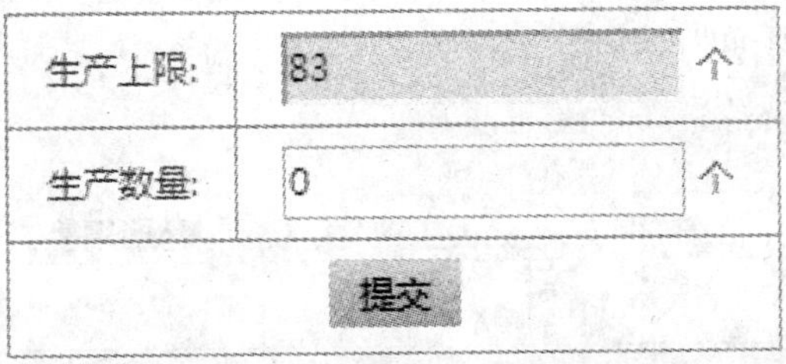

图 5－84　生产线产品生产

确定“生产数量”后，单击“提交”，生产线正式进入生产的状态，状态显示为“生产中”，如图 5－85 所示。

图 5－85　生产线状态

(13)生产成本结算。单击“生产成本结算”，如图 5－86 所示。当公司确定了所有生产线的生产任务之后，就可以进行产品生产成本的结算。图 5－86 中展示了生产线类型、生产产品、管理人员、生产人员、生产数量以及生产线状态。确定信息后，单击“生产成本结算”即可。

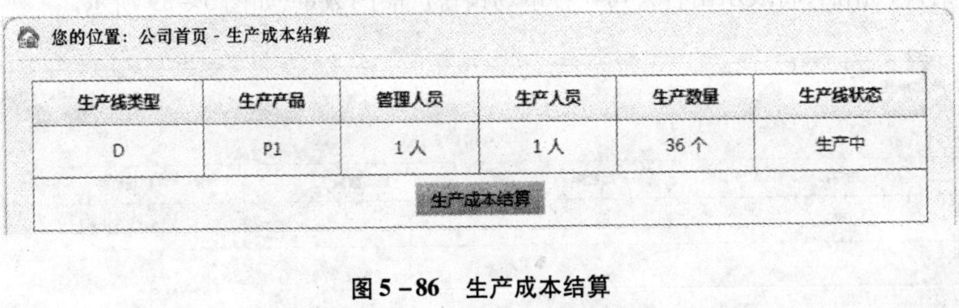

图 5－86　生产成本结算

(14)销售人员分配。单击“销售人员分配”，如图 5－87 所示。产品生产完成后，需要为各类产品分配相应的销售人员，销售人员针对不同的产品有不同的销售能力，在“分配数量”中输入相应的销售人员的数量，单击“确定分配”即可。

(15)产品销售。单击“产品销售”，如图 5－88 所示。企业管理决策中销售

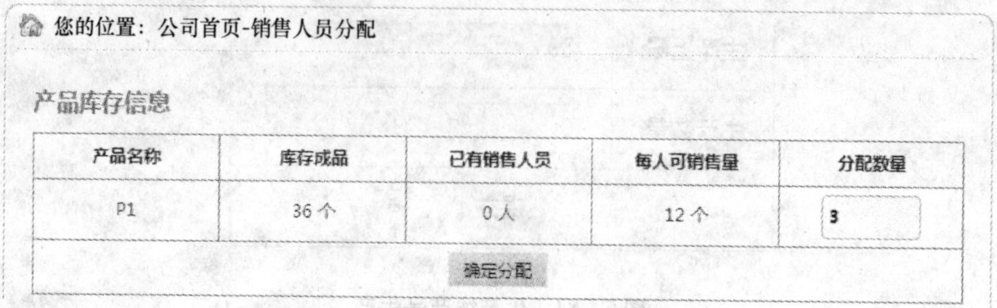

图 5－87　销售人员分配

产品，按市场 M1→M2→M3 的市场顺序销售，公司需要确定各类产品在各市场的销售单价以及销售数量。市场按从低到高的价格收购产品，直至全部满足需求为止，但极有可能会发生某家公司最终只销售了一部分产品的情况。

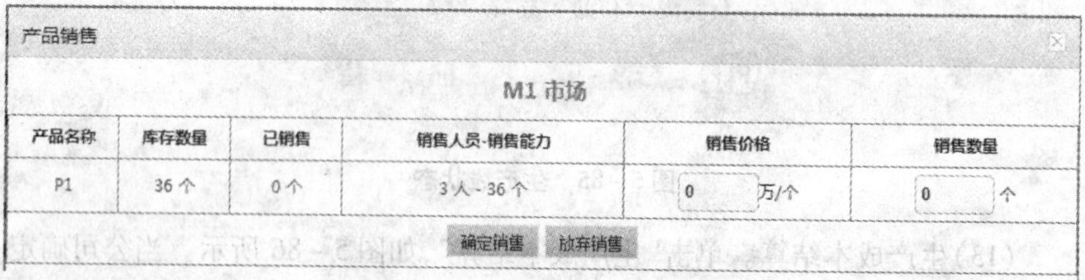

图 5－88　产品销售

确定产品销售价格和销售数量后，单击“确定销售”，待所有公司都提交了销售数据后，将展示出各公司在各市场销售产品的数量，如图 5－89 所示。

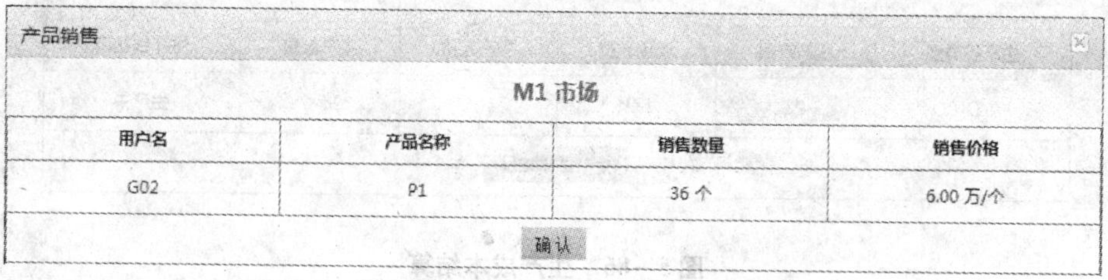

图 5－89　产品销售结果

（16）清仓。单击“清仓”，如图 5－90 所示。清仓是由于产品不具有销售的条件或者由其他因素引起的产品积压，系统将以直接生产成本的价格收购这些产品，且不需要支付相应的产品售后服务人工费用；同时，清仓会给出清仓清单，清仓后的销售收入立即到账。

您的位置：公司首页-清仓

剩余产品库存明细

产品名称	库存数量	成本	清仓收益
P1	36 个	57万	57万

确定清仓

图 5－90　清仓

（17）服务人员分配。单击“服务人员分配”，界面上展示出相应的产品销售信息和需要的服务人员，在信息中也会提示“需要服务人员”的数量，如图 5－91所示。在“分配服务人员”中分配相应的服务人员人数，单击“确定分配”即可。

您的位置：公司首页-服务人员分配

产品销售信息

产品名称	销售数量	已有服务人员	需要服务人员	分配服务人员
P1	36 个	0 个	3 个	0 人

确定分配

图 5－91　服务人员分配

（18）销售收入到账。单击“销售收入到账”，界面上展示出各类产品的销售总量、已有服务人员和需要服务人员的数量及应收账款，如图 5－92 所示。

（19）信托收益、债券收益和股权收益。这些收益是指上一年投资所带来的收益，具体详情见规则（即表 4－14 所示的信托年限及年收益率）。

（20）银行信托。单击“银行信托”，如图 5－93 所示。银行信托分为四类，分别为一年期、二年期、三年期和四年期。不同的信托类型有不同的年收益率，各公司可以根据需要进行银行信托管理。

（21）申购债券。单击“申购债券”，如图 5－94 所示。债券分为四类，分别为一年期、二年期、三年期和四年期。各公司可以根据规则进行申购，申购价格是申购数量乘以发行价。

申购债券信息填写完成，如图 5－95 所示。

您的位置：公司首页-销售收入到账

产品销售信息

产品名称	销售数量	已有服务人员	需要服务人员	应收账款
P1	36 个	3 个	3 个	216万
P2	0 个	0 个	0 个	0万
P3	0 个	0 个	0 个	0万
P4	0 个	0 个	0 个	0万

确定应收账款到账并结束当年生产流程

图 5－92　销售收入到账

您的位置：公司首页-银行信托

信托名称	年收益率	剩余年份	投资金额
一年期	5 %	1 年	0 万
二年期	8 %	2 年	0 万
三年期	10 %	3 年	0 万
四年期	15 %	4 年	0 万

确定信托投资

图 5－93　银行信托

您的位置：公司首页-申购债券

提交债券申购申请

债券名称	发行价	年收益率	所需年份	申购数量
一年期	1.6万	10 %	1 年	0
二年期	1.6万	12 %	2 年	0
三年期	1.6万	15 %	3 年	0
四年期	1.6万	18 %	4 年	0

确定申购　放弃申购

图 5－94　申购债券

您的位置：公司首页-申购债券

债券总发行量

债券名称	发行价	年收益率	所需年份	发行量
一年期	1.6 万	10 %	1 年	10
二年期	1.6 万	12 %	2 年	10
三年期	1.6 万	15 %	3 年	80
四年期	1.6 万	18 %	4 年	100

各公司债券申购申请列表

用户名	债券名称	申购数量	申购额
G01	一年期	10	16万
G02	一年期	11	18万

信息提示
你已经提交债券申购申请，等待教师处理各公司的债券申购申请...

图 5 -95　申购债券完成

待所有公司申购债券完成后，界面上展示出所有公司的债券申购申请列表与各公司的实际债券申购量，如图 5 -96 所示。查看完成后，单击“确定”即可。

(22)预期股权申购额。单击“预期股权申购”，如图 5 -97 所示。输入申购额，单击“确定申购”即可确认申请进入股权选购会；不输入表示不参加股权选购会。待所有公司确定完成后，教师即可确认是否进行股权选购。

(23)进入股权选购会。待教师确认股权选购会开始后，单击“预期股权申购”，如图 5 -98 所示。单击“进入股权选购会”即可按照选购顺序进行选购。

(24)股权选购会。进入股权选购会后，界面显示三个部分，分别为股权选购会顺序列表、各公司已选择的股权证以及当前可以选择的股权证。

如图 5 -99 所示，股权选购会顺序列表包括各公司的用户名、申购额、剩余选购额、选购顺序和状态信息。

如图 5 -100 所示，各公司已选择的股权证包括各公司的用户名、股权编号、面值和收益。

如图 5 -101 所示，在选择股权证界面中展示当前市场上所有的股权证。股权证的信息包括编号、选购价、面值和收益，各公司可以在界面中进行股权证的选择，直至所有公司选择完成或放弃，股权证选购即可自动结束。

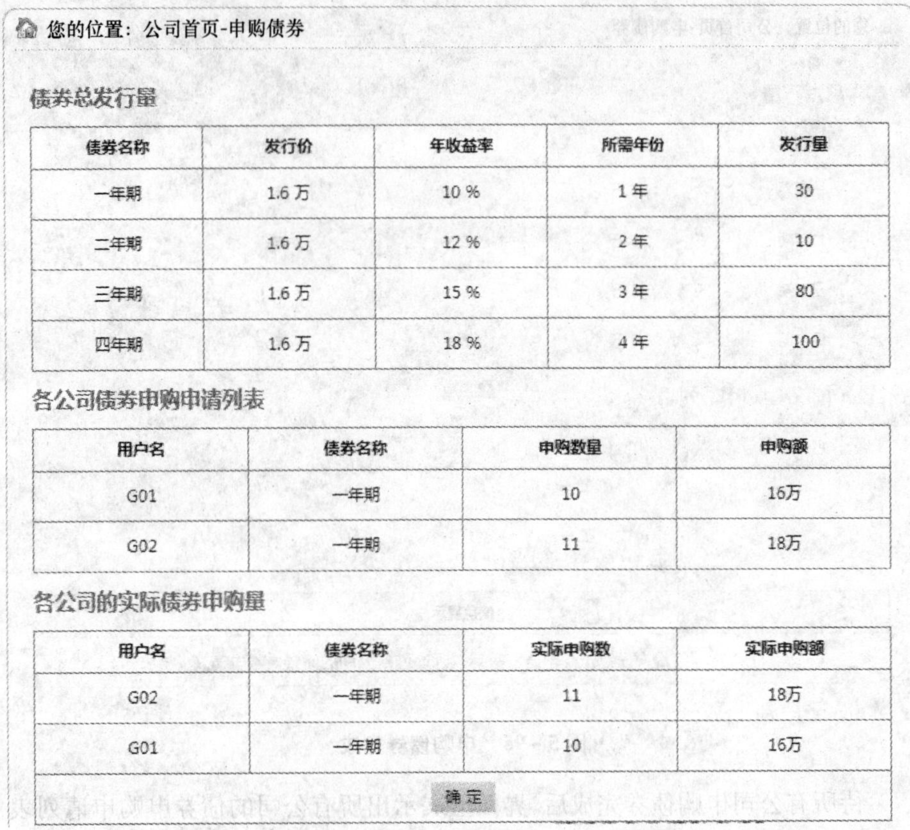

债券名称	发行价	年收益率	所需年份	发行量
一年期	1.6 万	10 %	1 年	30
二年期	1.6 万	12 %	2 年	10
三年期	1.6 万	15 %	3 年	80
四年期	1.6 万	18 %	4 年	100

用户名	债券名称	申购数量	申购额
G01	一年期	10	16万
G02	一年期	11	18万

用户名	债券名称	实际申购数	实际申购额
G02	一年期	11	18万
G01	一年期	10	16万

图 5－96　申购债券处理结果

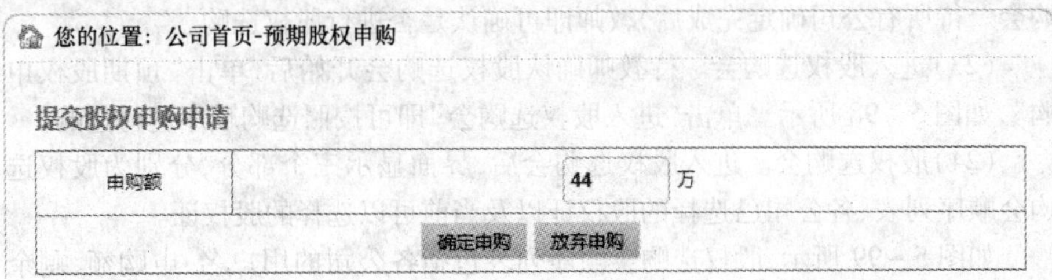

图 5－97　预期股权申购

(25)当年结束。当公司完成本年度的企业固定资产配置、产品销售与金融投资后就可以结束当年的运营，单击“当年结束”，如图 5－102 所示。在当年结束时需支付企业年末的各项成本，包括厂房租金的支付、生产线维护费用的支付、各类人员人力成本的支付与本年度所得税的支付。

您的位置：公司首页-预期股权申购

股权选购会顺序列表

用户名	申购额	申购时间	选购顺序
G01	44万	2013/11/18 16:05:57	1
G02	42万	2013/11/18 16:06:21	2

进入股权选购会

图 5－98　预期股权申购

您的位置：公司首页-股权选购会

股权选购会顺序列表

用户名	申购额	剩余选购额	选购顺序	状 态
G01	44万	39万	1	等待
G02	42万	42万	2	正在选择

图 5－99　股权选购会顺序列表

各公司已选择的股权证

用户名	股权编号	面 值	收 益
G01	005	5万	3万/年

图 5－100　各公司已选择的股权证

在当年结束中，除了确认相应的年度成本之外，还需要企业撰写当年的总结报告，如图 5－103 所示。填写完成“当年总结报告”后，单击“当年结束”即可。

5.5.2.3　其他操作流程

（1）股权转让。企业在运营过程中，可以根据自身的需要进行股权转让，可以利用“短信息”与其他企业洽谈，洽谈完成后就可以进行相应的股权转让操作。股权转让操作先由股权持有方发起转让交易申请，然后由教师进行组间交易的确认申请，最后由股权接收方进行确认。

图 5－101　选择股权证

第一步：股权持有方发起转让申请。单击“申请股权转让”，如图 5－104 所示，界面主要显示企业当前持有的所有股权证的信息，包括股权编号、面值及年收益；在“转让对象”中可以查看当前所有的模拟公司，股权持有方在此选择所需要转让的目标对象；在“费用支付”中需确认在股权转让过程中所产生的费用由哪一方负责支付。

第二步：选择并确认完成转让对象与费用的支付，单击“确定股权转让”。如图 5－105 所示，股权转让界面主要由三部分组成：申请股权转让、我收到的股权转让申请、我发起的股权转让申请。在“我发起的股权转让申请”中会显示相应的股权转让申请记录。图 5－105 中“我发起的股权转让申请”的“转让状态”为“未审核”，等待教师进行审核。

第三步：审核通过后，如图 5－106 所示，“转让状态”为“已审核”。如果此时“费用支付”的双方未达成一致意见，也不能进行确定转让的操作；若已达成一致意见，即可完成相应的股权转让操作。

(2)股权退让。企业在运营过程中，可以将股权退让给系统，以收回投资资金。单击“股权退让”，界面中展示出企业当前所持有股权证，如图 5－107 所示。只要选择相应的股权证，单击“确定股权退让”即可。

您的位置：公司首页-当年结束

厂房需要支付的租金

厂房类型	购置方式	租金
小厂房	租赁	6万

生产线需要支付的维护费

生产线类型	维护费
D	3万

招聘人员人力成本

人员类型	人员数量	人力成本
生产人员	1人	3万
管理人员	1人	5万
销售人员	3人	12万
服务人员	3人	9万

维护费总额	3万
人力成本总额	29万
利润总额	-73万
所得税	不需要支付

图5－102　当年结束

当年总结报告	本年度
当年结束	

图5－103　当年总结报告

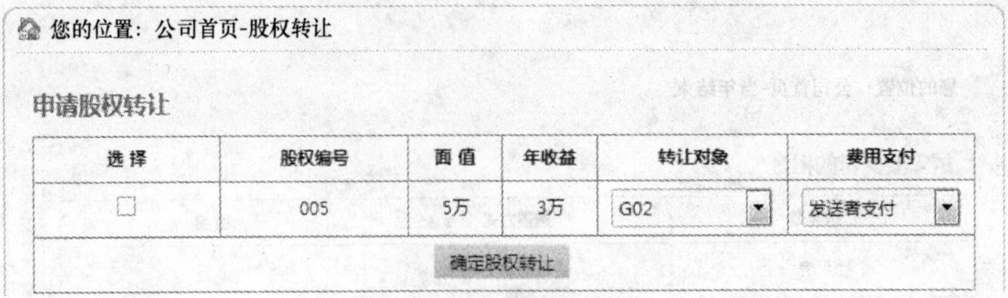
您的位置：公司首页-股权转让

申请股权转让

选 择	股权编号	面 值	年收益	转让对象	费用支付
☐	005	5万	3万	G02	发送者支付

确定股权转让

图 5 – 104　申请股权转让

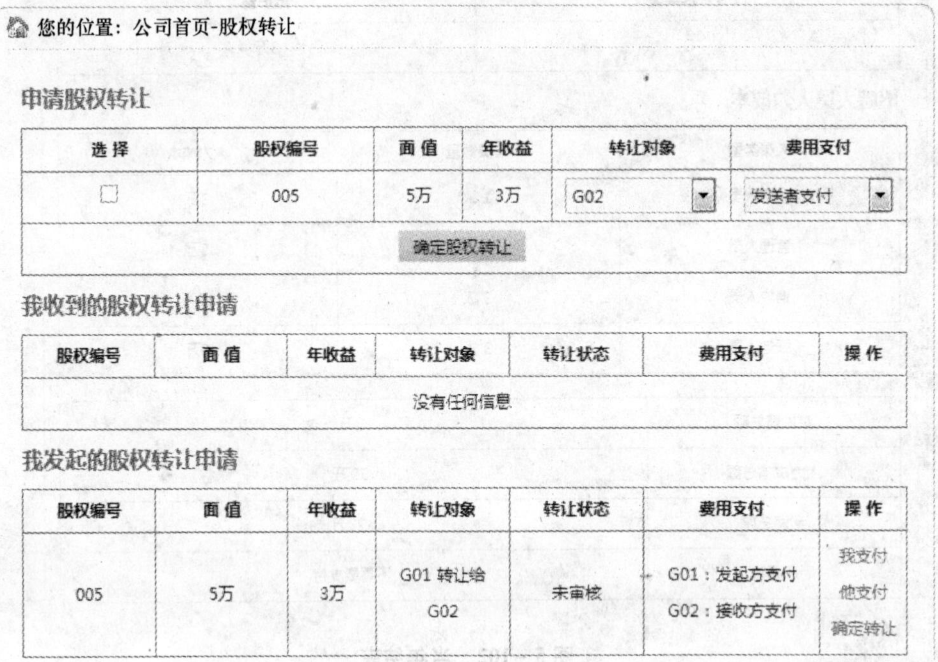
您的位置：公司首页-股权转让

申请股权转让

选 择	股权编号	面 值	年收益	转让对象	费用支付
☐	005	5万	3万	G02	发送者支付

确定股权转让

我收到的股权转让申请

股权编号	面 值	年收益	转让对象	转让状态	费用支付	操 作
没有任何信息						

我发起的股权转让申请

股权编号	面 值	年收益	转让对象	转让状态	费用支付	操 作
005	5万	3万	G01 转让给 G02	未审核	G01：发起方支付 G02：接收方支付	我支付 他支付 确定转让

图 5 – 105　我发起的股权转让申请

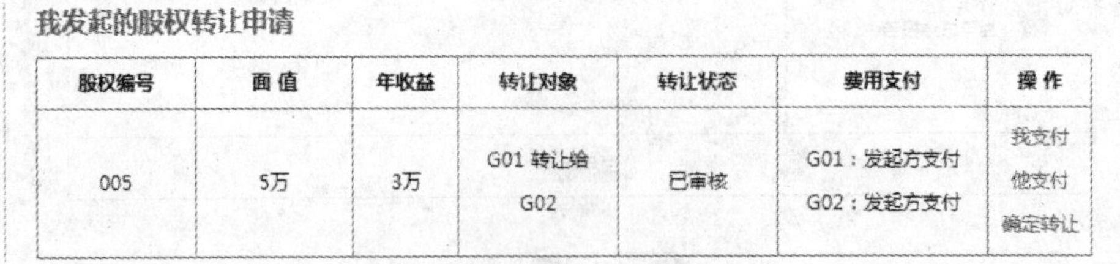
我发起的股权转让申请

股权编号	面 值	年收益	转让对象	转让状态	费用支付	操 作
005	5万	3万	G01 转让给 G02	已审核	G01：发起方支付 G02：发起方支付	我支付 他支付 确定转让

图 5 – 106　费用支付达成一致

您的位置：公司首页-股权退让

选择	股权编号	面值	收益
☑	8	6万	3万/年
☐	5	5万	3万/年

确定股权退让

图 5－107 股权退让

(3)债券转让。企业在运营过程中，可以根据自身的需要进行债券转让。可以利用“短信息”与其他企业洽谈，洽谈完成后就可以进行相应的债券转让操作。债券转让操作先由债券持有方发起转让交易申请，然后由教师进行组间交易的确认申请，最后由债券接收方进行确认。

第一步：债券持有方发起转让申请。如图 5－108 所示，单击“申请债券转让”，界面主要显示企业当前持有的所有债券的信息，包括债券名称、认购数量及转让数量；在“转让对象”中可以查看当前所有的模拟公司，债券持有方在此选择所需要转让的目标对象；在“费用支付”中需确认在债券转让过程中所产生的费用由哪一方负责支付；最后确定相应的债券的“转让数量”。

您的位置：公司首页-债券转让

申请债券转让

债券名称	认购数量	转让对象	费用支付	转让数量
一年期	10	G02	发送者支付	0

确定债券转让

图 5－108　申请债券转让

第二步：选择并确认完成转让对象与费用的支付，单击“确定债券转让”。如图 5－109 所示，债券转让界面主要由三部分组成：申请债券转让、我收到的债券转让申请、我发起的债券转让申请。在“我发起的债券转让申请”中会显示相应的债券转让申请记录。图 5－109 中“我发起的债券转让申请”的“转让状态”为“未审核”，等待教师进行审核。

第三步：审核通过后，如图 5－110 所示，“转让状态”为“已审核”。如果此时“费用支付”的双方未达成一致意见，也不能进行确定转让的操作；若已达成一致意见，即可完成相应的债券转让操作。

图 5－109　我发起的债券转让申请

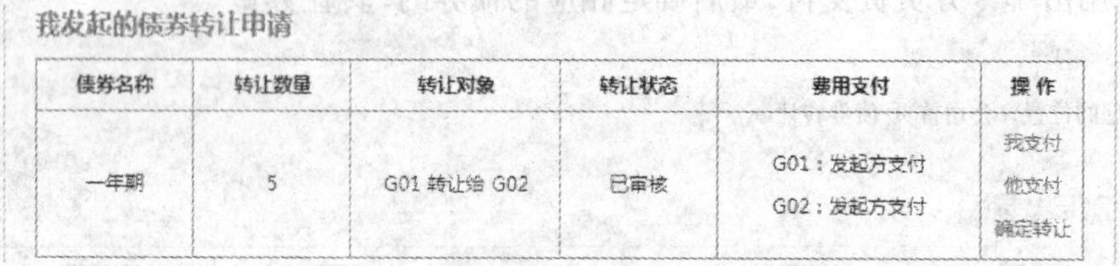

图 5－110　费用支付达成一致

(4)债券退让。企业在运营过程中,可以将债券退让给系统,以收回投资资金。单击“债券退让”,界面中展示出企业当前所持有的债券,默认的“退让数量”为 0,如图 5－111 所示。只要在相应债券的“退让数量”中输入相应的数额,单击“确定债券退让”即可。

(5)紧急招聘。企业在运营过程中,每年有一次正常的人员招聘。若正常招聘期已过,本年度就不能再进行相应的正常招聘。如果企业在运营过程中人员不足,就需要进行“紧急招聘”,但使用紧急招聘相应的招聘成本是普通招聘成本的 3 倍。单击“紧急招聘”,如图 5－112 所示。

(6)人员解聘。企业在运营过程中可能会出现人员过多的情况,这时就需要进行必要的人员解聘。企业可以根据现有的员工信息中的人员数量进行相应的解聘,但在人员解聘的同时也需要支付解聘人员当年的薪酬。单击“人员

图 5－111　债券退让

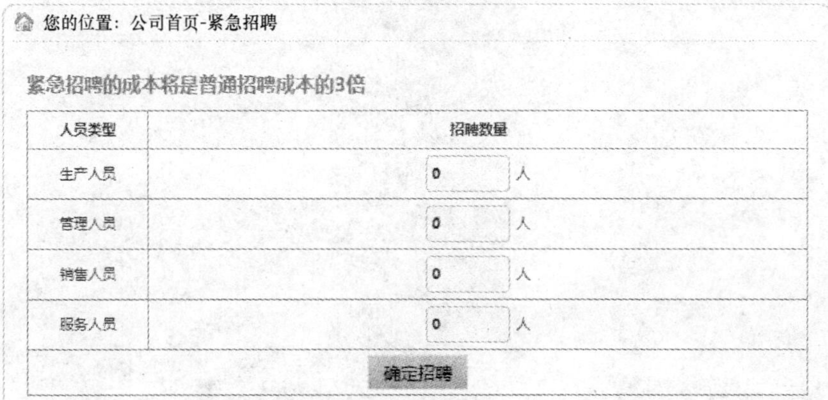

图 5－112　紧急招聘

解聘”，如图 5－113 所示。

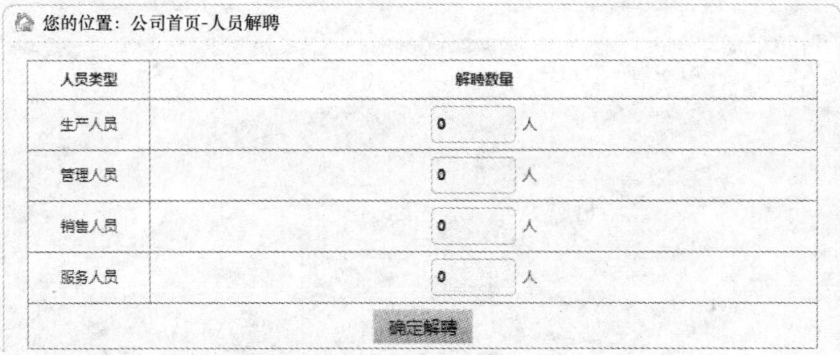

图 5－113　人员解聘

(7)查看各项投资。企业在运营过程中，需要实时掌握相应的金融投资情况，可以实时查询信托投资、债券投资及股权投资信息。

6

企业管理决策沙盘模拟运营

企业管理决策是企业管理者的一项基本活动，它关系到企业的生存与发展，往往“一步走错，全盘皆输”；它关系到企业人、财、物的使用方向及企业的经济效益。因而，在企业管理决策时应遵循一些基本规则，增强决策的科学性，减少决策失误。

企业管理决策沙盘模拟运营严格按照运营规则与流程进行操作，为了做好企业的各项决策工作，各个部门的主要执行者应当做好以下方面的工作：

第一，企业管理过程中的市场环境分析、投资环境分析和预算决策等工作应当在本年经营结束后、下年运营之前做好，主要是为了公司各类决策活动能够顺利进行。

第二，企业经营活动过程的控制。根据预先制定的企业发展战略规划，做好企业管理决策各项活动的经费预算，根据预算制订各部门的工作计划。

第三，企业管理决策过程的总结与反馈。总结主要是各部门主管对每年所作决策为公司带来效益及效果的一个得失反馈。根据公司年度报表，对决策进行分析，根据分析的结果与目标进行比较，找出不足之处，并对这些不足之处再次进行分析测评，及时反馈给相关部门或联系人，以便在以后的决策活动中更好地开展工作。

在企业管理决策沙盘模拟运营中，各部门主管及经理要按照企业管理决策沙盘模拟经营流程表有序地开展工作。流程记录表（详见附录1）是企业管理决策各项工作要点和工作流程，也是沙盘模拟运营中的主要工作流程，所以必须严格执行。流程记录表主要分为年初工作、年中工作和年末工作。在模拟运营中，由总经理主持，带领团队中各成员各司其职，按照年初制定的规则及流程执行。每一项流程执行完毕，各成员要在自己的记录表中进行详细的数据记录。

本章结合企业管理决策规则，指导学生初次接触沙盘以及在模拟运营中的操作。为做好各项决策，首先，介绍企业管理过程中应当做哪些工作以及怎样去做；然后，按照工作流程分别介绍企业管理过程中各项工作的规范化操作，防止出现由于操作失误影响运营结果的情况；最后，介绍年末各项工作以及对公司经营结果的评定。

6.1 年初工作

在每年年初，企业应当谋划全年的经营，全面分析市场环境，预测和分析可能出现的问题和困难，寻找解决问题的途径和克服困难的办法，掌控企业未来的经营活动。因此，总经理首先应当召集各部门主管召开年度战略规划会议，根据企业现状与所处环境,初步制定企业本年度的发展战略规划;然后,各部门经理根据企业发展目标制定各部门的工作目标。财务审计经理制订财务计划、把控公司资金;人力资源经理制定人才招聘、人力资源配置等相关计划;生产运输经理制订产品研发、企业生产等相关计划;市场营销经理制订销售计划;投资经理制定金融投资计划。

6.1.1 公司筹备—团队建设

在企业管理决策沙盘模拟运营前,各企业需要建立自己的经营队伍,其中包括总经理、财务审计经理、人力资源经理、生产运输经理、市场营销经理和投资经理。除了公司团队的建设,各部门还需要有各自的名称以及建设目标。

操作方法

6.1.1.1 角色表格

在企业管理决策沙盘模拟运营前,首先需要确定各公司的总经理,然后由总经理组建各自的公司。

总经理:由总经理操作"公司团队建设表",如表 6-1 所示。

表 6-1 公司团队建设表

<table>
<tr><td>公司名称</td><td colspan="2"></td></tr>
<tr><td>公司口号</td><td colspan="2"></td></tr>
<tr><td rowspan="3">公司职务名称</td><td>总经理(CEO)</td><td>生产运输经理(CPO)</td></tr>
<tr><td>财务审计经理(CFO)</td><td>市场营销经理(CMO)</td></tr>
<tr><td>人力资源经理(CHO)</td><td>投资经理(CIO)</td></tr>
</table>

6.1.1.2 角色盘面

为了方便各职能岗位对盘面进行操作,建议总经理分配好相应的操作区域,如"市场营销经理"所处的位置能够直接操作到"认证研发与营销中心";"生产运输经理"所处的位置能够直接操作到"产品与库存中心";"投资经理"所处的位置能够直接操作到"财务与投资中心";"财务审计经理"所处的位置能够直接操作到"费用与资产结算中心"。"总经理""人力资源经理"位置相对随意,但需要兼顾全局的工作。

6.1.1.3 流程表

总经理:一切人事工作安排完成后,总经理在流程表"公司筹备—团队建设"一栏中打"√"即可,如表 6-2 所示。

表 6-2　流程表记录

	操作流程	角色分工	填写表格	第一年
年初	公司筹备—团队建设	总经理	★附录 2 表 2	√

注：

“操作流程”表示相应的操作内容；操作内容前若有数字则表示相应的运营流程操作顺序。

“角色分工”表示操作所对应的角色分工，各角色分工由总经理进行协调。

“填写表格”表示操作角色需要操作的表格；如果出现“★”，表示确认操作，只要在相应记录中打“√”即可；出现“★ + 表格编号”，表示相应的表格确认之后在流程表中打“√”即可。

“第一年”为“运营年”，即企业管理决策沙盘模拟总的运营年份，默认运营年份为 5 年，本章以第一年为例，教师可以根据授课的需要调整整体运营年份的期限。

6.1.2　初始资金/上年度剩余资金

每年年初需要由财务审计经理确认企业当年的“初始资金/上年度剩余资金”。

操作方法

6.1.2.1　角色表格

财务审计经理：第一年为运营的起始年，各公司的初始资金由教师进行统一分配，财务审计经理在附录 3 表 7“公司经费使用表”中的“初始资金/上年度剩余经费”一栏中填入相应的经费数据，如表 6-3 所示

表 6-3　初始资金/上年度剩余经费

年份	第一年
初始资金/上年度剩余经费	100

6.1.2.2　角色盘面

财务审计经理：在第一年运营时，从教师处领取相应的初始运营经费，放置在沙盘盘面对应的“公司总经费”处，如图 6-1 所示。在之后的各运营年开始前，财务审计经理需要核对上年度的剩余经费是否正确。

6.1.2.3　流程表

财务审计经理：财务审计经理操作完成以上步骤后，将“初始资金/上年度

图 6－1 公司总经费放置处

剩余经费”报送总经理。

总经理：总经理根据财务审计经理上报的数据，在流程表“初始资金/上年度剩余经费”一栏中填写，如表 6－4 所示。

表 6－4 流程表记录

操作流程		角色分工	填写表格	第一年
年初	初始资金/上年度剩余经费	财务审计经理	附录 3 表 7	100

6.1.3 宏观环境与市场环境分析

市场环境的分析对于企业管理者来说十分重要，只有做好宏观环境与市场环境分析，才能在企业管理过程中作出正确、恰当的决策。

6.1.3.1 宏观环境

在企业管理决策沙盘模拟运营中，经济周期是以 10 年为一个循环周期的，每年都设定市场景气指数、投资环境指数和通货膨胀率。市场景气指数影响着市场总需求，投资环境指数影响着金融的投资环境，通货膨胀率影响着企业的综合运营成本，各项数据如表 6－5 所示。

表 6－5 市场指数表

	复苏期			繁荣期		衰退期			萧条期	
年份	1	2	3	4	5	6	7	8	9	10
市场景气指数	0.9	1	1.2	1.5	1.6	1.3	1.1	1	0.8	0.7
投资环境指数	0.9	1	1.1	1.5	1.6	1.3	1.1	1	0.8	0.7
通货膨胀率（%）	3			4		5			2	

（1）市场景气指数：以经济周期某一年份的产品市场参考需求量为基础，按

照以下公式对产品实际需求量进行调整：

产品实际需求 = 市场产品参考需求 × 市场景气指数 × 组数

(2)投资环境指数：以经济周期某一年份的债券参考发行额为基础，按照以下公式对债券实际发行价进行调整：

债券的实际发行价 = 投资环境指数 × 参考发行价

(3)通货膨胀率：以经济周期某一年份的产品生产成本为基础，按照以下公式对产品的直接生产成本进行调整：

产品的实际直接生产成本 = 产品直接生产成本 ×（1 + 通货膨胀率）

6.1.3.2 市场环境

市场参考需求预测是各公司能够得到关于产品市场需求预测唯一有价值的可以参考的指标，对市场预测的分析与企业战略规划息息相关。在企业管理决策沙盘模拟中主要是产品需求预测，图 6 – 2，图 6 – 3 和图 6 – 4 提供了三个市场、四类产品、5 年的需求量。

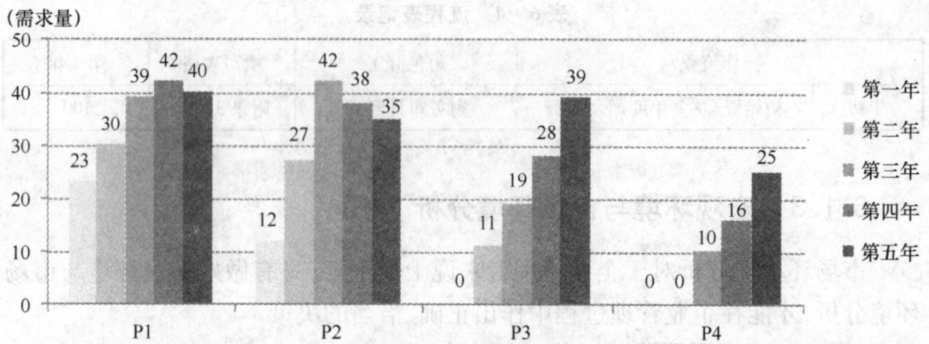

图 6 – 2　M1 市场需求

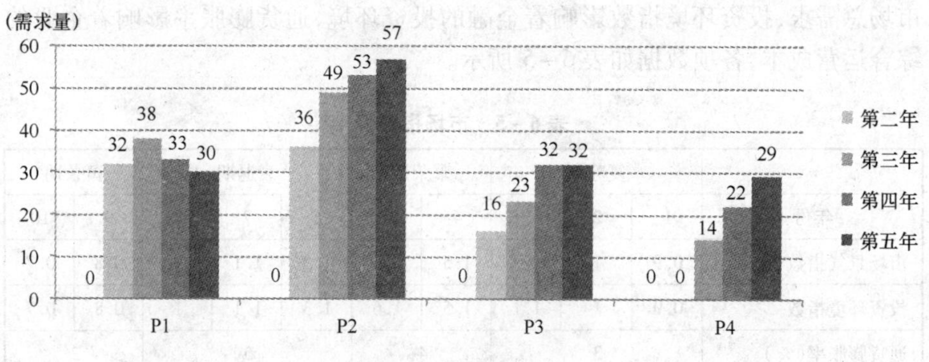

图 6 – 3　M2 市场需求

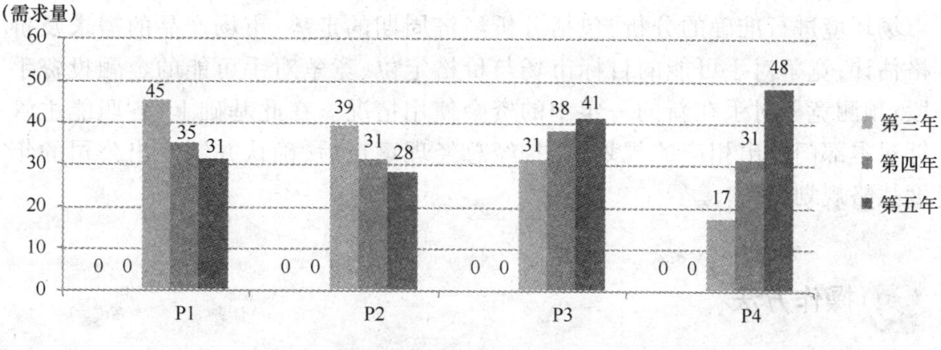

图 6－4 M3 市场需求

图 6－2,图 6－3 和图 6－4 分别是四类产品在三个市场上每年的单组市场需求预测。各个小组可以根据该需求预测预计本公司本年生产的全部需求数量、公司人员配置情况及产品生产数量。

操作方法

6.1.3.3 角色表格

这一步骤的操作无需操作各角色表格。

6.1.3.4 角色盘面

这一步骤的操作无需操作各角色盘面。

6.1.3.5 流程表

总经理:总经理作为领导者与决策人,需要带领各职能部门经理对现有的市场环境作出分析。这项工作完成后,总经理在流程表"市场环境宏观/微观分析"一栏处打"√",如表 6－6 所示。

表 6－6 流程表记录

操作流程		角色分工	填写表格	第一年
年初	市场环境宏观/微观分析	总经理/市场营销经理	★	√

6.1.4 公司年度整体战略规划

每年年初,总经理要带领各职能部门的主管,根据市场情况对公司的整体发展战略作出规划,主要内容包括公司的整体战略规划、财务规划、人力资源规划、产品生产规划、市场营销规划和金融投资规划等。

公司制定年度整体战略规划,应当结合当前和未来的市场需求、竞争对手可能采取的措施以及本公司的现状。在进行战略规划时，公司首先应当对市场环境进行准确的分析，包括分析经济周期的走势、市场产品的需求及价格估计；竞争对手可能的目标市场与价格定位、竞争对手可能的金融投资手段；预测竞争对手在新的一年中的资金使用情况。在此基础上，各职能主管针对本部门提出相应的规划设想，经总经理审定后，确认并制定出公司的年度战略规划。

操作方法

6.1.4.1 角色表格

这一步骤的操作无需操作各角色表格。

6.1.4.2 角色盘面

这一步骤的操作无需操作各角色盘面。

6.1.4.3 流程表

总经理：公司年度整体战略规划制定后，总经理在流程表“公司年度整体战略规划”一栏处打“√”即可，如表 6－7 所示。

表 6－7 流程表记录

操作流程		角色分工	填写表格	第一年
年初	公司年度整体战略规划	总经理	★	√

6.1.5 信托收益、债券收益、股权收益

每年年初，企业都可以获得上一年金融投资的收益，各年的金融投资主要包括银行信托、债券投资与股权投资。因为各项投资收益是跨年收益，所以在第一年运营时不会有投资收益。

操作方法

6.1.5.1 角色表格

投资经理：投资经理根据上一年公司的投资情况，在附录 7 表 33“金融投资收益表”中的“投资收益”一栏中填入相应的金融投资的收益。第一年为经营起始年，因为没有上一年的投资，所以各项“投资收益”均为“0”，如表 6－8 所示。

表 6－8　金融投资收益

年份	投资方式	投资收益
第一年	银行信托	0
	债券投资	0
	股权投资	0
	合计	0

财务审计经理：财务审计经理根据投资经理上报的数据在附录 3 表 7“公司经费使用表”中的“投资收益”一栏中填入相应的收益，如表 6－9 所示。

表 6－9　公司经费使用表

	金融投资	第一年
投资收益（＋）	信托收益	0
	债券收益	0
	股权收益	0

6.1.5.2　角色盘面

财务审计经理：根据附录 3 表 7“公司经费使用表”中“投资收益”一栏的额度从教师处取得相应的经费放置在盘面“公司总经费”处，如图 6－5 所示。

图 6－5　公司总经费放置处

6.1.5.3　流程表

总经理：投资经理与财务审计经理核对附录 7 表 33“金融投资收益表”和附录 3 表 7“公司经费使用表”后，确认当前盘面公司总经费，由财务审计经理报送总经理，总经理在流程表相应栏中填入数额即可，如表 6－10 所示。

表 6－10　流程表记录

操作流程		角色分工	填写表格	第一年
年初	信托收益/债券收益/股权收益	投资经理/ 财务审计经理	附录 7 表 33 附录 3 表 7	0

6.2 日常操作

日常操作的事项是指除了年初的准备工作与年末的结算汇总工作以外,在模拟运营的每一年中,企业都有经营活动中需处理的事项。日常操作包括企业固定资产的配置、企业融资、市场开拓、产品销售、ISO 资格认证、人员配置以及金融投资等企业的经营活动。

6.2.1 风险投资

风险投资在企业管理决策沙盘模拟中主要起到为公司筹集额外运营资金的作用,要获得相应的风险投资,企业必须在上年资产利润率达到 50% 以上或净利润增长率达到 50% 才可以获得风险投资,所以在第一年不能获得相应的风险投资。

操作方法

6.2.1.1 角色表格

投资经理:因为第一年为经营起始年,所以不进行风险投资。在第一年经营结束后,投资经理可以根据公司盈利状况填写附录 7 表 25"风险投资表",如表 6-11 所示。

表 6-11 风险投资表

指标	第一年
资产利润率(%)	0
净利润增长率(%)	0
风险投资基金(%)	0
股权比率(%)	0

填表说明:

(1)资产利润率 = 利润总额/资产平均占有额,其中,资产平均占有额 =(期初资产 + 期末资产)/2

(2)净利润增长率 =(当年净利润 - 上年度净利润)/上年度净利润

(3)风险投资基金为投资者投入的风险基金

(4)股权比率 = 风险投资基金/(上年度所有者权益 + 风险投资基金)

财务审计经理：由于第一年不能进行风险投资，所以风险投资基金为0。从第二年开始，如果上一年度的经营状况符合获得风险投资的条件，则可进行申请；申请成功后在附录3表7“公司经费使用表”中的“风险投资基金”一栏中填入相应数额，如表6-12所示。

表6-12 公司经费使用表

项目＼年份	第一年
风险投资基金	100

6.2.1.2 角色盘面

财务审计经理：由于第一年无法进行风险投资，所以在盘面上无任何操作。第二年若获得风险投资基金后，从教师处获得相应的金额，放置在盘面“公司总经费”处，如图6-6所示。

图6-6 风险基金放置处

6.2.1.3 流程表

总经理：经投资经理与财务审计经理核对附录7表25“风险投资表”与附录3表7“公司经费使用表”后，在流程表“风险投资”一栏中填写。如果未申请风险投资，填写“0”即可，若已成功申请风险投资，填写获得的风险基金数额，如表6-13所示。

表6-13 流程表记录

操作流程		角色分工	填写表格	第一年
1	风险投资	投资经理/ 财务审计经理	附录7表25 附录3表7	0

6.2.2 上市

企业上市可以为企业带来较多的益处,最大的益处是能够改善企业的财务状况。一方面,通过股票上市得到的资金不必在一定限期内偿还;另一方面,这些资金能够立即改善公司的资本结构,这样企业就可以获得利息较低的贷款。此外,如果新股上市获得很大成功,企业在市场上的走势也会非常强盛,那么,企业今后就有可能以更好的价格增发股票。

操作方法

6.2.2.1 角色表格

投资经理:企业上市需要具备一定的条件,第一年为企业经营起始年,不具备上市资格,但投资经理仍需对附录7 表26"公司上市评测表"中的相关信息进行登记,以便为后期的上市做好准备,如表6-14 所示。若企业成功上市,需发行一定量的股票,并在附录7 表27"股票发行及分红发放表"中填写相关信息,如表6-15 所示。

表6-14 公司上市评测表

指标	第一年
当年净利润	34
累计净利润	34
下年度能否成功上市	×
下年度能否创业板上市	×

填表说明:

当年净利润参照附录3 表11"利润表";累计净利润为至统计当年隔年净利润的合计。

表6-15 股票发行及分红表

指标	创业板上市年	A 股上市年
上年度资产		
发行总额		
每股分红		
固定利率		
股票价格		

续表

指标	创业板上市年	A 股上市年
发行数量		
被认购数量		
股票发行费		
分红		

填表说明:

(1)上年度资产参照附录 3 表 12“资产负债表”。

(2)发行分为 A 股发行和创业板发行,A 股可发行股票总额为上年度资产的 30%,创业板可发行股票总额为上年度资产的 40%。

(3)每股分红为自行填写(以元为单位)。

(4)固定利率为银行当年定期的存款利率。

(5)股票价格 = 每股分红/银行 1 年期存款利率。

(6)发行数量 = 发行总额/(每股分红/固定利率)(以元为单位)。

(7)被认购数量为实际被认购的股票数量。

(8)股票发行费为 10 万/次。

(9)分红 = 每股分红 × 被认购数量。

6.2.2.2 角色盘面

财务审计经理:股票发行需要支付一定的发行费用。根据附录 7 表 27“股票发行及分红表”中的数额,从总经费处取出相应数额放置在“股票发行费”处,如图 6 - 7 所示。发行股票所获得的资金放置在“公司总经费”处。

图 6 - 7 股票发行费放置处

6.2.2.3 流程表

总经理:经投资经理与财务审计经理核对附录 7 表 26“公司创业板上市评测表”、附录 7 表 27“股票发行及分红表”与附录 3 表 7“公司经费使用表”后将具体情况反馈给总经理，总经理在流程表“上市/股票发行处”一栏做相应的记录，如表6－16所示。

表6－16　流程表记录

操作流程		角色分工	填写表格	第一年
2	上市/股票发行	投资经理/ 财务审计经理	附录7表26 附录7表27 附录3表7	0

6.2.3　年初人员人数盘点

每年年初企业都要对拥有的员工人数进行核实与盘点，以便能够清楚地掌握现阶段企业的人力资源状况。

操作方法

6.2.3.1　角色表格

人力资源经理：由于第一年刚开始运营，没有人员，所以在第一年的年初人数都为0，第一年之后，人力资源经理每年都要对公司人数进行清算盘点，确认后在附录4表13“人员招聘及变动表”中填写相关信息，如表6－17所示。

表6－17　人员盘点

人员	年初人数
生产人员	0
管理人员	0
销售人员	0
服务人员	0
合计	0

6.2.3.2　角色盘面

人力资源经理：第一年为经营起始年，前期没有相应的人力资源配置，可以不操作，之后的每一年都需要生产运输经理对产品生产人员和管理人员进行盘点，如图6－8所示；市场营销经理对销售人员与服务人员进行盘点，如图6－9所示；生产运输经理与市场营销经理将人员盘点情况报送人力资源经理后，人力资源经理需要对所报送人员进行复查。

图 6-8 生产/管理人员

图 6-9 销售人员/服务人员

6.2.3.3 流程表

总经理:人力资源经理对人员盘点情况进行审核后报送总经理,总经理在流程表"年初人员人数盘点"一栏打"√"即可,如表 6-18 所示。

表 6-18 流程表记录

操作流程		角色分工	填写表格	第一年
3	年初人员人数盘点	人力资源经理	★附录 4 表 13	√

6.2.4 固定资产盘点

在企业管理决策沙盘模拟运营过程中,企业根据自身的实际情况会进行相应的固定资产的配置,包括厂房租赁与购置和生产线的购置。固定资产的配置是保证企业能够正常运营的前提。

操作方法

6.2.4.1 角色表格

总经理:第一年运营时,暂无相应的固定资产配置,第一年之后,每年的固定资产盘点以附录 2 表 3"厂房配置记录表"、附录 2 表 5"生产线购置统计表"为准,需要确认这两张表上的信息,如表 6-19 和表 6-20 所示。

表 6－19　厂房配置记录表

		第一年
大厂房配置	购置费	
	折旧额	
	已折旧额累计	
	净值	
	出售收入	
	退租(√)	
	租赁	

表 6－20　生产线购置统计表

	第一年					
生产线编号						
生产线类型						
产品						
购置费						
购置费合计						

6.2.4.2　角色盘面

总经理：企业在运营过程中，如果购置了相应的厂房与生产线，就需要从教师处领取相应的厂房标识与生产线标识，放置在相应的区域中，固定资产盘点时查看此处即可，如图 6－10 所示。

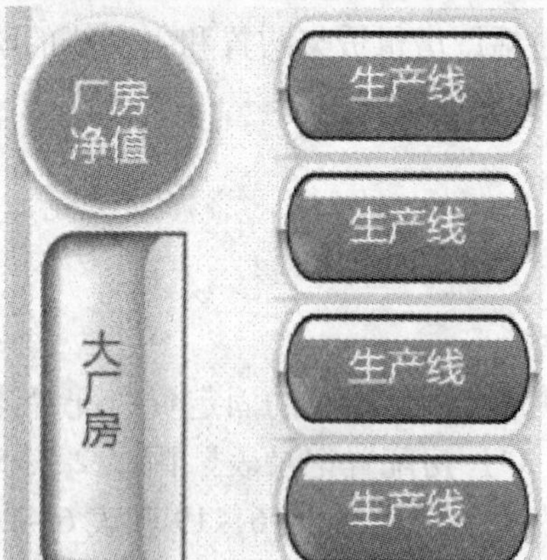

图 6－10　固定资产配置

6.2.4.3 流程表

总经理：固定资产盘点后，在流程表“固定资产盘点”一栏中打“√”即可，如表 6－21 所示。

表 6－21 流程表记录

操作流程		角色分工	填写表格	第一年
4	固定资产盘点	总经理	★附录 2 表 3 附录 2 表 5	√

6.2.5 贷款更新/支付利息/还款

每年年初企业需要支付上一年银行贷款的利息，如果本年度有贷款到期则需要还本付息。企业在运营过程中，如果资金充裕就可以提前偿还部分或全部贷款，这样可以减少下一年的贷款利息支出。

操作方法

6.2.5.1 角色表格

财务审计经理：财务审计经理根据当年企业的资金情况作出相应的还本付息决策，在附录 3 表 8“融资表”中进行相应的还本付息操作，如表 6－22 所示。

表 6－22 融资表

贷款方式	年限	利率（%）	贷款金额	利息					还款
				第一年	第二年	第三年	第四年	第五年	
长期贷款		10							
短期贷款	1	5							
紧急融资	1	20							

在附录 3 表 7“公司经费使用表”中进行相应的记录，如表 6－23 所示。

表 6－23 公司经费使用表

财务费用（－）	长期贷款利息	0
	短期贷款利息	0
	紧急融资利息	0

续表

贷款本金还款(-)	长期贷款还款	0
	短期贷款还款	0
	紧急融资还款	0

6.2.5.2 角色盘面

财务审计经理:根据附录3表8"融资表"的还本付息情况,从盘面总经费处取出相应的数额,将偿还的"本金"交给教师,将"利息"放置在盘面上,如图6-11所示。

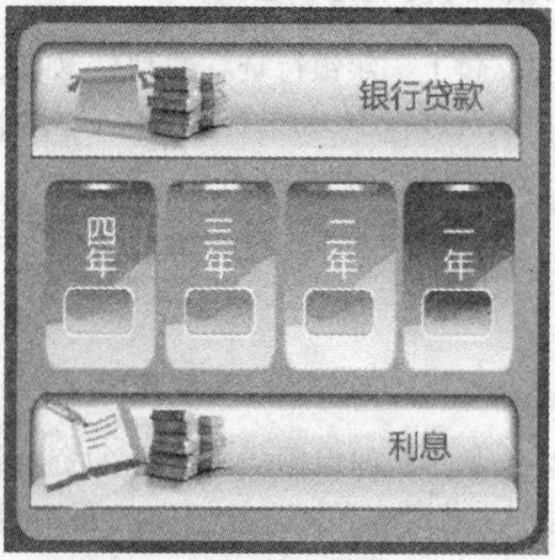

图6-11 还本付息

6.2.5.3 流程表

总经理:财务审计经理在更新贷款(还款)与支付利息后报送总经理,总经理在流程表"贷款更新/支付利息/还款"一栏中填写相应的金额,如表6-24所示。

表6-24 流程表记录

操作流程		角色分工	填写表格	第一年
5	贷款更新/支付利息/还款	财务审计经理	附录3表8 附录3表7	0

6.2.6 长期/短期贷款/紧急融资

融资是企业资金筹集的行为与过程,也就是说,公司根据自身的生产经营状况、资金运用状况，以及公司未来经营发展的需要，通过科学的预测和决策，采用一定的方式，从一定的渠道向公司的投资者和债权人筹集资金，是企业组织资金供应，以保证公司正常生产和经营管理活动需要的理财行为。公司筹集资金应当遵循一定的原则，通过一定的渠道、利用一定的方式进行。通常而言，企业筹集资金无非是三大目的：企业要扩张、企业要还债以及混合需求（扩张与还债混合在一起的需求）。

操作方法

6.2.6.1 角色表格

财务审计经理：财务审计经理作出贷款决策，报送总经理并经总经理决定即可进行贷款操作。因此，在附录3 表8“融资表”中更新贷款信息后，在相应栏中填入相应数额，如表6－25 所示。

表6－25　融资操作

贷款方式	年限	利率（%）	贷款金额	利息					还款
				第一年	第二年	第三年	第四年	第五年	
长期贷款	4	10	80						0
短期贷款	1	5							
紧急融资	1	20							

填表说明：

（1）贷款有三种形式：长期贷款、短期贷款、紧急融资。长期贷款和短期贷款可在年初进行操作，紧急融资可在任意时刻进行操作。

（2）年限：长期贷款的年限是2 年及2 年以上，4 年及4 年以下。

（3）金额为贷款数额。

（4）利息：填写每年归还的利息数额。

（5）还款：填写相应的还款数额。

“融资表”填写完成后，还需要在附录3 表7“公司经费使用表”中填写相应金额，如表6－26 所示。

表6－26　公司经费使用表

融资（＋）	长期贷款	80
	短期贷款	0
	紧急融资	0

6.2.6.2 角色盘面

财务审计经理：确认贷款后，从教师处领取相应的贷款数额以及贷款凭证；然后，将领回的贷款数额放入“总经费”，将贷款凭证放置在“银行贷款”处，且需要根据相应的贷款年限放置。进入下一年后，贷款年限也向前推移，直至推移到下一年，之后每年都要进行还本付息的操作，如图 6－12 所示。

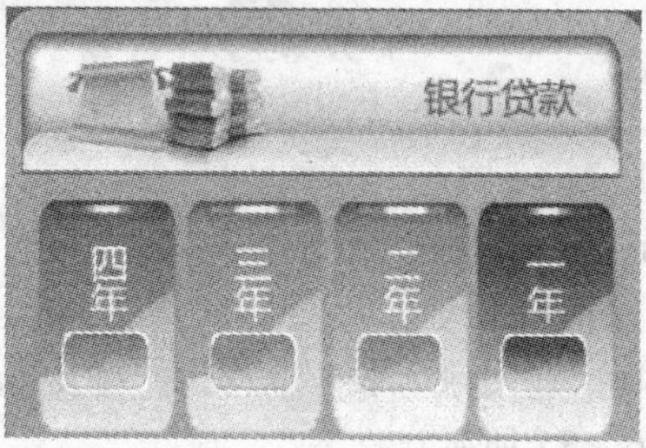

图 6－12 银行贷款凭证存放处

6.2.6.3 流程表

总经理：财务审计经理在进行相关贷款融资操作后报送总经理，总经理在流程表“长期、短期贷款/紧急融资”一栏中填写相应的数额，如表 6－27 所示。

表 6－27 流程表记录

操作流程		角色分工	填写表格	第一年
6	长期、短期贷款/紧急融资	财务审计经理	附录 3 表 8 附录 3 表 7	80

6.2.7 资金盘点

企业在运营过程中需要实时了解企业当前的资金状况，每年年初还需要对资金进行一次盘点。

操作方法

6.2.7.1 角色表格

财务审计经理：对企业现有的资金进行盘点后，要在附录 3 表 7“公司经费使用表”中的“年初公司资金”一栏中填入相应的数额，如表 6－28 所示。

表 6－28　年初公司资金

项目	第一年
年初资金	180

填表说明：

$$年初资金=\frac{上年度剩余经费}{初始资金}+注资资金+银行信托到期回款+风险投资资金+投资收益+股票发行收入-股票发行费-财务费用-贷款本金还款+融资$$

6.2.7.2 角色盘面

财务审计经理：核对盘面“总经费”处的资金，数额要与表格保持一致。

6.2.7.3 流程表

总经理：资金盘点完毕，将企业各部分的资金核对完成后，财务审计经理报送总经理，由总经理在流程表“资金盘点”一栏中填入相应的数额，如表 6－29 所示。

表 6－29　流程表记录

操作流程		角色分工	填写表格	第一年
7	资金盘点	财务审计经理	附录 3 表 7	180

6.2.8 市场开拓

市场开拓是企业市场营销管理中的重要环节，在企业管理决策沙盘模拟运营中，各企业可以根据自身的发展需要对目标市场进行相应的开拓，只有开拓了相应的市场，才能获得在该市场销售产品的资格。

操作方法

6.2.8.1 角色表格

市场营销经理：市场营销经理根据市场环境分析情况，制订市场营销计划，包括市场开拓计划，在附录 6 表 22“市场开拓费用表”中记录市场开拓的相关信息，如表 6－30 所示。

表 6－30　市场开拓

市场 年份	M1	M2	M3	合计
第一年	3	3	0	6

填表说明：

(1)市场开拓成功才可对产品进行销售。

(2)在相应市场与年份对应栏填入市场开拓费。

财务审计经理：市场营销经理进行市场开拓后，需向财务审计经理报送资金支出的具体情况，财务审计经理需在附录3表7“公司资金使用表”中的“市场开拓费”一栏中填入相应的数额，如表6－31所示。

表6－31 市场开拓费

项目	第一年
市场开拓费(－)	6

6.2.8.2 角色盘面

财务审计经理：根据市场营销经理报送的市场开拓费用，从“总经费”中支付相应的经费数额交给市场营销经理。

市场营销经理：从财务审计经理处领取相应的市场开拓费用后放置在盘面“市场开拓费”处。如果某市场当年开拓成功，则到教师处领取“市场销售资格”的标识，如图6－13所示。

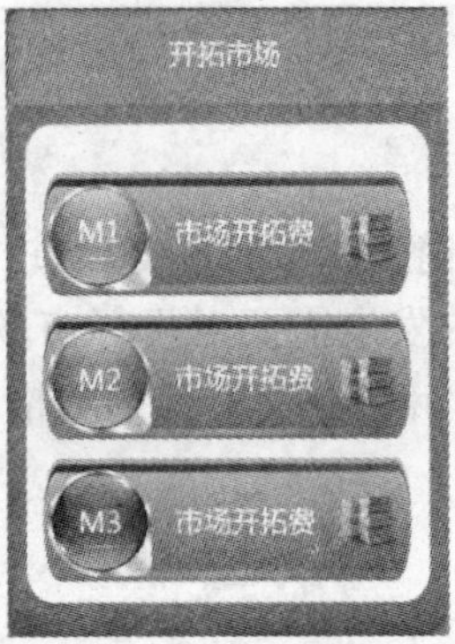

图6－13 市场开拓费放置处

6.2.8.3 流程表

总经理：市场营销经理与财务审计经理核对相应的市场开拓费用支出后报送总经理，总经理在流程表“市场开拓”一栏中填入相应的数额，如表6－32所示。

表6－32 流程表记录

操作流程		角色分工	填写表格	第一年
8	市场开拓	市场营销经理/财务审计经理	附录6表22 附录3表7	6

6.2.9 ISO 资格认证

企业若想进入市场顺利地销售产品,除了开拓相应的目标市场外,还需取得一定的 ISO 资格认证。因此,规划好 ISO 资格认证的时间对于企业的产品销售也是十分重要的。

操作方法

6.2.9.1 角色表格

市场营销经理:根据市场营销计划的实施情况,作出 ISO 资格认证时间安排的决定,在附录 6 表 23“ISO 认证表”中记录认证的相关信息,如表 6-33 所示。

表 6-33 ISO 认证

项 目	第一年
ISO9000 认证费用	3
ISO14000 认证费用	0
合计	3

财务审计经理:市场营销经理作出 ISO 认证决策后,需向财务审计经理报送资金支出的具体情况,且财务审计经理需在附录 3 表 7“公司资金使用表”中“ISO 认证费”一栏中填入相应的数额,如表 6-34 所示。

表 6-34 ISO 认证费

项目	第一年
ISO 认证费(-)	3

6.2.9.2 角色盘面

财务审计经理:根据市场营销经理报送的 ISO 认证费用,从“总经费”中支付相应的经费数额交给市场营销经理。

市场营销经理:从财务审计经理处领取相应的 ISO 认证费用后放置在盘面“ISO 认证费”处,并从教师处领取相应的标识放置在盘面上。若认证完成,标识正面朝上放置;若未完成认证,标识正面朝下放置。ISO 体系认证角色盘面如图 6-14 所示。

6.2.9.3 流程表

总经理:市场营销经理与财务审计经理完成核对 ISO 认证费的相关工作

图 6-14　ISO 体系认证

后报送总经理，总经理在流程表“ISO 资格认证”一栏中填入相应的数额，如表 6-35 所示。

表 6-35　流程表记录

操作流程		角色分工	填写表格	第一年
9	ISO 资格认证	市场营销经理/ 财务审计经理	附录 6 表 23 附录 3 表 7	3

6.2.10　产品研发

在企业管理决策沙盘模拟运营中，如果要进行产品的生产和销售，就必须对某个产品进行相应的市场研发。在产品研发时需要考虑公司近年来针对的目标市场以及相应的产品组合策略，如果盲目地研发产品，就会产生相当高的研发成本的支出，而且，产品组合目标不明确，在企业资金有限的情况下也不可能生产所有的研发产品，极有可能会得不偿失。

操作方法

6.2.10.1　角色表格

生产运输经理：生产运输经理在确认产品研发计划后，需要在附录 5 表 16“产品研发表”中的相应栏内记录相关信息，如表 6-36 所示。

表 6-36　产品研发

产品种类	研发费用	是否成功
P1	2	√
P2	4	√
P3	0	
P4	0	
合计	6	

填表说明:

(1)每类产品都有相应的研发费用和完成研发所需的时间。

(2)产品研发成功,当年即可进行该类产品的生产。

财务审计经理:生产运输经理将产品研发的费用报送财务审计经理后,财务审计经理需在附录3表7"公司经费使用表"中"产品研发费"一栏中填入相应的数额,如表6-37所示。

表6-37 产品研发

项目	第一年
产品研发费(-)	6

6.2.10.2 角色盘面

财务审计经理:记录经费使用的相关信息后,从"总经费"处支付相应的产品研发费用,交给生产运输经理。

生产运输经理:从财务审计经理处领取相应的产品研发经费并作相应支付后,从教师处领取产品的生产资格标识放置在盘面"产品研发"的相应产品上。若产品未研发成功,标识反面朝上放置;若产品研发成功,标识正面朝上放置。产品生产资格标识放置如图6-15所示。

图6-15 产品生产资格标识放置处

6.2.10.3 流程表

总经理:生产运输经理与财务审计经理将产品研发相关事宜报送总经理,总经理在流程表"产品研发"一栏中填入研发费用金额,如表6-38所示。

表 6－38　流程表记录

操作流程		角色分工	填写表格	第一年
10	产品研发	生产运输经理/ 财务审计经理	附录 5 表 16 附录 3 表 7	6

6.2.11　厂房购置/租赁

在企业管理决策沙盘模拟运营中，厂房是企业进行产品生产必需的固定资产，因此，厂房配置的决策对于沙盘模拟来说也是至关重要的。厂房的大小关系到所能容纳的生产线的数量，厂房是租赁还是购买也是经营者要重点考虑的问题。一般情况下，资金充裕，可选择购置，将厂房作为固定资产；资金紧张，暂时租赁厂房也是一个明智的选择。

操作方法

6.2.11.1　角色表格

总经理：总经理需要对厂房的配置进行决策。作出决策后需在附录 2 表 3“厂房配置记录表”相应栏中作出记录。企业在第一年租赁一个大厂房，则需在大厂房租赁的相应栏中填入租赁费用，如表 6－39 所示。

表 6－39　厂房配置

项　目		第一年
大厂房配置	购置费	0
	租赁	10
小厂房配置	购置费	0
	租赁	0

填表说明：

(1)公司需要购置或者租赁厂房才能进行生产。

(2)购置费：公司购置该类型厂房所支付的费用。

(3)租赁：为租赁相应厂房需支付的租赁费用。

财务审计经理：总经理将厂房配置经费使用情况报送财务审计经理，财务审计经理在附录 3 表 7“公司经费使用表”中的“厂房购置费/厂房租赁费”一栏中填入相应的数额，如表 6－40 所示。

表 6－40　厂房配置

项目	第一年
厂房购置费/厂房租赁费(－)	10

6.2.11.2　角色盘面

财务审计经理：根据总经理报送的厂房配置情况，从“总经费”中支付相应的数额交给总经理。

总经理：从财务审计经理处领取相应的经费后，根据相应的配置方式进行操作。

若厂房为购置，厂房购置费即为厂房初始净值，将相应的金额放置在“生产与库存中心”的“厂房净值”处，且每一年结束后需从盘面“厂房净值”处支取相应的折旧额交给教师。厂房净值放置处如图 6－16 所示。

图 6－16　厂房净值放置处

若厂房为租赁，则需按年支付相应的厂房租金，将相应的金额放置在“费用与资产结算中心”的“厂房租金”处，如图 6－17 所示。

图 6－17　厂房租金放置处

6.2.11.3　流程表

总经理：总经理与财务审计经理完成厂房配置的相关操作事宜后，总经理需在流程表“厂房购置/租赁”一栏中填入相应的厂房配置金额，如表 6－41 所示。

表 6－41　流程表记录

操作流程		角色分工	填写表格	第一年
11	厂房购置/租赁	总经理/ 财务审计经理	附录 2 表 3 附录 3 表 7	10

6.2.12 生产线搬迁

在企业管理决策沙盘模拟运营中，厂房可以根据企业的需要进行购置或租赁，企业也可以将厂房进行出售或退租。此时，如果厂房中有生产线就不能出售或租赁，企业可以选择将生产线搬迁至其他厂房。需要注意的是，各企业在操作过程中需要合理利用与规划相应的厂房配置，以免造成不必要的损失。

操作方法

6.2.12.1 角色表格

总经理：因第一年未进行生产线的搬迁活动，所以无需填写表格。若要进行生产线的搬迁，则需填写附录2 表4“生产线搬迁表”，以便在各个厂房内进行生产线的合理配置，如表6－42 所示。

表6－42 生产线搬迁表

<table>
<tr><th>状态</th><th>厂房类型</th><th>生产线编号</th></tr>
<tr><td rowspan="12">生产线搬迁前</td><td rowspan="4">小厂房</td><td></td></tr>
<tr><td></td></tr>
<tr><td></td></tr>
<tr><td></td></tr>
<tr><td rowspan="8">大厂房</td><td></td></tr>
<tr><td></td></tr>
<tr><td></td></tr>
<tr><td></td></tr>
<tr><td></td></tr>
<tr><td></td></tr>
<tr><td></td></tr>
<tr><td></td></tr>
<tr><td rowspan="4">生产线搬迁后</td><td rowspan="4">小厂房</td><td></td></tr>
<tr><td></td></tr>
<tr><td></td></tr>
<tr><td></td></tr>
</table>

续表

状态	厂房类型	生产线编号
生产线搬迁后	大厂房	
生产线搬迁费		

填表说明：

(1)生产线编号:生产线购置时为生产线所编制的号码。

(2)在进行生产线搬迁时要注意大小厂房的生产线容纳量。

(3)每次生产线的搬迁都要支付相应的搬迁费。

财务审计经理:总经理将生产线搬迁所需使用的经费情况报送财务审计经理,财务审计经理在附录3表7“公司经费使用表”中的“厂房购置费/厂房租赁费”一栏中填入相应的数额,如表6-43所示。

表6-43 生产线搬迁费

项目	第一年
生产线搬迁费(-)	0

6.2.12.2 角色盘面

总经理:根据生产线的搬迁情况,将“生产与库存中心”相应的生产线标识与产品标识调整到相应的厂房。

财务审计经理:总经理在确定了生产线搬迁后,将搬迁过程中产生的一定费用支出报送财务审计经理;财务审计经理需从“总经费”中拿出这部分费用放置在“费用与资产结算中心”的“生产线搬迁费”处,如图6-18所示。

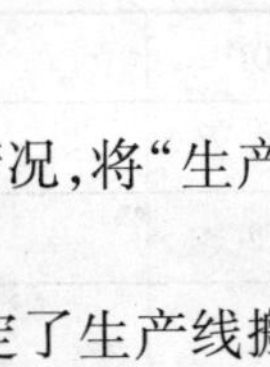

图6-18 生产线搬迁费放置处

6.2.12.3 流程表

总经理:生产线搬迁工作完成后,总经理与财务审计经理核对相应的经费后,总经理需在流程表“生产线搬迁”一栏中填入相应的数额,如表 6-64 所示。

表 6-44 流程表记录

操作流程		角色分工	填写表格	第一年
12	生产线搬迁	总经理/ 财务审计经理	附录 2 表 4 附录 3 表 7	0

6.2.13 生产线购置

在企业管理决策沙盘模拟运营中,产品生产除了需要相应的厂房外,还需要配置相应的生产线。生产线的配置必须通过购买获得,不能进行租赁操作,而且一条生产线一年只能生产一种产品。根据生产线的不同,各生产线能够生产的产品也各不相同。相对而言,生产线的科技系数越高,能够生产的产品也就越多;所需花费的购置费也就越多。

操作方法

6.2.13.1 角色表格

总经理:作出生产线购置决策后,需要在附录 2 表 5“生产线购置统计表”中的相应栏中作出记录,如表 6-45 所示。

表 6-45 生产线购置

生产线编号	B01	C01				
生产线类型	B	C				
产品	P1	P2				
购置费	15	20				
购置费合计	35					

填表说明:

(1)生产线编号:统一按“生产线类型+序号”进行编制。如购置的第一条 A 型生产线的编号为 A01,第一条 B 型生产线的编号为 B01。

(2)生产线类型:填写相应的生产线所对应的生产线类型。

(3)产品:为安排该生产线本年度所生产的产品的类型。

(4)购置费:购置该生产线所支出的费用。

(5)购置费合计:当年购置生产线的费用合计。

财务审计经理:总经理作出生产线购置的决策后,需将信息反馈给财务审计经理,以便根据附录2表5作出记录,如表6-46所示。

表6-46 生产线购置费

项目	第一年
生产线购置费(-)	35

6.2.13.2 角色盘面

财务审计经理:根据总经理报送的生产线购置费,从"总经费"处支付相应的金额交给总经理。

总经理:首先,从财务审计经理处领取相应的生产线购置费,放置在"生产与库存中心"所对应生产线的"净值"处,如图6-19所示;然后,到教师处领取相应的生产线标识与生产线当年所有产品的标识放置在盘面的相应位置上,如图6-20所示。

图6-19 生产线净值放置处

图6-20 生产线与产品标识放置处

6.2.13.3 流程表

总经理:总经理与财务审计经理核对生产线购置费用后,在流程表"生产线购置"一栏中填入相应的数额,如表6-47所示。

表6-47 流程表记录

操作流程		角色分工	填写表格	第一年
13	生产线购置	总经理/财务审计经理/生产运输经理	附录2表5 附录3表7 附录5表17	35

6.2.14 人员招聘

在企业管理决策沙盘模拟运营中,企业除了本身需要建设一支完善的管理队伍之外,其他的工作岗位也需要招聘相应的员工,包括生产人员、管理人员、销售人员与服务人员。人员的增加自然会增加相应的企业运营成本,但同时也为企业带来更多的经济效益。所以,人力资源经理在每年的运营中必须制定最合适的人员组合方案,即制订相应的招聘计划。

操作方法

6.2.14.1 角色表格

人力资源经理:在进行人员招聘时,需要填写附录4 表15"人力成本表"中的相关栏目,"生产人员"与"管理人员"各招2 人,"销售人员"与"服务人员"各招4 人,如表6-48 所示。

表6-48 人员招聘

年份	人员类型	招聘类型	人数
第一年	生产人员	正常招聘	2
	管理人员	正常招聘	2
	销售人员	正常招聘	4
	服务人员	正常招聘	4

6.2.14.2 角色盘面

人力资源经理:人力资源经理根据人员招聘表中所填写的招聘人数,从教师处领取不同颜色的"人员"(不同颜色代表不同类型的人员),将"生产人员"与"管理人员"放置在相应的"生产与库存中心",将"销售人员"与"服务人员"放置在相应的"认证研发与营销中心"处,现阶段的人员都必处于"待分配"的状态。

6.2.14.3 流程表

总经理:人力资源经理在完成人员招聘工作后报送总经理,总经理在流程表"人员招聘"一栏中打"√",表示人员招聘已完成,如表6-49 所示。

表6-49 人员招聘

操作流程		角色分工	填写表格	第一年
14	人员招聘	人力资源经理	附录4 表15	√

6.2.15 人员配置—产品生产—支付生产成本

在企业管理决策沙盘模拟运营中,企业每年都可以根据当年的产品战略规划分配相应的生产人员和管理人员,生产线上生产人员和管理人员的多少直接影响到该条生产线所生产产品的产能。然而,生产线科技系数越低,对人员数量的要求也就越高,在这一过程中会增加企业的人力成本。因此,充分利用员工能力可以降低人力成本支出,并为企业创造较高的经济效益。

操作方法

6.2.15.1 角色表格

生产运输经理:生产运输经理根据各条生产线对生产人员及管理人员的需要进行配置,并填入附录5表17"产品生产表"中相应的栏目。如表6-50中,对B01和C01生产线配置生产人员与管理人员各1名。根据生产函数计算得出B01的产能为25个P1,C01的产能为17个P2,但由于考虑到公司运营经费与市场需求的相关因素,最终决定生产P1产品20个,P2产品16个。

表6-50 生产人员配置

项目	生产线	
生产线编号	B01	C01
生产线种类	B	C
产品种类	P1	P2
生产人员配置	1	1
管理人员配置	1	1
可生产的产品数量	25	17
产品的生产数量	20	16
单位生产成本	1.8	2.3
通货膨胀率(%)	4	4
直接生产成本	38	39

填表说明:

(1)每条处于生产状态的生产线至少配置1名管理人员;每4名生产人员需要配置1名管理人员。

(2)每种生产线配备的生产人员有最高限制。其中,A型生产线生产人员最多为6人;B型生产线生产人员最多为5人;C型生产线生产人员最多为3

人;D 型生产线生产人员最多为 2 人。

(3)生产线的生产能力可根据生产函数计算,生产函数为: $Q=\frac{A_i}{B_i}L_i^{\alpha}K_i^{\beta}$

其中,Q 为生产线上产品的总生产量;A_i 为第 i 条生产线科技系数;B_i 为第 i 条生产线上生产的产品科技系数;L_i 为第 i 条生产线投入的劳动力数目(生产人员+管理人员);K_i 为第 i 条生产线上投入的资本(该生产线的净值);α 为劳动力产出的弹性系数;β 为资本产出的弹性系数。

本沙盘根据国家计委的测算,将 α 与 β 分别取值为:$\alpha=0.3$,$\beta=0.7$。

(4)直接生产成本=单位生产成本×(1+通货膨胀率)×生产数量

财务审计经理:经生产运输经理进行产品生产后,会产生一定的产品生产成本,因此,财务审计经理需在附录 3 表 7“公司经费使用表”中的“实际产品生产成本”一栏填写相应的生产成本数额,如表 6-51 所示。

表 6-51　实际产品生产成本

项目	第一年
实际产品生产成本(-)	77

6.2.15.2　角色盘面

生产运输经理:需要从“生产与库存中心”获得相应的人员放置于相应的生产线后“生产/管理人员”处,以表示该生产线配置的人员类型及数量,如图 6-21 所示。

图 6-21　生产/管理人员配置放置处

首先,生产运输经理确定产品生产数量后报送财务审计经理,并领取相应的产品生产所需的经费;然后,生产运输经理从教师处领取相应的产品,并将“经费”与“产品”放置在“生产与库存中心”的产品库存区域中,如图 6-22 所示。

图 6-22　产品/生产成本放置处

6.2.15.3 流程表

总经理:生产运输经理与财务审计经理将有关产品生产工作操作完成后报送总经理,总经理在流程表"人员配置—产品生产—支付生产成本"一栏中填入直接生产成本的金额,如表 6－52 所示。

图 6－52 流程表记录

操作流程		角色分工	填写表格	第一年
15	人员配置－产品生产－支付生产成本	生产运输经理/财务审计经理	附录 5 表 17 附录 3 表 7	77

6.2.16 配置销售人员—产品销售

在企业管理决策沙盘模拟运营中,相同的销售人员对不同的产品有着不同的销售能力。在进行销售人员分配时,如果产品的数量超过销售人员对某个产品的销售能力时,超出销售能力的这部分产品可能就会无法销售,因此,销售人员配置的人数与产品的最终销售量有着至关重要的关系。

操作方法

6.2.16.1 角色表格

市场营销经理:根据销售计划填写附录 6 表 21"销售结算表"中相应的栏目,如表 6－53 所示。以 P1 产品为例,预计销售 P1 产品 20 个,配置销售人员 2 名,将 P1 产品的销售价格定为 6 万元/个;最终,由于受市场需求与竞争的影响,只成功销售 16 个 P1 产品。

表 6－53 产品销售

P1	预销售数量	20
	销售人员配置	2
	销售单价	6
	实际销售数量	16
	销售收入	96
P2	预销售数量	16
	销售人员配置	2
	销售单价	8
	实际销售数量	16
	销售收入	128

填表说明：

(1)预销售数量：即公司计划销售的产品数量。

(2)销售人员配置：即该类产品本年度的销售人员配置。

(3)销售单价：即产品销售的价格，由公司自行设定。

(4)实际销售数量：将企业确定的预销售数量与销售单价报送教师，教师按照报价从低至高进行收购，当市场需求饱和时，会有些企业的产品未被收购。

(5)销售收入：销售收入＝实际销售数量×销售单价

需要说明的是，在产品销售完成后，还不能从教师处领取相应的“销售收入”，必须在进行产品运输与售后服务后才能获得相应的“销售收入”。

6.2.16.2 角色盘面

市场营销经理：销售人员配置完成后，市场营销经理可从“认证研发与营销中心”领取相应数量的销售人员放置在盘面各类产品“销售人员”处，如图6－23所示。

图6－23 销售人员配置放置处

6.2.16.3 流程表

总经理：销售人员配置与产品销售完成后，市场营销经理需报送总经理，由总经理在流程表“配置销售人员—产品销售”一栏中打“√”，以示操作完成，如表6－54所示。

表6－54 流程表记录

操作流程		角色分工	填写表格	第一年
16	配置销售人员－产品销售	市场营销经理	★附录6 表21	√

6.2.17 产品运输

在企业管理决策沙盘模拟运营中，产品完成销售任务后，企业还要负责产品运输，将产品交给客户。

操作方法

6.2.17.1 角色表格

生产运输经理：在产品销售后，生产运输经理要向市场营销经理了解各个市场的销售情况，将相应的产品安排运输至各个市场，并填写附录5表20“产品运输费用表”中相应栏目，计算出运输费用，如表6－55所示。

表6－55 产品运输

市场	M1
运输数量	32
单位运输成本	0.9
小计	29

财务审计经理：产品运输后，生产运输经理需将运输成本情况反馈给财务审计经理，以便财务审计经理在附录3表7“公司经费使用表”中的“运输费用”一栏中填入相应的运输费金额，如表6－56所示。

表6－56 运输费用

项目	第一年
运输费用(－)	29

6.2.17.2 角色盘面

生产运输经理：生产运输经理将已成功销售的产品交给教师。

财务审计经理：需在盘面“费用与结算中心”的“运输费用”处放置相应的费用，运输费用从“总经费”中支出，如图6－24所示。

图6－24 运输费用放置处

6.2.17.3 流程表

总经理：产品运输费用支付完成后，财务审计经理需将运输情况向总经理汇报，总经理审核完毕后在流程表“产品运输”一栏中填入运输费用，如表6－57所示。

表6－57 流程表记录

操作流程		角色分工	填写表格	第一年
17	产品运输	生产运输经理/财务审计经理	附录5表20 附录3表7	29

6.2.18　产品清仓

企业在运营过程中，由于产品生产计划制订失误、市场营销活动失误或公司的运营战略实施受阻等原因，会有一部分产品滞销，仍留存于公司仓库。因为企业管理决策沙盘模拟运营中，每年年末都不允许将产品延续到下一年进行销售，若有产品剩余必须进行清仓处理。

操作方法

6.2.18.1　角色表格

生产运输经理：生产运输经理在产品销售完成后，必须对产品仓库进行相应的统计，然后进行清仓工作，需要在附录 5 表 19“产品清仓表”中及时记录各类产品的清仓情况，如表 6－58 所示。

表 6－58　产品清仓表

产品种类	产品数量	直接生产成本	清仓收入
P1	4	8	8
P2	0	0	0

填表说明：

(1)产品数量：为库存产品的数量。

(2)直接生产成本：生产该产品所花费的生产成本。

(3)清仓收入：清仓收入为清仓产品的直接生产成本。

财务审计经理：生产运输经理将清仓完成的情况报送财务审计经理，需在附录 3 表 7“公司经费使用表”中的“清仓收入”一栏中及时记录产品清仓所获得的收入，如表 6－59 所示。

表 6－59　产品清仓收入

项目	第一年
清仓收入(+)	8

6.2.18.2　角色盘面

生产运输经理：在进行产品清仓时，需将库存产品的标识交给教师，并从教师处领取相应的清仓收入。

财务审计经理：生产运输经理将清仓收入交给财务审计经理，由财务审计经理核对无误后放入“总经费”。

6.2.18.3 流程表

总经理:财务审计经理核对清仓收入后报送总经理,由总经理在流程表“产品清仓”一栏中填入相应数额,如表 6-60 所示。

表 6-60 流程表记录

操作流程		角色分工	填写表格	第一年
18	产品清仓	生产运输经理/ 财务审计经理	附录 5 表 19 附录 3 表 7	8

6.2.19 配置服务人员—产品服务

在企业管理决策沙盘模拟运营中,完成产品销售与产品运输后,还必须对相应的产品进行售后服务,完成售后服务,产品销售才能回款。因此,合理地分配服务人员对企业资金的回款非常重要。

操作方法

6.2.19.1 角色表格

市场营销经理:需统计各类产品的成交数量,按照各类产品的成交数量与服务人员的服务能力合理地配置服务人员,并支付服务费用,填写附录 6 表 24“服务费用表”中相应的栏目。如表 6-61 所示,P1,P2 产品各成功销售 16 个,两类产品所配置的服务人员各为 2 人。根据单位产品服务费,计算出产品服务费 P1 产品为 3 万元,P2 产品为 6 万元。

表 6-61 产品服务

产品类型	成交产品数量	服务人员配置	单位产品服务费	产品服务费
P1	16	2	1/6	3
P2	16	2	2/6	6

注:服务人员针对不同的产品有着不同的销售能力。

财务审计经理:根据市场营销经理报送的产品服务费,在附录 3 表 7“公司经费使用表”中的“产品服务费用”一栏中填入服务费用金额,如表 6-62 所示。

表 6-62 产品服务费

项目	第一年
产品服务费用(-)	9

6.2.19.2 角色盘面

市场营销经理:从"认证研发与营销中心"中取出服务人员的标识放置在盘面上相对应产品后面的"服务人员"处,如图 6－25 所示。

图 6－25 服务人员分配

服务人员分配完后成,从财务审计经理处领取相应的服务费用,分别放置在不同产品的"服务费用"中,如图 6－26 所示。

图 6－26 服务费用放置处

6.2.19.3 流程表

总经理:市场营销经理与财务审计经理核对服务费后报送总经理,由总经理在流程表"配置服务人员—产品服务"一栏中填入服务费用数额,如表 6－63 所示。

表 6－63 流程表记录

操作流程		角色分工	填写表格	第一年
19	配置服务人员－产品服务	市场营销经理/财务审计经理	附录 6 表 24 附录 3 表 7	9

6.2.20 销售收入到账

在企业管理决策沙盘模拟运营中,待产品销售—产品运输—售后服务完成后,即可得到相应的销售收入。

操作方法

6.2.20.1 角色表格

市场营销经理:完成产品服务后,可以根据销售记录从教师处领取相应的销售收入,并交给财务审计经理。

财务审计经理:核对销售收入后,在附录3表7"公司经费使用表"中"销售收入"一栏中填入数额,如表6-64所示。

表6-64 销售收入

项目	第一年
销售收入(+)	224

6.2.20.2 角色盘面

财务审计经理:将获得的销售收入放入"总经费"处。

6.2.20.3 流程表

总经理:市场营销经理与财务审计经理核对销售收入后报送总经理,总经理在流程表"销售收入到账"一栏中填入相应的数额,如表6-65所示。

表6-65 流程表记录

操作流程		角色分工	填写表格	第一年
20	销售收入到账	市场营销经理/ 财务审计经理	附录6表21 附录3表7	224

6.2.21 银行信托

银行信托是金融投资中的一种,银行信托中存在的风险最小,但一旦选定年限进行信托投资就无法提前收回信托投资的资金。投资经理可根据公司情况自行决定是否进行银行信托。

操作方法

6.2.21.1 角色表格

投资经理:确定信托投资金额与年限后,需在附录7表28"银行信托投资表"相应栏中进行相关信息的记录。如表6-66所示,第一年进行了为期2年、投资额为10万元的信托投资,从第二年起该笔投资可获得连续两年数额为8%的利息。

表 6-66　银行信托

项目	第一年
信托投资额	10
年限	2
年利率(%)	8%

财务审计经理:需要在附录 3 表 7“公司经费使用表”中的“银行信托投资额”一栏中填入相应的数额,如表 6-67 所示。

表 6-67　银行信托投资

项目	第一年
银行信托投资额(-)	10

6.2.21.2　角色盘面

财务审计经理:根据投资经理报送的银行信托资金,从“总经费”中支出相应的数额。

投资经理:从财务审计经理处领取相应的银行信托投资额,按照投资年限放置在银行信托相应的盘面处;然后,根据运营年一直向前推进,直至“两年”后回收本金与利息,如图 6-27 所示。

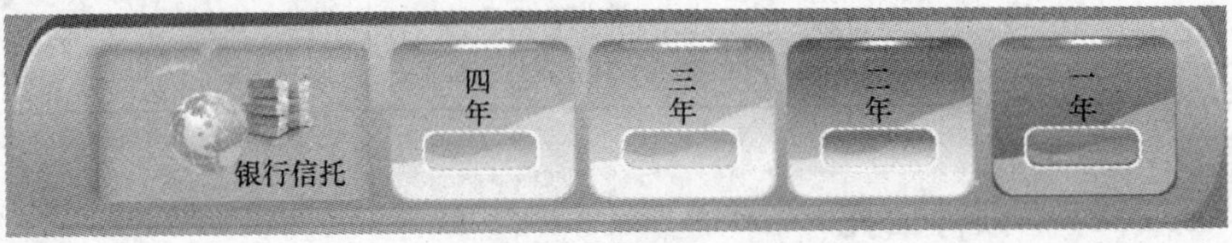

图 6-27　银行信托

6.2.21.3　流程表

财务审计经理:投资经理与财务审计经理完成银行信托相关事项的操作后报送总经理,由总经理在流程表“银行信托”一栏中填入相应的银行信托投资额,如表 6-68 所示。

表 6-68　流程表记录

操作流程		角色分工	填写表格	第一年
21	银行信托	投资经理/ 财务审计经理	附录 7 表 28 附录 3 表 7	10

6.2.22 债券申购—支付申购费

在企业管理决策沙盘模拟运营中,债券申购也是金融投资的一种方式。进行该项目的投资会产生一定的费用,且具有一定的不稳定性,它会根据市场情况的变化而变化,所以,进行债券投资时必须先了解清楚近年来的市场环境。

操作方法

6.2.22.1 角色表格

投资经理:按照投资计划进行债券申购后填写附录7表29"债券申购表"。如表6-69所示,在投资环境指数为1.6的条件下进行一年期的债券投资,支付了1万元的申购费用。

表6-69 债券申购

年份	债券品种	参考发行价	投资环境指数	实际发行价	申购数量	申购额	上年资产负债率(%)	债券认购额	交易费用率(%)	申购费用
第一年	一年期	1	1.6	1.6	6	10		10	2	1
	二年期									
	三年期									
	四年期									

填表说明:

(1)投资环境指数:为当年的投资环境指数。

(2)实际发行价:实际发行价=投资环境指数×参考发行价

(3)申购数量:为公司计划申购的数量。

(4)申购额:申购额=实际发行价×申购数量

(5)上年资产负债率:参照上年度资产负债表。

(6)债券认购额:即成功认购额:①如果各公司在同一种债券上申购的数量总和大于未认购额,就按照申购数量比例对各公司进行分配;②公司认购数量=公司申购数量/各公司申购总数×未认购数量

(7)申购费用:申购费用=申购额×交易费用率

财务审计经理:需要在附录3表7"公司经费使用表"相关栏中记录债券申购所需的申购费及相应的认购额,如表6-70所示。

表 6-70　债券申购

项目	第一年
债券申购费(-)	1
债券认购额(-)	10

6.2.22.2　角色盘面

财务审计经理:根据投资经理报送的债券投资所需资金,从“总经费”中支出相应的债券申购费,待申购成功后,再从“总经费”中支付相应的债券申购额。

投资经理:在申购债券时,需先支付“债券申购费”,申购费在财务审计经理处领取;债券申购成功后,经财务审计经理审核,投资经理从“总经费”处取出相应的“债券认购额”放置在盘面相应期限的“债券投资”处,如图 6-28 所示。

图 6-28　债券申购

6.2.22.3　流程表

总经理:投资经理与财务审计经理核对相应的债券投资金额与申购费用后报送总经理,由总经理在流程表“债券申购—支付申购费”一栏中做相应的记录,如表 6-71 所示。

表 6-71　流程表记录

操作流程		角色分工	填写表格	第一年
22	债券申购-支付申购费	投资经理/财务审计经理	附录 7 表 29 附录 3 表 7	10+1

6.2.23　股权申购—支付申购费

在企业管理决策沙盘模拟运营中,最后一种金融投资方式为股权认购。股权认购相比银行信托、债券投资更加稳定,相对的收益率也比这两项投资要高,所以做股权申购的公司较多,因此市场竞争也较强,也许在竞争的过程中不能获得收益较高的股权证,但相对而言,用于投资股权的资金可以提前收回。

操作方法

6.2.23.1 角色表格

投资经理:因为第一年为经营起始年,企业经营从零开始,所以无上年度的负债率。投资经理在进行股权申购时需填写附录7表31“股权申购表”中相应栏目的信息。如表6-72中,预申购额为10万元,需要支付1万元的申购费,在进入股权选购会后,获得股权编号为007的股权证。

表6-72 股权申购

	预申购额	上年度负债率(%)	申购费用	股权编号	股权面值	年收益
第一年	10		1	007	6	2

财务审计经理:首先需要在附录3表7“公司经费使用表”中记录支付相应的“股权申购费”;待股权申购完成后,根据实际“股权面值”填入相应的“股权认购额”数额,如表6-73所示。

表6-73 股权申购/认购

项目	第一年
股权申购费(-)	1
股权认购额(-)	6

6.2.23.2 角色盘面

财务审计经理:根据投资经理报送的“预申购额”,从“总经费”中支出相应的“申购费用”交给投资经理;待股权申购成功后,再从“总经费”中支付实际的“股权投资”额。

投资经理:在股权认购前,先申报相应的“预申购额”,从财务审计经理处领取相应的“申购费用”,放置在“股权申购费”处;待申购成功后,从财务审计经理处领取实际的“股权投资”额,放置在“股权投资”处,如图6-29所示;然后,从教师处领取相应的“股权证”。

6.2.23.3 流程表

总经理:投资经理与财务审计经理核对相应的股权申购经费后报送总经理,由总经理在流程表“股权申购—支付申购费用”一栏中填入相应的数额,如表6-74所示。

图 6－29 股权申购

表 6－74 流程表记录

操作流程		角色分工	填写表格	第一年
23	股权申购－支付申购费用	投资经理/财务审计经理	附录 7 表 31 附录 3 表 7	6＋1

6.2.24 债券退让/转让—支付费用

企业若资金紧缺想要回收资金，对债券投资可以选择退让或转让的方式提前回收投资资金。债券退让是将债券退让给教师；债券转让是在企业之间进行。债券退让和转让都会产生交易费用。

操作方法

6.2.24.1 角色表格

投资经理：进行债券退让需要填写附录 7 表 30"债券退让—转让接收表"，如表 6－75 所示。

表 6－75 债券退让/转让

年份	分类		债券退让				债券转让			
	债券品种	年收益率(%)	接收额	退让额	退让费	退让收入	转让额	接收额	转让费	转让收入
第一年	一年期	10								
	二年期	12								
	三年期	15								
	四年期	18								

填表说明：

（1）债券退让有两种情况：①债券到期自动退让，无须支付退让费用，且债券投资额作为退让收入全额回收；②债券提前退让，需支付退让费用，退让费=退让额×交易费用率，退让收入即退让额。

（2）债券转让分为本公司将债券转让给其他公司、接受其他公司的债券转让两种情况。其中，债券转让的手续费由单方支付或双方协商确定支付方。

债券转让手续费=债券转让额×交易费用率

债券转让费用=债券转让手续费+债券转让额（转让额支付给转让公司作为转让收入）

债券接收额和转让收入的数额均与债券转让额相等。

财务审计经理：需要填写附录3表7“公司经费使用表”中有关债券转让、退让的栏目信息，如表6-76所示。

表6-76 债券转让/退让

项目	数额
债券转让费(-)	0
债券转让收入(+)	0
债券退让费(-)	0
债券退让收入(+)	0

6.2.24.2 角色盘面

财务审计经理：根据投资经理的债券退让或债券转让操作，从“总经费”中支出相应的数额交给投资经理。

投资经理：先从财务审计经理处领取相应的“债券转让费”或“债券退让费”放置在相应的盘面上，如图6-30所示；然后将相应的转让或退让的债券资金收入放入“总经费”中。

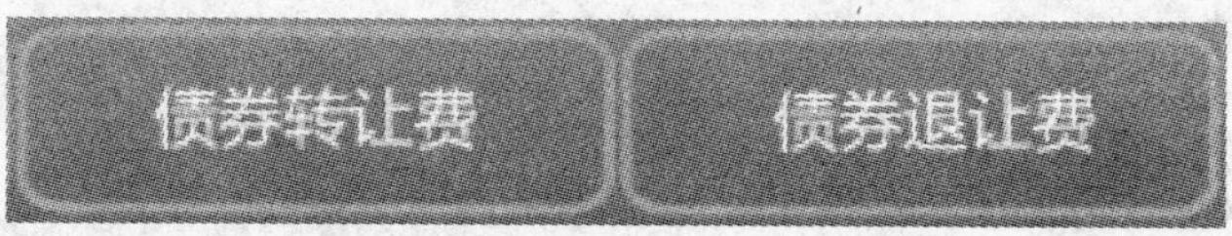

图6-30 债券转让费与债券退让费

6.2.24.3 流程表

总经理：投资经理与财务审计经理核对相应的费用后报送总经理，总经理在流程表“债券退让/转让—支付费用”一栏中填入相关费用数额，如表6-77所示。

表 6－77　流程表记录

	操作流程	角色分工	填写表格	第一年
24	债券退让/转让－支付费用	投资经理/ 财务审计经理	附录 7 表 30 附录 3 表 7	0

6.2.25　股权退让/转让—支付费用

企业若资金紧缺想要回收资金，对股权投资可以选择退让或转让债券的方式提前回收投资资金。债券退让是将股权退让给教师；债券转让是在企业之间进行。股权退让和转让都会产生交易费用。

操作方法

6.2.25.1　角色表格

投资经理：进行股权退让需要填写附录 7 表 32“股权退让—转让接收表”，如表 6－78 所示。

表 6－78　股权退让/转让

年份	分类		股权退让		股权转让			股权接收
	股权证编号	面值	退让费	退让收入	转让额	转让费	转让收入	接收额
第一年								

填表说明：

(1)股权退让费：是在企业将股权证退让给市场的过程中产生的，退让费用由退让企业承担。

股权退让费＝股权证面值×交易费用率

(2)股权退让收入：为该股权证的面值。

(3)股权转让费：是在企业与企业之间转让股权证的过程中产生的，转让费由转让双方协商而定，最终由一方承担。

股权转让手续费＝股权证面值×交易费用率

(4)股权转让收入：为该股权证的面值。

财务审计经理：投资经理在股权退让或转让的操作完成后报送财务审计经理，财务审计经理需要填写附录 3 表 7“公司经费使用表”中有关股权转让、退让的栏目信息，如表 6－79 所示。

表 6-79 股权转让/退让

项目	数额
股权转让费(-)	0
股权转让收入(+)	0
股权退让费(-)	0
股权退让收入(+)	0

6.2.25.2 角色盘面

投资经理:进行股权证的转让或退让,需要从财务审计经理处领取相应的“股权转让费”或“股权退让费”,放置在盘面相应处,如图 6-31 所示。若是股权证退让,则支付相应的“股权退让费”后,将“股权投资”处退让的股权证交给教师,并从教师处取回与“股权证”面值相应的投资资金;若是股权证转让,如需支付相应的“股权转让费”,支付费用后,将“股权投资”处相应转让的股权证交给对方公司,并从对方公司取回与“股权证”面值相应的投资资金。投资经理取回投资资金后,将投资资金交给财务审计经理。

财务审计经理:从投资经理处取回投资资金,放入“总经费”中。

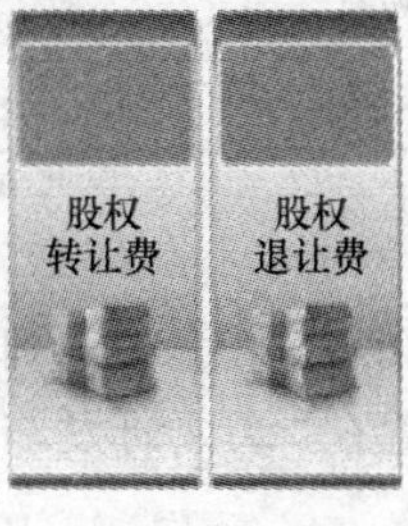

图 6-31 股权退让/转让费放置处

6.2.25.3 流程表

总经理:投资经理与财务审计经理完成股权退让/转让的相关操作后核对相应的报表,并报送总经理,总经理在流程表“股权退让/转让—支付费用”一栏中填入相应数额,如表 6-80 所示。

表 6-80 流程表记录

操作流程		角色分工	填写表格	第一年
25	股权转让/退让-支付费用	投资经理/ 财务审计经理	附录 7 表 32 附录 3 表 7	0

6.2.26 人员紧急招聘(可随时进行)

在企业管理决策沙盘模拟运营中,企业可能会发生人员不足的情况,导致企业的战略规划无法正常执行,此时就需要进行人员紧急招聘,但相应的招聘成本会远远高于正常招聘,因此,企业在年初时要尽可能地制定正确的人员招聘计划,避免人员紧急招聘带来的高成本支出。

操作方法

6.2.26.1 角色表格

人力资源经理:企业在进行人员紧急招聘时,需要填写附录4表15"人力成本表"中相关栏目的信息,未进行人员的紧急招聘则在"人数"栏填入"0",如表6-81所示。

表6-81 人员招聘

年份	人员类型	招聘类型	人数	人均人力成本	人力成本小计
第一年	生产人员	紧急招聘	0	9	0
	管理人员	紧急招聘	0	15	0
	销售人员	紧急招聘	0	12	0
	服务人员	紧急招聘	0	9	0

6.2.26.2 角色盘面

人力资源经理:紧急招聘确认操作后,从教师处领取"人员类型"的标识,根据"人员类型"的不同分别放置在"认证研发与营销中心"和"生产与库存中心"处。

6.2.26.3 流程表

总经理:人力资源经理完成紧急招聘的操作后报送总经理,总经理在流程表"人员紧急招聘"一栏中打"√",若未进行人员紧急招聘打"×",如表6-82所示。

表6-82 流程表记录

操作流程		角色分工	填写表格	第一年
26	人员紧急招聘	人力资源经理	★附录4表13	×

6.2.27 人力成本支付

在企业管理决策沙盘模拟运营中,是以运营年的形式进行操作的,人力成本也是以运营年的形式进行支付。

操作方法

6.2.27.1　角色表格

人力资源经理:需要对附录4 表15“人力成本表”中各类人员的招聘类型分别进行人力成本的统计,如表6－83 所示。

表6－83　人力成本表

年份	人员类型	招聘类型	人数	人均人力成本	人力成本小计
第一年	生产人员	正常招聘	2	3	6
		紧急招聘	0	9	0
	管理人员	正常招聘	2	5	10
		紧急招聘	0	15	0
	销售人员	正常招聘	4	4	16
		紧急招聘	0	12	0
	服务人员	正常招聘	4	3	12
		紧急招聘	0	9	0

财务审计经理:根据人力资源经理的统计,从“总经费”中支出相应的人力成本经费,并在附录3 表7“公司经费使用表”中的“人力成本”一栏中填入相应的数额,如表6－84 所示。

表6－84　人力成本

项目	第一年
人力成本(－)	44

6.2.27.2　角色盘面

财务审计经理:根据人力资源经理报送的人力成本总额,从“总经费”中支出相应的数额交给人力资源经理。

人力资源经理:从财务审计经理处取得相应的人力成本总额后,将“生产人员”与“管理人员”的人力成本交给生产运输经理,由生产运输经理进行分配;将“销售人员”与“服务人员”的人力成本交给市场营销经理,由市场营销经理进行分配。

6.2.27.3　流程表

总经理:人力资源经理与财务审计经理核对人力成本报表后报送总经理,

由总经理在流程表“人力成本支付”一栏中填入相应的数额，如表 6 - 85 所示。

表 6 - 85　流程表记录

操作流程		角色分工	填写表格	第一年
27	人力成本支付	人力资源经理/ 财务审计经理	附录 4 表 15 附录 3 表 7	44

6.2.28　人员解聘—支付解聘费

在企业管理决策沙盘模拟运营中，企业应根据市场情况与企业战略及时调整相应的人力资源配置，做好人力资源的长远规划，尽可能地避免人员解聘产生的人力资源成本支出。对人员解聘应当提前做好规划，避免突然的人员调整产生的人力资源成本支出。

操作方法

6.2.28.1　角色表格

人力资源经理：对各类人员进行解聘需要填写附录 4 表 14“人员解聘表”中相关栏目的信息，如表 6 - 86 所示；还需要填写附录 4 表 13“人员招聘及变动表”中的“解聘人数”，如表 6 - 87 所示。

表 6 - 86　人员解聘

年份	人员	单位解聘费用	解聘人数	解聘费用合计
第一年	生产人员	1	0	0
	管理人员	2	0	0
	销售人员	1	0	0
	服务人员	1	0	0
	合计		0	0

表 6 - 87　人员变动

年份	人员	解聘人数
第一年	生产人员	0
	管理人员	0
	销售人员	0
	服务人员	0
	合计	0

财务审计经理:在人力资源经理填写相关报表后需支付相应的解聘费,并在附录3表7“公司经费使用表”中的“员工解聘费”一栏中填入相应的数额,如表6-88所示。

表6-88 员工解聘费

项目	第一年
员工解聘费(-)	0

6.2.28.2 角色盘面

财务审计经理:人员解聘后,需从“总经费”中支付相应的费用放置在盘面“解聘费用”处,如图6-32所示。

图6-32 解聘费用放置处

6.2.28.3 流程表

人力资源经理:人力资源经理与财务审计经理将人员解聘相关事宜操作完成后核对相应报表并报送总经理,由总经理在流程表“人员解聘—支付解聘费”一栏中填入相应的数额,如表6-89所示。

表6-89 流程表记录

操作流程		角色分工	填写表格	第一年
28	人员解聘-支付解聘费	人力资源经理/财务审计经理	附录4表13,表14 附录3表7	0

6.2.29 生产线转产—支付转产费

在企业管理决策沙盘模拟运营中,企业为了灵活地运用生产线生产产品,以应对市场对产品需求的变化,在各年年末进行生产线的转产,但是,并非所有的生产线都可以转产,只有具备两种及两种以上产品生产能力的生产线才可进行转产活动。在转产过程中会产生一些额外的成本;同时,转产可能会给企业带来新的市场机遇,也有可能造成企业某类产品的大量积压。

操作方法

6.2.29.1 角色表格

生产运输经理:进行生产线的转产操作,并同时在附录5表18"转产费用记录表"中填写相关转产记录,如表6-90所示。

表6-90 生产线转产

项目		第一年		
生产线编号	生产线类型	原生产种类	现生产种类	转产费用

填表说明:

(1)产品的转产应在生产线所具备的产品生产能力范围内进行。

(2)当年进行转产操作,需至下一年才可进行正常的生产。

财务审计经理:生产运输经理完成转产操作后需与财务审计经理进行沟通,以便财务审计经理在附录3表7"公司经费使用表"中进行相关的费用记录。如表6-91所示,财务审计经理需要在"生产线转产费"一栏中填入相应的数额。

表6-91 生产线转产费

项目	第一年
生产线转产费(-)	0

6.2.29.2 角色盘面

财务审计经理:根据生产运输经理报送的转产费用,从"总经费"中支出相应的数额放置在"转产费用"处,如图6-33所示。

图6-33 转产费用放置处

生产运输经理:在进行生产线的转产后,生产运输经理到教师处换取生产线转产后的“产品标识”,如图 6－34 所示。

图 6－34 产品标识

6.2.29.3 流程表

总经理:生产运输经理与财务审计经理完成生产线转产的操作并核对相应的报表后报送总经理,由总经理在流程表“生产线转产—支付转产费”一栏中填入相应的数额,如表 6－92 所示。

表 6－92 流程表记录

操作流程		角色分工	填写表格	第一年
29	生产线转产－支付转产费	生产运输经理/ 财务审计经理	附录 5 表 18 附录 3 表 7	0

6.2.30 固定资产出售/退租

在企业管理决策沙盘模拟运营中,企业可以根据实际情况处理相应的固定资产,包括出售现有的固定资产(厂房、生产线)、退租相应的固定资产(厂房)。

操作方法

6.2.30.1 角色表格

总经理:在对厂房进行处理时,需要填写附录 2 表 3“厂房配置记录表”中相关栏目的信息。租赁的厂房不属于公司的固定资产,只能进行退租处理,若要退租则在“退租”一栏中打“√”;若不进行任何操作,则视为继续租用该厂房,如表 6－93 所示。在处理生产线时,生产线为公司自行购买,只能将其进行出售处理,需要填写附录 2 表 5“生产线购置统计表”中相关栏目的信息,未对两条生产线进行出售处置时,出售收入为“0”,如表 6－94 所示。

表 6-93 厂房配置处理

厂房类型	项目	第一年
大厂房	净值	0
	出售收入	0
	退租(√)	
小厂房	净值	0
	出售收入	0
	退租(√)	

填表说明：

(1)净值：为厂房使用未达到期限时，该厂房可出售的价值，同时也是固定资产统计的一项数据。

净值 = 购置费 - 已折旧额累计

(2)出售收入：为该厂房出售时的收入额，分为两种情况：①厂房使用未到年限时出售，以净值出售；②厂房已到使用年限，以该厂房的残值出售。

(3)退租：公司可根据需要对已租赁的厂房进行退租操作，即不再支付租赁费，不再使用该厂房，但是退租前必须保证厂房内已无任何生产线。

表 6-94 生产线出售

项目	第一年					
生产线编号	B01	C01				
生产线类型	B	C				
净值	11	16				
出售收入	0	0				

填表说明：

(1)净值：净值 = 购置费 - 已折旧额累计

(2)出售收入：为生产线出售时的收入额，主要分为两种情况：①生产线使用未到年限时出售，以净值出售；②生产线已到使用年限，以残值出售。

财务审计经理：财务审计经理与总经理核对相应的报表后需要在附录 3 表 7"公司经费使用表"中的"厂房/生产线出售收入"一栏中填入相应的收入额，如表 6-95 所示。

表 6-95 厂房/生产线出售收入

项目	第一年
厂房/生产线出售收入(+)	0

6.2.30.2 角色盘面

总经理:若进行固定资产的退租或出售,需将已处置的固定资产的标识退还给教师;若进行固定资产的出售,还需将从教师处领取出售收入后放置在“总经费”处。

6.2.30.3 流程表

总经理:对固定资产进行出售/退租处理后,总经理可在流程表“固定资产出售/退租”一栏中填入相应的数额,如表 6-96 所示。

表 6-96 流程表记录

操作流程		角色分工	填写表格	第一年
30	固定资产出售/退租	总经理/财务审计经理	附录 2 表 3,表 5 附录 3 表 7	0

6.2.31 固定资产维护/支付维护费

在企业管理决策沙盘模拟经营中,每年年末都需要对厂房和生产线进行相应的维护,以便来年能够正常使用。

操作方法

6.2.31.1 角色表格

总经理:在进行生产线的维护时,总经理需要对附录 2 表 5“生产线购置统计表”中有关生产线的项目进行相应的维护并提出维护费数额,如表 6-97 所示。

表 6-97 生产线维护

项目	第一年					
生产线编号	B01	C01				
生产线类型	B	C				
维护费	1	2				

财务审计经理:核对总经理报送的生产线维护费,在附录 3 表 7“公司经费使用表”中的“生产线维护费”一栏中填入相应的数额,如表 6-98 所示。

表 6-98 生产线维护

项目	第一年
生产线维护费(-)	3

6.2.31.2 角色盘面

财务审计经理:对生产线维护费进行审核后,从"总经费"中支出相应的数额放置在"生产线维护"处,如图6-35所示。

图6-35 生产线维护费放置处

6.2.31.3 流程表

总经理:总经理与财务审计经理核对生产线维护费后,总经理需要在流程表"固定资产维护-支付维护费"一栏中填入相应的数额,如表6-99所示。

表6-99 流程表记录

操作流程		角色分工	填写表格	第一年
31	固定资产维护-支付维护费	总经理/财务审计经理	附录2表5 附录3表7	3

6.2.32 固定资产折旧

在企业管理决策沙盘模拟运营中,企业购置的固定资产每年都会有折旧。何时购入固定资产,使其发挥最大效用也是总经理进行决策的重点。固定资产按照平均使用年限进行折旧,每年的折旧额相等,待固定资产折旧年限期满后,该固定资产就不可继续使用,只有考虑出售。

操作方法

6.2.32.1 角色表格

总经理:每年需要对固定资产折旧进行记录,以便于后续工作的进行。在进行固定资产折旧操作的同时,需要对附录2表3"厂房配置记录表"和附录3表5"生产线购置统计表"中的相应栏目进行记录,如表6-100和表6-101所示。

表 6－100 厂房折旧

厂房类型	项目	第一年
大厂房	折旧额	0
	已折旧额累计	0
小厂房	折旧额	0
	已折旧额累计	0

填表说明：

(1)折旧额：当期该厂房的折旧额，从厂房购买当年开始计提折旧。

(2)已折旧额累计：至当期为止，该厂房已经计提折旧额的合计。

表 6－101 生产线折旧

项目	第一年					
生产线编号	B01	C01				
生产线类型	B	C				
折旧额						
已折旧额累计						

填表说明：

(1)折旧额：当年生产线的折旧额，生产线建成的当年开始计提折旧。

(2)已折旧额累计：该生产线已经计提折旧额的合计。

6.2.32.2 角色盘面

总经理：进行固定资产折旧时，总经理需从固定资产对应的净值处支出相应的折旧费，分别放置在“固定资产折旧”的“厂房折旧”与“生产线折旧”处，如图 6－36 所示。

图 6－36 固定资产折旧费放置处

6.2.32.3 流程表

总经理：完成固定资产折旧的操作后，总经理需在流程表“固定资产折旧”

一栏中填入相应的数额,如表 6-102 所示。

表 6-102　流程表记录

操作流程		角色分工	填写表格	第一年
32	固定资产折旧	总经理	附录 2 表 3,表 5	8

6.2.33　缴纳企业所得税

在企业管理决策沙盘模拟运营中,企业若获得了一定的经营利润并达到了缴税的标准,则需向国家税务部门缴纳相应的企业所得税。

操作方法

6.2.33.1　角色表格

财务审计经理:根据当年企业经营报表计算出当年所需支付的企业所得税,并在附录 3 表 7“公司经费使用表”中的“企业所得税”一栏中填入相应的数额。如表 6-103 所示。

表 6-103　企业所得税

项目	第一年
企业所得税(-)	1

6.2.33.2　角色盘面

财务审计经理:根据计算出的当年企业所得税,从“总经费”中支出相应的数额放置在“企业所得税”处,如图 6-37 所示。

图 6-37　企业所得税放置处

6.2.33.3　流程表

总经理:财务审计经理在完成企业所得税缴纳的操作后报送总经理,总经理需要在流程表“缴纳企业所得税”一栏中填入相应的数额,如表 6-104 所示。

表 6－104 流程表记录

操作流程		角色分工	填写表格	第一年
33	缴纳企业所得税	财务审计经理	附录 3 表 7	1

6.2.34 提取盈余公积金

在企业管理决策沙盘模拟运营中，企业分配当年税后利润时，应当提取利润的 10% 列入公司的盈余公积金。

操作方法

6.2.34.1 角色表格

财务审计经理：计算出当年的税后利润后，在附录 3 表 12“资产负债表”中的“盈余公积金”一栏中填入相应的数额，如表 6－105 所示。

表 6－105 盈余公积金

项目	第一年
盈余公积金	4

6.2.34.2 角色盘面

财务审计经理：根据计算出的企业税后利润，从“总经费”中支出相应的盈余公积金数额，放置在盘面“盈余公积金”处，如图 6－38 所示。

图 6－38 盈余公积金放置处

6.2.34.3 流程表

总经理：财务审计经理计算出当年的盈余公积金后报送总经理，总经理需要在流程表中的“提取盈余公积金”一栏中填入相应的数额，如图 6－106 所示。

图 6－106　流程表记录

操作流程		角色分工	填写表格	第一年
34	提取盈余公积金	财务审计经理	附录 3 表 12	4

6.2.35　支付分红

在企业管理决策沙盘模拟运营中，企业规模不断扩大，盈利逐步提升或稳定在某一水平上，具备上市资格后，总经理可作出公司上市的决策，并通过发行股票筹集更多的公司运营资金。当然，公司也要支付一定的分红分配给股民，以便扩大股票的发行。

操作方法

6.2.35.1　角色表格

投资经理：根据股票的发行数量与股票发行时确定的分红水平发放分红，并填写附录 7 表 27“股票发行及分红表”中相应栏目的信息，如表 6－107 所示。

表 6－107　分红发放

年份 / 指标类型	创业板上市年	A 股上市年
被认购数量		
每股分红		
分红		

财务审计经理：需要在附录 3 表 7“公司经费使用表”中的“分红”一栏中填入相应的数额，如表 6－108 所示。

表 6－108　分红

项目	第一年
分红（－）	0

6.2.35.2　角色盘面

财务审计经理：根据每股分红与发行股票的数量计算出需要发放分红的总额，并从“总经费”中支出这部分资金放置在盘面“分红”处，如图 6－39 所示。

图 6－39 分红放置处

6.2.35.3 流程表

总经理:投资经理与财务审计经理完成股利支付事项的操作后报送总经理,总经理需要在流程表“支付股利”一栏中填入相应的数额,如表 6－109 所示。

表 6－109 流程表记录

操作流程		角色分工	填写表格	第一年
35	分红	投资经理/财务审计经理	附录 7 表 27 附录 3 表 7	0

6.2.36 风险退出

在企业管理决策沙盘模拟运营中,当企业成功 IPO 上市后,通过发行股票筹集资金,此时要求风险投资根据公司融资后的股权总额,按照股权比例获取资金并退出。

操作方法

6.2.36.1 角色表格

投资经理:根据风险投资者的股权比率与当年所有者权益计算出风险退出金,并填写附录 7 表 25“风险投资表”中相关项目的信息,如表 6－110 所示。

表 6－110 风险投资表

项目	第一年
股权比率(%)	
所有者权益	
风险退出金	

填表说明：

(1)股权比率 = 风险投资基金/(上年度所有者权益 + 风险投资基金)

(2)所有者权益:参照附录3表12“资产负债表”。

(3)风险退出金 = 股权比率 × 所有者权益(退出当年)

财务审计经理:需要在附录3表7“公司经费使用表”中的“风险退出金”一栏中填入相应的数额,如表6－111所示。

表6－111 风险退出金

项目	第一年
风险退出金(－)	0

6.2.36.2 角色盘面

财务审计经理:风险投资退出时,需要从“总经费”中支出相应的数额交给教师。

6.2.36.3 流程表

总经理:投资经理与财务审计经理审核风险退出的相关报表后报送总经理,总经理需要在流程表“风险退出”一栏中填入相应的数额,如表6－112所示。

表6－112 流程表记录

操作流程		角色分工	填写表格	第一年
36	风险退出	投资经理/ 财务审计经理	附录7表25 附录3表7	0

6.3 年末操作

在企业管理决策沙盘模拟经营中,年末操作的工作一般是对公司一年中的经营活动进行汇总,做好这项工作有助于下一年公司经营决策与发展计划的制订。

6.3.1 年末资金支出合计

一年的经营活动结束后,财务审计经理需要对公司本年度的各项费用进行审核统计,分析公司各项成本收益状况,及时反馈给各部门经理。这些工作有利于提升下一年度公司财务预算的准确性。

操作方法

6.3.1.1 角色表格

财务审计经理:需要对一年中的各项收入进行统计,填写附录3 表9“销售与金融投资收入表”中的相关收入项目,如表6 – 113 所示;还需要统计并计算除生产产品外企业经营所支付的其他各项费用之和,并填写附录3 表10“综合费用表”中的各项费用数额,如表6 – 114 所示。各项收入和费用统计审核完成后进行汇总,并在附录3 表7“公司经费使用表”中“年末总经费支出合计”一栏中填入汇总数额,如表6 – 115 所示。

表6 – 113 销售与金融投资收益

收入方式	第一年
信托收益	0
债券收益	0
股权收益	0
产品销售收入	224
产品清仓收入	8
固定资产出售收入	0
收入合计	232

表6 – 114 综合费用

股票发行费	市场开拓费	ISO认证费	产品研发费	厂房租赁费	生产线搬迁费	生产线转产费	生产线维护费	运输费用	产品服务费	人员解聘费	合计
0	6	3	6	10	0	0	3	29	9	0	66

表6 – 115 年末总经费支出合计

年末总经费支出合计	251

6.3.1.2 流程表

总经理:财务审计经理统计企业当年的财务数据后报送总经理,总经理需要在流程表“年末资金支出合计”一栏中填入相应的数额,如表6 – 116 所示。

表6 – 116 流程表记录

操作流程		角色分工	填写表格	第一年
年末	年末资金支出合计	财务审计经理	附录3 表7,表9,表10	251

6.3.2 年末资金余额对账

年末资金余额一般来说就是下一年度企业开始运营时的初始资金。统计和掌握年末资金余额,有利于对下一年度的企业经营活动提早进行相应的战略规划预测。

操作方法

6.3.2.1 角色表格

财务审计经理:对公司当年所有的收入与支出进行统计、核对,需得出本年度企业经营活动结束后所剩余的总经费,并在附录3 表7"公司经费使用表"中"年末剩余总经费"一栏中填入相应的数额,如表6-117 所示。

表6-117 年末剩余总经费

年末剩余总经费	161

6.3.2.2 角色盘面

财务审计经理:需要对"总经费"中的数额进行核对,如图6-40 所示。

图6-40 公司总经费

6.3.2.3 流程表

总经理:财务审计经理核对剩余的总经费后报送总经理,总经理需要在流程表"年末资金余额对账"一栏中填入相应的数额,如表6-118 所示。

表6-118 流程表记录

操作流程		角色分工	填写表格	第一年
年末	年末资金余额对账	财务审计经理/总经理	附录3 表7	161

6.3.3 提交利润表、资产负债表、评分表

为了方便教师对各公司经营状况进行分析,各公司在最后一年的经营结束后需要填写各项财务报表,并将报表提交给教师。各项财务报表不但有助于教师对公司的经营状况进行分析比较,同时也有助于学生对公司的各项经营策略进行分析,发现优势和劣势,以利于积累企业管理决策的实践经验。

操作方法

6.3.3.1 角色表格

财务审计经理:需要在其他各部门经理的配合下,计算企业经营活动的各项成本支出、营业收入,填写附录 3 表 11“利润表”和附录 3 表 12“资产负债表”,如表6－119和表 6－120 所示。

表 6－119 利润表

项目	第一年
一、总收入	232
减:直接生产成本	77
人力成本	44
投资交易费用	2
二、毛利	109
减:综合费用	66
当年折旧	8
金融投资资产减值损失	0
三、息税前利润	35
减:财务费用	0
四、利润总额	35
减:企业所得税	1
五、净利润	34

表 6－120 资产负债表

项目	第一年
1. 资产	
1.1 流动资产:	

续表

项目	第一年
货币资金	161
流动资产合计	161
1.2 非流动资产：	
固定资产净值	27
债券资产	10
银行信托资产	10
股权资产	6
非流动资产合计	53
资产总计	214
2. 负债	
长期贷款	80
短期贷款	0
紧急融资	0
负债总计	80
3. 所有者权益	
实收资本	100
资本公积金	0
盈余公积金	4
现金股利	0
未分配利润	30
所有者权益总计	134
负债及所有者权益总计	214
资产负债率(%)	37.38

总经理：根据相应的公式计算出所有者权益、净利润，并最后计算出公司相应的总评分，填写附录 2 表 6“总评分表”，如表 6－121 所示。

表 6－121　总评分表

年份	所有者权益	利润总额	资产利润率(%)	总评分
第一年				

6.3.3.2 流程表

总经理:总评分表填写完成后,由总经理在流程表“提交利润表、资产负债表、评分表”一栏中打“√”,如表 6-122 所示。

表 6-122 流程表记录

操作流程		角色分工	填写表格	第一年
年末	提交利润表/资产负债表/评分表	财务审计经理/总经理	附录 3 表 11,表 12 附录 2 表 6	√

7

经营成果分析与点评

在企业管理决策沙盘模拟过程中,经过 2~3 年的经营,各个模拟企业之间就会产生一定的差异。当第 6 年经营结束的时候,有些模拟企业已经倒闭了。同样的初始状况,为什么会产生不同的结果呢?这是学生在经营过程中直至经营结束后一直需要考虑的问题。本章将从项目总指标、项目清偿能力和项目盈利能力三个方面对企业的经营成果进行分析。

7.1 项目总指标

在企业管理决策沙盘模拟过程中,通过项目总指标对各组的经营结果进行排名、比较。本节主要介绍企业管理决策的总评分公式及其内容。

总评分 = 所有者权益 ×(1 + 资产利润率)

7.1.1 所有者权益

所有者权益是指企业资产扣除负债后由所有者享有的剩余权益,包括实收资本(或股本)、资本公积、盈余公积和未分配利润;所有者权益在股份制企业又称为股东权益。所有者权益是企业投资人对企业净资产的所有权,所有者权益受总资产和总负债变动的影响而发生增减变动。

7.1.1.1 所有者权益的含义

所有者权益的含义体现在以下五个方面:

(1)所有者权益是企业投资人对企业净资产的所有权,包括所有者对投入资产的所有权、使用权、处置权和收益分配权。但所有者权益是一种剩余权益,只有负债的要求权得到清偿以后,所有者权益才能够被清偿。

(2)所有者权益体现为所有者以其出资额的比例分享企业利润;与此同时也必须以其出资额的比例承担企业的经营风险。

(3)所有者权益意味着所有者有法定的管理企业和委托他人管理企业的权力,但这种权力来自投资者投入的可供企业长期使用的资源。

(4)所有者权益具有长期的特性。所有者权益作为剩余权益并不存在确切的、约定的偿付期限。

(5)所有者权益的计量具有间接性。所有者权益除了投资者投入资本能够直接计量外,在企业存续期内任一时点都不是直接计量的,而是通过计量资产和负债间接计量的。

7.1.1.2 所有者权益的构成

所有者权益由以下四部分内容构成:

(1)实收资本:是指投资者实际投入企业开展经营活动的资本金,形态上表现为各种财产物资,即国家、集体、个人和法人资本。

(2)公积金:是指企业为了增强自身的经济实力和应付经营不测而必须保留的资本额,也称为准资本,包括资本公积和盈余公积两部分。

①资本公积金是指由投入资本本身所引起的各种增值。它与生产经营活动无直接关系。资本公积金包括股本溢价、法定财产重估增值、接受捐赠的资产价值和资本汇率折算差额等。

②盈余公积金是指企业从净利润中提取的公积金,包括法定盈余公积和任意盈余公积以及公益金。

资本公积金、盈余公积金,可按照规定的程序转增资本金;法定盈余公积和任意盈余公积也可以弥补企业亏损,在特殊情况下经批准还可以发放股利。

(3)公益金:是指企业从净利润中提取的专门用于职工集体福利方面的准备金。

(4)未分配利润:是指企业留待以后年度分配的利润。

7.1.1.3 所有者权益的经济内容

所有者权益的经济内容包含以下三个部分:

(1)投入资本:是指所有者在企业注册资本的范围内实际投入的资本,即企业在设立时向工商行政管理部门登记的资本总额,也就是全部出资者设定的出资额之和。企业对资本的筹集,应当按照法律、法规、合同和章程的规定进行。如果是一次筹集,投入资本即为注册资本;如果是分期筹集,在所有者最后一次缴入资本以后,投入资本等于注册资本。注册资本是企业的法定资本,是企业承担民事责任的财力保证。

在不同类型的企业中,投入资本的表现形式有所不同。在股份有限公司,投入资本表现为实际发行股票的面值,也称为股本;在其他企业,投入资本表现为所有者在注册资本范围内的实际出资额,也称为实收资本。投入资本表现为企业经营活动的各种财产物资,包括国家投资、法人投资、个人投资和外商投资。国家投资是有权代表国家投资的部门或者机构以国有资产投入企业的资本;法人投资是企业法人或其他法人单位以其依法可以支配的资产投入企业的资本;个人投资是社会个人或者本企业内部职工以其合法的财产投入企业所形成的资本;外商投资是国外投资者以及我国香港、澳门和台湾地区投资者投入的资本。

投入资本按照投入资产的形式不同,可以分为货币投资、实物投资和无形资产投资。

(2)资本公积:是指归所有者所共有的、非收益转化而形成的资本,主要包括资本溢价(股本溢价)和其他资本公积等。资本公积通过企业非营业利润所增加的净资产,包括接受捐赠、法定财产重估增值、资本汇率折算差额和资本溢价所获得的各种财产物资。接受捐赠是指企业因接受其他部门或个人的现金或实物等捐赠而增加的资本公积;法定财产重估增值是指企业因分立、合并、变更和投资时资产评估或者合同、协议约定的资产价值与原账面净值的差额;资本汇率折算差额是指企业收到外币投资时由于汇率变动而发生的汇兑差额;资本溢价是指投资人缴付的出资额超出其认缴资本金的差额,包括股份有限公司发行股票的溢价净收入及可转换债券转换为股本的溢价净收入等。

(3)留存收益:是指归所有者所共有的、由收益转化而形成的所有者权益,主要包括法定盈余公积和未分配利润。盈余公积是指企业从税后净利润中提取的公积金,按规定可用于弥补企业亏损,也可按法定程序转增资本金,法定公积金提取率为10%;未分配利润是本年度所实现的净利润经过利润分配后所剩余的利润,等待以后分配。如果未分配利润出现负数时,即表示年末的未弥补的亏损,应由以后年度的利润或盈余公积给予弥补。

7.1.2 资产利润率

资产利润率又称投资盈利率、资产所得率、资产报酬率和企业资金利润率,是反映企业资产盈利能力的指标,是指企业在一定时期内实现的利润与同期资产平均占用额的比率。企业资产利润率指标能促使企业全面改善生产经营管理,不断提高企业的经济效益。资产利润率的计算公式为:

资产利润率 =(利润总额/资产平均占有额)×100%

资产平均占有额 =(期初资产 + 期末资产)/2

7.2 项目清偿能力评价

7.2.1 流动比率

流动比率 = 流动资产合计/流动负债合计 ×100%

上式中,流动资产为现金,流动负债为应缴所得税与流动资金借贷(短期贷款和一年期长期贷款)之和,流动比率是流动资产对流动负债的比率,用来衡量企业流动资产在短期债务到期以前可以变为现金,用于偿还负债的能力。

一般来说,流动比率越高,说明企业资产的变现能力越强,短期偿债能力也越强;反之则弱。一般情况下,流动比率应在2:1以上。流动比率2:1,表示流动资产是流动负债的两倍,即使流动资产有一半在短期内不能变现,也能保证全部的流动负债得到偿还。

流动资产是指企业可以在一年或者超过一年的一个营业周期内变现或者

运用的资产,主要包括货币资金、短期投资、应收票据、应收账款和存货等。

流动负债也称短期负债,是指将在一年或者超过一年的一个营业周期内偿还的债务,包括短期借款、应付票据、应付账款、预收账款、应付股利、应交税金、其他暂收应付款项、预提费用和一年内到期的长期借款等。

流动比率越高,企业资产的流动性越大,但是,比率太大表明流动资产占用较多,会影响经营资金周转效率和获利能力。一般认为,合理的最低流动比率为2。

7.2.2 速动比率

速动比率 = 速动资产/流动负债 × 100%

上式中,速动资产为货币资金(现金)、交易性金融资产(一年期债券投资 + 一年期银行信托 + 一年期股权投资);速动比率为速动资产对流动负债的比率,是衡量企业流动资产中可以立即变现用于偿还流动负债的能力。

速动资产包括货币资金、短期投资、应收票据、应收账款和其他应收款项等,可以在较短时间内变现。而流动资产中存货、一年内到期的非流动资产及其他流动资产等则不应计入。

传统经验认为,速动比率维持在1:1较为正常。它表明,企业每1元的流动负债就有1元易于变现的流动资产来抵偿,短期偿债能力有可靠的保证。速动比率过低,企业的短期偿债风险较大;速动比率过高,企业在速动资产上占用资金过多,会增加企业投资的机会成本。但以上评判标准并不是绝对的,在实际工作中,应考虑企业的行业性质。例如:商品零售行业,由于采用大量现金销售,几乎没有应收账款,速动比率大大低于1:1也是合理的;相反,有些企业虽然速动比率大于1:1,但速动资产中大部分是应收账款,并不代表企业的偿债能力强,因为应收账款能否收回具有很大的不确定性。所以,在评价速动比率时,还应分析应收账款的质量。

对流动比率、速动比率的分析不能独立于流动资产周转能力的分析之外,存货、应收账款的周转效率低也会影响流动比率的实用性。所以,上述两个指标的应用应结合流动项目的构成和各流动资产的效率综合分析。

7.2.2.1 流动比率、速动比率和现金比率的特点

(1)流动比率以全部流动资产作为偿付流动负债的基础,所计算的指标是流动比率。

(2)速动比率是偿付流动负债的基础,它弥补了流动比率的不足。

速动比率同流动比率一样,反映的都是单位资产的流动性以及快速偿还到期负债的能力和水平。一般而言,流动比率为2,速动比率为1。但是实务分析中,该比率在不同的行业中往往差别非常大。

速动比率相对流动比率而言，扣除了一些流动性非常差的资产，如待摊费用，这种资产其实根本就不可能用来偿还债务；另外，考虑存货的毁损和所有权、现值等因素，其变现价值可能与账面价值的差别非常大，因此，将存货也从流动比率中扣除。这样的结果是，速动比率非常苛刻地反映了一个单位能够立即还债的能力和水平。

(3)现金比率以现金资产(货币资金+交易性金融资产)作为偿付流动负债的基础，但现金持有量过大会对企业资产利用效果产生副作用，这种指标仅在企业面临财务危机时使用，相对于流动比率和速动比率来说，其作用力度较小。

7.2.2.2 流动比率、速动比率和现金比率的相互关系

速动比率的高低直接反映企业的短期偿债能力，它是对流动比率的补充，并且比流动比率更加直观可信。如果流动比率较高，但流动资产的流动性却很低，则企业的短期偿债能力仍然不强。在流动资产中有价证券一般可以立刻在证券市场上出售，转化为现金、应收账款、应收票据和预付账款等项目，可以在短期内变现，而存货、待摊费用等项目变现时间较长，特别是存货很可能发生积压、滞销、残次和过时等情况，其流动性较差。因此，流动比率较高的企业，并不一定偿还短期债务的能力很强，而速动比率就避免了这种情况的发生。速动比率一般应保持在100%以上。

一般来说，速动比率与流动比率的比值在1:1.5左右最为合适。

上市公司资产的安全性应包括两个方面的内容：一是有相对稳定的现金流和流动资产比率；二是短期流动性较强，不至于影响盈利的稳定性。因此，在分析上市公司资产的安全性时，也应当从这两方面入手。

首先，上市公司资产的流动性越好，上市公司资产的安全性就越好。假如一个上市公司有500万的资产，第一种情况是，资产全部为设备；另一种情况是，70%的资产为实物资产，其他为各类金融资产。设想，有一天该公司资金发生周转困难，公司资产中急需一部分兑现偿债时，哪一种情况能更迅速地实现兑现呢？理所当然是后一种情况。因为流动资产比固定资产的流动性大，而更重要的是有价证券便于到证券市场上出售，各种票据也容易到贴现市场上贴现。许多公司倒闭，问题往往不在于公司资产额太小，而在于资金周转不过来，不能及时清偿债务。因此，资产的流动性就带来了资产的安全性问题。

其次，在流动性资产额与短期需要偿还的债务额之间要有一个最低的比率，如果达不到这个比率，那么，或者增加流动资产额，或者减少短期内需要偿还的债务额。流动比率要求企业的流动资产在清偿流动负债以后还有余力应付日常经营活动中的其他资金需要。根据一般经验判定，流动比率应在200%以上，这样才能保证公司既有较强的偿债能力，又能保证公司生产经营顺利进

行。在运用流动比率评价上市公司财务状况时,应注意到各行业的经营性质不同,营业周期不同,对资产流动性的要求也不一样,因此,200%的流动比率标准并不是绝对的。

流动性的资产中有两种资产形态:一种是存货,比如原材料、半成品等实物资产;另一种是速动资产,如上述的证券等金融资产。以速动资产与短期需偿还的债务额相比就是速动比率。速动比率代表企业以速动资产偿还流动负债的综合能力。速动比率通常以"(流动资产-存货)/流动负债"表示,但也有观点认为,应以"(流动资产-待摊费用-存货-预付账款)/流动负债"表示。这种观点比较稳健。流动资产中,存货变现能力较差,待摊费用是已经发生的支出,应由本期和以后各期分担,分摊期限在一年以内的各项费用根本没有变现能力,而预付账款与存货相同,因此,存货、分摊的费用以及预付账款不包括在速动资产之内。由此可见,速动比率比流动比率更能表现一个企业的短期偿债能力。一般情况下,把两者确定为1:1是比较合理的。因为一份债务有一份速动资产做保证就不会发生问题,而且合适的速动比率可以保障公司在偿还债务的同时不会影响生产经营。

7.2.3 资产负债率

资产负债率=负债总额/资产总额×100%

上式中,负债总额为长期贷款、短期贷款、应缴所得税;资产总额为现金、股权投资、债券投资、银行信托、固定资产原价-累计折旧(生产线净值+厂房净值);资产负债率是指公司年末的负债总额同资产总额的比率,即负债总额占资产总额的百分比,也就是负债总额与资产总额的比例关系。

资产负债率显示,在企业总资产中,通过借债筹集的资金所占的比例,也可以衡量企业在清算时保护债权人利益的程度。资产负债率指标反映债权人所提供的资本占全部资本的比例,也被称为举债经营比率,即表示公司总资产中通过负债筹集资金的比例。该指标是评价公司负债水平的综合指标,同时也是一项衡量公司利用债权人资金进行经营活动能力的指标,反映出债权人发放贷款的安全程度。

如果资产负债比率达到100%或超过100%,说明公司已经没有净资产或资不抵债。

7.2.3.1 资产负债率的含义

资产负债率是衡量企业负债水平及风险程度的重要标志,它包含以下各项含义:

(1)揭示出企业的全部资金来源中由债权人提供资金的比例。

(2)从债权人的角度看,资产负债率越低越好。

(3)从投资人或股东的角度看,负债比率较高可能带来一定的好处(如财务杠杆、利息税前扣除、以较少的资本或股本投入获得企业的控制权)。

(4)从经营者的角度看,他们最关心的是在充分利用借入资金为企业带来利益的同时,尽可能地降低财务风险。

(5)企业的负债比率应在不发生偿债危机的情况下尽可能择高。

(6)资产负债率的适宜水平是40%~60%。

由此可见,在企业管理中,资产负债率的高低不是一成不变的,要看从哪个角度分析,债权人、投资人(或股东)、经营者的利益追求各不相同;还要看国际国内经济大环境是顶峰回落期还是见底回升期;还要看管理层是激进者、中庸者还是保守者,所以,多年来对资本负债率并未形成一个统一的标准,但是对企业来说,资产负债率的适宜水平是40%~60%。

7.2.3.2 判断资产负债率合理性的立场

要判断资产负债率是否合理,首先要看站在哪个立场上。资产负债率指标反映债权人所提供的负债占全部资本的比例,也称为举债经营比率。

(1)债权人的立场。债权人最关心的是贷给企业的款项的安全程度,即能否按期收回贷款本金和利息。如果股东提供的资本与企业资本总额相比只占较小的比例,则企业的风险将主要由债权人负担,这对债权人来讲是不利的。因此,他们希望债务比例越低越好,企业偿债有保证,贷款给企业不会有太大的风险。

(2)股东的立场。由于企业通过举债筹措的资金与股东提供的资金在经营中发挥同样的作用,所以,股东所关心的是全部资本利润率是否超过借入款项的利率,即借入资本的代价。在企业所得的全部资本利润率超过因借款而支付的利息率时,股东所得到的利润就会加大。如果相反,运用全部资本所得的利润率低于借款利息率,则对股东不利,因为借入资本的多余的利息要用股东所得的利润份额来补偿。因此,从股东的立场看,在全部资本利润率高于借款利息率时,负债比例越大越好;反之则相反。

企业股东常常采用举债经营的方式,以有限的资本、付出有限的代价而取得对企业的控制权,并且可以得到举债经营的杠杆利益,在财务分析中也因此被人们称为财务杠杆。

(3)经营者的立场。如果举债很多,超出债权人的心理承受程度,企业就借不到钱。如果企业不举债,或负债比例很小,说明企业畏缩不前,对前途信心不足,利用债权人资本进行经营活动的能力很差。从财务管理的角度看,企业应当审时度势,全面考虑,在利用资产负债率制定借入资本决策时,必须充分估计预期的利润和提高负债率的风险,在二者之间权衡利害得失,作出正确决策。

7.2.3.3 阅读和分析资产负债表的基本要求

资产负债表是企业财务报告三大主要财务报表之一,选用适当的方法和指标阅读报表,分析企业的资产负债表,以正确评价企业的财务状况和偿债能力,对于一个理性的或潜在的投资者而言是极为重要的。在阅读及分析资产负债表之前,应了解以下三个方面的情况:

(1)了解资产负债表的性质,了解资产负债表可以向公众揭示哪些方面的信息。具体来说,资产负债是一种静态的、反映企业在一定日期(即某一时点上)的财务状况的财务报表,它除了直接反映在报表编制日企业所掌握或拥有的经济资源(资产)、所负担的债务以及股东在企业中应享有的权益外,还可以通过对报表中的有关资料进行处理,间接地反映企业的财务结构是否健全合理以及偿债能力高低等多方面的情况。

(2)了解一些与该企业有关的背景资料,如企业的性质、经营范围、主要产品、财税制度和政策及其变化、全年度中所发生的一些重大事项等。除此之外,还要了解一些国家的宏观经济政策,如产业政策、金融、财会制度和税收等方面的变化。

(3)了解和掌握一些基本的分析方法。在对财务报表进行基础分析时,最常用且最便捷有效的方法不外乎结构分析法、趋势分析法和比率分析法三种。关键是要能够熟练并综合地运用这些方法,分析企业财务报表中那些貌似孤立、单一的信息,其中,最不容易掌握的是选择何种标准评价注册会计师或自己已经获取或处理过的那些信息。

7.2.4 利息保障倍数

$$利息保障倍数 = 息税前利润/利息费用 \times 100\%$$

$$息税前利润 = 净销售额 - 营业费用$$

$$利息费用 = (净利润 + 所得税 + 利息)/利息 \times 100\%$$

上式中,利息保障倍数又称已获利息倍数(或者称其为企业利息支付能力比较容易理解),是指企业生产经营所获得的息税前利润与利息费用的比率(企业息税前利润与利息费用之比)。它是衡量企业支付负债利息能力的指标(用以衡量偿付借款利息的能力)。企业生产经营所获得的息税前利润与利息费用相比,倍数越大,说明企业支付利息费用的能力越强。因此,债权人要分析利息保障倍数指标,以此衡量债权的安全程度。

利息保障倍数的重点是衡量企业支付利息的能力,没有足够多的息税前利润,利息的支付就会发生困难。

利息保障倍数不仅反映了企业获利能力的大小,而且反映了获利能力对偿还到期债务的保证程度,它既是企业举债经营的前提依据,也是衡量企业长期偿债能力大小的重要标志。要维持正常的偿债能力,利息保障倍数至少应大于1,且比值越高,企业长期偿债能力越强。如果利息保障倍数过低,企业将面临亏损、偿债的安全性与稳定性下降的风险。

为了考察企业偿付利息能力的稳定性,一般应计算5年或5年以上的利息保障倍数。保守起见,应选择5年中最低的利息保障倍数值作为基本的利息偿付能力指标。

关于利息保障倍数的计算,需注意以下问题:

(1)根据损益表对企业偿债能力进行分析,作为利息支付保障的"分子",应当有经常收益。

(2)特别项目(如火灾损失等)、停止经营、会计方针变更的累计影响。

(3)利息费用不仅包括作为当期费用反映的利息费用,还应包括资本化的利息费用。

(4)未收到现金红利的权益收益,可考虑予以扣除。

(5)当存在股权少于100%但需要合并的子公司时,少数股权收益不应扣除。

7.2.5 现金流量比率

现金流量比率 = 当年净现金流量/负债总额 × 100%

现金流量比率用于衡量企业经营活动所产生的现金流量可以抵偿流动负债的程度。这一比率越高,说明企业的财务弹性越好。不同行业由于其经营性质(服务型、生产型)不同,经营活动产生的现金净流量的差别较大,因此,行业性质不同的企业该比率的变化较大。

通过对现金流量比率的分析,可以了解维持公司运行、支撑公司发展所需要的大部分现金的来源,从而判别企业财务状况是否良好、公司运行是否稳健。一般而言,公司现金流入以经营活动为主,以收回投资、分得股利取得的现金以及通过银行借款、发行债券、接受外部投资等取得的现金为辅,是一种比较合理的结构。现金流量比率的预警信号与主营业务收入利润率指标相类似,当经营现金流量比率低于50%时,预警信号会发出警示。

7.3 项目盈利能力评价

7.3.1 资产利润率

资产利润率 = 净利润/资产平均总额 × 100%

资产平均总额 = (期初资产总额 + 期末资产总额)/2

上式中,资产利润率又称投资盈利率、资产所得率、资产报酬率或企业资金利润率,是反映企业资产盈利能力的指标,是指企业在一定时期内实现的利润与同期资产平均占用额的比率。企业资产利润率指标能促进企业全面改善生产经营管理,不断提高企业的经济效益。

资产利润率的高低主要取决于三个因素:第一,剩余价值率的高低。在其他条件相同的情况下,剩余价值率越高,利润率也就越高。第二,资本有机构成的高低。在剩余价值率不变的条件下,资本有机构成越低,利润率就越高;反之,资本有机构成越高,利润率就越低。第三,生产资料即不变资本的节省。在其他条件不变的情况下,生产资料越节省,利润率就越高。

7.3.2 净利润增长率

净利润增长率 =(当期净利润 - 上期净利润)/上期净利润 ×100%

净利润是指利润总额减所得税后的余额,是当年实现的可供出资人(股东)分配的净收益,也称为税后利润。它表现为企业经营的最终成果,净利润多,企业的经营效益就好;净利润少,企业的经营效益就差,它是衡量企业经营效益的重要指标。

净利润的多少取决于两个因素:一是利润总额;二是所得税。企业所得税等于当期应纳税所得额乘以企业所得税税率。我国现行的企业所得税税率为25%,对符合国家政策规定条件的企业,可享受企业所得税优惠,如高科技企业所得税率为15%。

净利润增长率表示企业当期净利润比上期净利润的增长幅度,指标值越大,表示企业盈利能力越强。

7.3.3 所有者权益报酬率

所有者权益报酬率 = 净利润/所有者权益 ×100%

所有者权益报酬率又称股东权益报酬率或者净值报酬率,是指一定时期企业的净利润与所有者权益的比率,简称权益报酬率。对股份制企业来说就是股权报酬率。股东权益回报率是一个衡量股票投资者回报的指标,它也体现出企业管理层对企业盈利能力、资产管理及财务控制的能力。

所有者权益报酬率是指利润额与平均股东权益的比值,该指标越高,说明投资带来的收益越高;所有者权益报酬率越低,说明企业所有者权益的获利能力越弱。这一指标体现了企业自有资本获得净收益的能力。

7.3.4 资本保值增值率

资本保值增值率 =(年初所有者权益 + 年末利润)/年初所有者权益 ×100%

所有者权益由实收资本、资本公积、盈余公积和未分配利润构成,四个项目中任何一个项目发生变化都将引起所有者权益总额的变化。至少有两种情形并不反映真正意义上的资本保值增值。

第一,本期投资者追加投资,使企业的实收资本增加,还可能产生资本溢价、资本折算差额,从而引起资本公积变动。

第二,本期接受外来捐赠、资产评估增值使资本公积增加。在本期既无投资者追加投入,又无接受捐赠和资产评估事项的情形下,上述公式仍然需要推敲。因为本期资本的增值不仅表现为期末账面结存的盈余公积和未分配利润的增加,还应包括本期企业向投资者分配的利润,而分配了的利润不再包括在期末所有者权益中,所以,不能简单地将期末所有者权益的增长理解为资本增值,将期末所有者权益未减少理解为资本保值。

资本保值增值率是指企业本年末所有者权益扣除客观增减因素后同年初所有者权益的比率。该指标表示企业当年资本在企业自身的努力下的实际增减变动情况,是评价企业财务效益状况的辅助指标,反映了投资者投入企业资本的保全性和增长性。该指标越高,表明企业的资本保全状况越好,所有者权益增长越快,债权人的债务越有保障,企业发展后劲越强。

真正意义上的资本保值增值与本期筹资和其他事项无关,也与本期利润分配无关,而是取决于当期实现的经济效益,即净利润。因此,资本保值增值指标应从损益表出发,以净利润为核心。

资本保值增值率若为100%,说明企业不盈不亏,保本经营,资本保值;若大于100%,说明企业获得了经济效益,资本在原有基础上实现了增值。

例:某企业期初所有者权益为5 000万,本期实现净利润1 800万,期末所有者权益为7 000万。

$$资本保值增值率=(5\ 000+1\ 800)/5\ 000\times100\%=136\%$$

结果显示,该企业通过本期经营,不但实现了资本保值,还使资本增值了36%。资本保值是资本增值的基础,保值的含义在物价上涨形势下应是实际价值的保全,而非名义价值的保全。考虑物价上涨因素对资本保全的影响,只有在当期净利润不低于期初所有者权益与一般物价指数上升率的乘积时,才能实现真正的资本保值增值。因此,在物价上涨的形势下,资本保值增值率的指标应当为:

$$[期初所有者权益+(本期利润-期初所有者权益\times一般物价指数)]/期初所有者权益\times100\%=$$
$$(期初所有者权益+本期利润)/期初所有者权益\times100\%--一般物价指数上升率$$

上例中,若本期一般物价指数上升10%,则:

$$资本保值增值率=[5\ 000+(1\ 800-5\ 000\times10\%)]/5\ 000=126\%$$

重新设计的资本保值增值率指标,将资产负债表中的所有者权益与损益表中的净利润联系起来,含义直观明确,易于理解操作,克服了单纯从资产负债表出发分析资本保值增值的局限性,投资者据此不仅可以明了自身权益的保障程度,而且可以检查考核经营者受托责任的履行情况,全面评价企业的经济效益。

7.3.5 内部报酬率

内部报酬率又称内含报酬率(Interna lrateof Return,IRR),是使投资项目的净现值等于零的贴现率。它实际上反映了投资项目的真实报酬,目前越来越多的企业使用该项指标对投资项目进行评价。

7.3.5.1 计算公式

计算年金现值系数$(P/A,FIRR,n)=K/R$

7.3.5.2 计算方法

(1)查年金现值系数表,找到与上述年金现值系数相邻的两个系数$(p/A,i1,n)$和$(p/A,i2,n)$以及对应的$i1$和$i2$,满足$(p/A,il,n)>K/R>(p/A,i2,n)$。

(2)用插值法计算$FIRR$:

$$FIRR-I(i1-i2)=[K/R-(p/A,i1,n)]/[p/A,i2,n-(p/A,i1,n)]$$

若建设项目现金流量为一般常规现金流量,则财务内部收益率的计算过程为:

首先,根据经验确定一个初始折现率ic;然后,根据投资方案的现金流量计算财务净现值$FNPV(i0)$。若$FNPV(i0)=0$,则$FIRR=io$;若$FNPV(i0)>0$,则继续增大io;若$FNPV(i0)<0$,则继续减小io,重复这一步骤,直至找到这样两个折现率$i1$和$i2$,满足$FNPV(i1)>0$,$FNPV(i2)<0$,其中,$i2-il$一般不超过2%~5%。

(3)利用线性插值公式近似计算财务内部收益率FIRR。其计算公式为:

$$(FIRR-i1)/(i2-i1)=NPVI/(NPV1-NPV2)$$

内部收益率法的优点是能够把项目寿命期内的收益与其投资总额联系起来,指出这个项目的收益率,便于将它同行业基准投资收益率进行对比,确定这个项目是否值得建设。使用借款进行建设,在借款条件(主要是利率)还不很明确时,内部收益率法可以避开借款条件,先求得内部收益率,作为可以接受借款利率的高限。但内部收益率表现的是比率,不是绝对值,一个内部收益率较低的方案,可能由于其规模较大而有较大的净现值,因而更值得建设。所以,在对各个方案进行比较时,必须将内部收益率与净现值结合起来考虑。

内部收益率是一项投资可望达到的报酬率,是能使投资项目净现值等于零时的折现率;是在考虑了时间价值的情况下,使一项投资在未来产生的现金流量现值,刚好等于投资成本时的收益率,而不是想象中的“不论高低,净现值都是零,所以高低都无所谓”。这是一个本末倒置的想法,因为计算内部收益率的前提本来就是使净现值等于零。

简单来说,内部收益率高,说明投入的成本相对较少,但获得的收益却相对较多。比如,A和B两项投资成本都是10万元,经营期都是5年,A项每年可获净现金流量3万元,B项可获4万元。通过计算可以得出,A项的内部收益率约等于 15%，B 项的内部收益率约等于 28%。这些结果，其实是通过年金现值系数表就可以看得出来的。

7.3.6 投资回收期

投资回收期是使累计的经济效益等于最初的投资费用所需的时间。投资回收期是指通过资金回流量回收投资的年限。标准投资回收期是国家根据行业或部门技术经济的特点规定的平均先进的投资回收期。追加投资回收期是指用追加资金回流量，包括追加利税和追加固定资产折旧两项。投资回收期包括静态投资回收期和动态投资回收期两种。

7.3.6.1 静态投资回收期

静态投资回收期是在不考虑资金时间价值的条件下，以项目的净收益回收其全部投资所需要的时间。投资回收期可以自项目建设开始年算起，也可以自项目投产年开始算起，但应予注明。

(1)计算公式。静态投资回收期可根据现金流量表计算，其具体计算又分为两种情况。

①项目建成投产后各年的净收益(即净现金流量)均相同，则静态投资回收期的计算公式为：

$$Pt = K/A$$

②项目建成投产后各年的净收益不相同，则静态投资回收期可根据累计净现金流量求得，也就是在现金流量表中累计净现金流量由负值转向正值之间的年份。其计算公式为：

$$Pt = \text{累计净现金流量开始出现正值的年份数} - 1 + \text{上一年累计净现金流量的绝对值}/\text{出现正值年份的净现金流量}$$

(2)评价准则。将计算出的静态投资回收期(Pt)与所确定的基准投资回收期(Pc)进行比较：

若 $Pt \leqslant Pc$，表明项目投资能在规定的时间内收回，则方案可以考虑接受；若 $Pt > Pc$，则表明方案是不可行的。

7.3.6.2 动态投资回收期

动态投资回收期是把投资项目各年的净现金流量按基准收益率折成现值之后，再推算投资回收期，这就是它与静态投资回收期的根本区别。动态投资回收期就是净现金流量累计现值等于 0 时的年份。

经计算得出的动态投资回收期也要与行业标准动态投资回收期或行业平均动态投资回收期进行比较，低于相应的标准即认为项目可行。

投资者一般都十分关心投资的回收速度，为了减少投资风险，都希望越早收回投资越好。动态投资回收期是一个常用的经济评价指标，动态投资回收期弥补了静态投资回收期没有考虑资金的时间价值这一缺陷，使其更符合实际情况。

(1)计算公式。动态投资回收期的计算在实际应用中根据项目的现金流量表,用下述近似公式计算:

$$P't = (\text{累计净现金流量现值出现正值的年数} - 1) + \text{上一年累计净现金流量现值的绝对值} / \text{出现正值年份净现金流量的现值}$$

(2)评价准则。$P't \leqslant Pc$(基准投资回收期)时,说明项目(或方案)能在要求的时间内收回投资,是可行的;$P't > Pc$ 时,则项目(或方案)不可行,应予拒绝。

按静态分析计算的投资回收期较短,决策者可能认为经济效果尚可以接受,但若考虑时间因素,用折现法计算出的动态投资回收期,要比用传统方法计算出的静态投资回收期长些,该方案未必能被接受。

投资回收期指标容易理解,计算也比较简便;项目投资回收期在一定程度上显示了资本的周转速度。显然,资本周转速度越快,回收期越短,风险越小,盈利越多。这对于那些技术上更新迅速的项目,或资金相当短缺的项目,或未来的情况很难预测而投资者又特别关心资金补偿的项目进行分析是特别有用的。不足的是,投资回收期没有全面地考虑投资方案整个计算期内的现金流量,即忽略以后投资回收期将获得的所有好处,对总收入不作考虑。只考虑回收之前的效果,不能反映投资回收之后的情况,即无法准确衡量方案在整个计算期内的经济效果。

受这些局限的影响,投资回收期作为方案选择和项目排队的评价准则是不可靠的,它只能作为辅助评价指标,在做项目评估时往往将一些更为专业的资金预算法进行综合应用。

7.4 如何看懂企业最重要的三张财务报表

企业主要的财务报表有资产负债表、利润表、现金流量表三大财务报表,这三大报表的作用分别用一句话概括就是:资产负债表反映某一时刻的企业财务状况;利润分配表反映某一时期的利润分配情况,将期初未分配利润调整为期末未分配利润,并列入资产负债表;现金流量表反映的是现金变化的结果和财务状况变化的原因。

下面对三张财务报表分别作简单的介绍,这将有助于人们看懂企业财务报表。

7.4.1 怎样看资产负债表

资产负债表是反映公司某一特定日期(月末、年末)全部资产、负债和所有者权益情况的会计报表，它的基本结构是"资产 = 负债 + 所有者权益"。不论公司处于怎样的状态，这个会计平衡式永远是恒等的。左边反映的是公司所拥有的资源；右边反映的是公司的不同权利人对这些资源的要求。债权人可以对公司的全部资源有要求权，公司以全部资产对不同债权人承担偿付责任，偿付全部的负债之后，余下的才是所有者权益，即公司的资产净额。

利用资产负债表的资料可以看出公司资产的分布状态、负债和所有者权益的构成情况，据以评价公司资金营运和财务结构是否正常、合理；利用该表分析公司的流动性或变现能力，以及长、短期债务数量及偿债能力，评价公司承担风险的能力；利用该表提供的资料还有助于计算公司的获利能力，评价公司的经营绩效。

7.4.1.1　资产要素分析

在分析资产负债表要素时应首先注意到对资产要素的分析，具体包括以下四项：

(1)流动资产分析：分析公司的现金、各种存款、短期投资、各种应收应付款项和存货等。流动资产比往年提高，说明公司的支付能力与变现能力增强。

(2)长期投资分析：分析 1 年期以上的投资，如公司控股、实施多元化经营等。长期投资的增加，表明公司的成长前景看好。

(3)固定资产分析：这是对实物形态资产进行的分析。资产负债表所列的各项固定资产数字，仅表示在持续经营的条件下，各固定资产尚未折旧、折耗的金额并预期于未来各期间陆续收回，因此，我们应当特别注意，折旧、损耗是否合理将直接影响到资产负债表、利润表和其他各种报表的准确性。很明显，少提折旧就会增加当期利润，而多提折旧则会减少当期利润，有些公司常常就此做不真实的记录。

(4)无形资产分析：主要分析商标权、著作权、土地使用权、非专利技术、商誉和专利权等。商誉及其他无形资产一般不予列账，除非商誉是购入或合并时形成的。取得无形资产后，应登记入账并在规定期限内摊销完毕。

7.4.1.2　负债要素分析

分析资产负债表时还应注意到对负债要素的分析，具体包括以下三项：

(1)流动负债分析：各项流动负债应按实际发生额记账，分析的关键在于避免遗漏，所有的负债均应在资产负债表中反映出来。

(2)长期负债分析：包括长期借款、应付债券和长期应付款项等。由于长期负债的形态不同，因此，应注意分析、了解公司债权人的情况。

(3)股东权益分析：包括股本、资本公积、盈余公积和未分配利润四个方面。分析股东权益，主要是了解股东权益中投入资本的不同形态及股权结构，了解股东权益中各要素的优先清偿顺序等。

看资产负债表时，要与利润表结合起来，主要涉及资本金利润和存货周转率。前者是反映盈利能力的指标，后者是反映营运能力的指标。

7.4.2 怎样看利润表

利润表依据“收入－费用＝利润”来编制，主要反映一定时期内公司的营业收入减去营业支出后的净收益。通过利润表，我们一般可以对企业的经营业绩、管理的成功程度作出评估，从而评价投资者的投资价值和报酬。

利润表包括两个方面的内容：一是反映公司的收入及费用，说明公司在一定时期内的利润或亏损数额，据以分析公司的经济效益及盈利能力，评价公司的管理业绩；二是反映公司财务成果的来源，说明公司的各种利润来源在利润总额中所占比例，以及这些财务成果来源之间的相互关系。对利润表进行分析，主要从收入项目和费用项目分析入手。

7.4.2.1 收入项目分析

公司通过销售产品、提供劳务取得各项营业收入，也可以将资源提供给他人使用，获取租金与利息等营业外收入。收入的增加，意味着公司资产的增加或负债的减少。记入收入账的收入包括当期收讫的现金、应收票据或应收账款，以实际收到的金额或账面价值入账。

7.4.2.2 费用项目分析

费用是收入的扣除，费用的确认、扣除正确与否直接关系到公司的盈利。所以，分析费用项目时，应首先关注费用包含的内容是否适当，确认费用应贯彻权责发生制原则、历史成本原则、划分收益性支出与资本性支出的原则等；其次，要对成本费用的结构与变动趋势进行分析，分析各项费用占营业收入的比例，分析费用结构是否合理，对不合理的费用要查明原因。同时，对费用的各个项目进行分析，了解各个项目的增减变动趋势，以此判定公司的管理水平和财务状况，预测公司的发展前景。

看利润表时要与企业的财务情况说明书联系起来。它主要说明企业的生产经营状况、利润实现和分配情况、应收账款和存货周转情况、各项财产物资变动情况、税金的缴纳情况，以及预计下一会计期间对公司财务状况变动有重大影响的事项。财务情况说明书为财务分析提供了解和评价公司财务状况的详细资料。

7.4.3 怎样看现金流量表

现金流量表是反映企业现金流入与流出信息的报表。这里的现金不仅是指公司在财会部门保险柜里的现钞，还包括银行存款、短期证券投资和其他货币资金。现金流量表可以说明公司的经营活动、投资活动和筹资活动所产生的现金收支活动，以及现金流量净增加额，从而有助于分析公司的变现能力和支付能力，进而把握公司的生存能力、发展能力和适应市场变化的能力。

7.4.3.1 企业现金流量的构成

企业的现金流量由四个方面的来源构成。

(1)来自经营活动的现金流量：反映公司为开展正常业务而引起的现金流入量、流出量和净流量，如商品销售收入、出口退税等增加现金流入量，购买原材料、支付税款和人员工资增加现金流出量等。

(2)来自投资活动的现金流量：反映公司取得和处置证券投资、固定资产和无形资产等活动所引起的现金收支活动及结果，如变卖厂房取得现金收入，购入股票和债券等对外投资引起现金流出等。

(3)来自筹资活动的现金流量：是指公司在筹集资金的过程中所引起的现金收支活动及结果，如吸收股本、分配股利、发行债券、取得借款和归还借款等；非常项目产生的现金流量是指非正常经济活动所引起的现金流量，如接受捐赠或捐赠他人、罚款现金收支等。

(4)不涉及现金收支的投资与筹资活动：这是一类对股民非常重要的信息，虽然这些活动并不会引起本期的现金收支，但对未来的现金流量会产生极为重大的影响。这类活动主要反映在补充资料一栏里，如以对外投资偿还债务，以固定资产对外投资等。

7.4.3.2 对现金流量的分析

对现金流量主要从三个方面进行分析。

(1)现金净流量与短期偿债能力的变化。如果本期现金净流量增加，表明公司短期偿债能力增强，财务状况得到改善；反之，则表明公司财务状况比较困难。当然，并不是现金净流量越大越好，如果公司的现金净流量过大，表明公司未能有效利用这部分资金，其实是一种资金浪费。

(2)现金流入量的结构与公司的长期稳定。经营活动是公司的主营业务，这种活动提供的现金流量，可以不断地用于投资，再生出新的现金；来自主营业务的现金流量越多，表明公司发展的稳定性也就越强。公司的投资活动是为闲置资金寻找投资场所，筹资活动则是为经营活动筹集资金，这两种活动所发生的现金流量都是辅助性的，是服务于主营业务的。这一部分的现金流量过大，表明公司财务缺乏稳定性。

(3)投资活动与筹资活动产生的现金流量与公司的未来发展。股民在分析投资活动时，一定要注意分析是对内投资还是对外投资。对内投资的现金流出量增加，意味着固定资产、无形资产等的增加，说明公司正在扩张，这样的公司成长性较好；如果对内投资的现金流量大幅增加，意味着公司正常的经营活动未能充分吸纳现有的资金，资金的利用效率有待提高；对外投资的现金流入量大幅增加，意味着公司现有的资金不能满足经营需要，从外部引入了资金；如果对外投资的现金流出量大幅增加，说明公司正在通过非主营业务活动来获取利润。

企业经营面对的是一个变化的、充满竞争的市场。在这个市场中，提供给每位经营者的资源是相同的，规则是相同的，不同的是每位经营者的战略决策以及配合战略决策所执行的战术决策。正是因为经营策略和方法不同，导致出现了几家欢乐几家愁的结果。个中滋味只有参与其中才能体会。但一次的成功并不代表永远的成功，一次的失败也不代表永远的失败。所以，我们要学会总结，从成功与失败中探求经营之策，使企业在经营中更好地发挥自身优势。

8

企业管理决策沙盘案例分析

俗话说“商场如战场”。企业经营面对的是就一个没有硝烟的战场，充满着竞争与挑战。在资源与规则相同的条件下，经营者运用自己的策略、经营方法使企业不断发展。但是，也有可能由于经营者的策略与经营方法不妥，导致企业效益下降，甚至破产。因此，经营者在经营中要小心谨慎，否则，走错一步就很有可能造成全盘皆输。成功与失败皆有可能，只有尽可能地减少失误才能更接近成功。在决策中，犯错误是在所难免的，但我们要学会总结经验，减少失误。正是基于这样的目的，本章对一个真实的案例进行分析，使经营者学到成功的经验，汲取失败的教训，提高企业经营水平。

8.1 案例基本情况介绍

8.1.1 基本情况介绍

本案例选自某学院2013年企业管理决策沙盘模拟总决赛。参加比赛的有24个组，根据抽签将24个组依次分为G01～G24组。本章选择参赛前5个组进行案例分析。

8.1.2 市场环境介绍

8.1.2.1 宏观环境

表8－1 市场指数表

经济周期	复苏期			繁荣期		衰退期			萧条期	
年份	1	2	3	4	5	6	7	8	9	10
市场景气指数	0.9	1	1.2	1.5	1.6	1.3	1.1	1	0.8	0.7
投资环境指数	0.9	1	1.1	1.5	1.6	1.3	1.1	1	0.8	0.7
通货膨胀率(%)	3			4		5			2	

表8－1为企业管理决策沙盘模拟10年的经济周期，本案例所设置的模拟运营时间为第5年至第9年。在5年的运营中，各企业将经历4个经济周期，市场在繁荣期至萧条期的过程中，相应的市场景气指数、投资环境指数越来越差，相应的产品需求也越来越少，各企业的经营者需要在经营过程中制定相应的战略决策，让企业在激烈的市场环境中生存并获得盈利，使企业得到更好的发展。

8.1.2.2 各市场产品需求趋势

各企业进入运营前，除了要了解当前的市场环境因素以外，更重要的是要了解各市场对各类产品的需求，这样，企业才能根据相应的市场环境因素与市场需求，作出在当前市场环境中对企业发展最有利的战略决策。

图 8-1 为 M1 市场 5 年来的产品需求趋势。5 年中市场经历繁荣期、衰退期至萧条期，在这三个时期的演化过程中，市场对产品的需求也是从多到少的一个过程。根据规则，M1 市场为低端市场，市场开拓需要一年的时间，企业开拓市场成功后即可进行产品销售。因为市场开拓时间比较短，又因为经营前期 M1 市场需求比较旺盛，因而成为各企业必争的市场，但到经营后期，M1 的市场需求相对来讲比 M2，M3 市场会少很多。

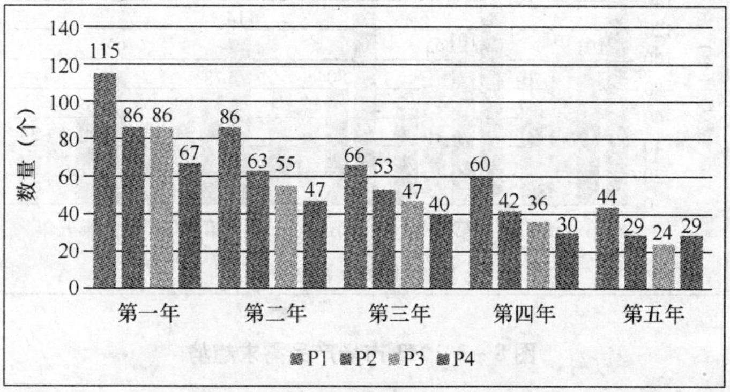

图 8-1 M1 市场产品需求趋势

图 8-2 为 M2 市场 5 年来的产品需求趋势。根据规则，M2 市场为中端市场，市场开拓需要 2 年的时间，各企业如果从第一年开始进行市场开拓，第二年

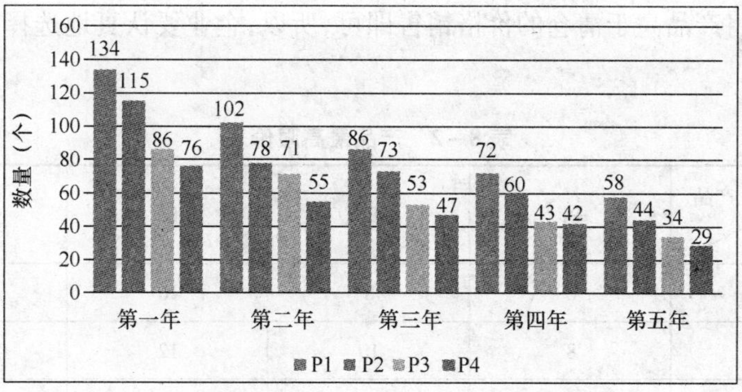

图 8-2 M2 市场产品需求趋势

才可以在 M2 市场进行产品销售，但此时整个市场已经逐步进入了衰退期了，相对第一年而言，产品需求少了很多。在这一时期，很多企业都会同时在 M1 和 M2 市场进行产品销售，相对而言，市场的竞争会越来越激烈。

图 8－3 为 M3 市场 5 年来的产品需求趋势。根据规则，M3 市场为高端市场，市场开拓需要 3 年的时间。如果从第一年开始，连续 3 年开拓市场，在第三年才可以在 M3 市场进行相应的产品销售，即使 M1 和 M2 市场在第三年的时候已经到了市场衰退期的中晚期，但相对前两个市场而言，其需求还是比较可观的，所以，第三年之后各企业可能会逐步进入 M3 市场进行销售。

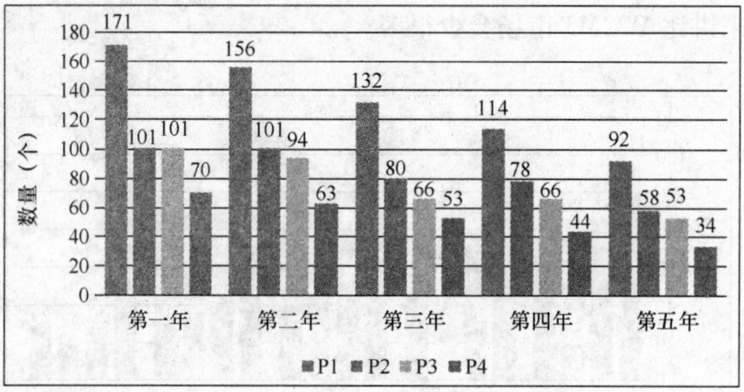

图 8－3　M3 市场产品需求趋势

表 8－2 为各市场各类产品的最高销售限价，由此表中不难看出，越是高端的市场，对产品的收购价就越高，所以，越到后期会有越多的企业将目标定位在中、高端市场，但是盲目地将产品定位至中、高端市场的时候就会发生一种情况，即相应的产品供应量会远远超出市场的需求，在供应量超出需求量的时候只会有一种情况发生——企业在这个时候已经很难在某个市场获得高额利润，届时只求将产品高于清仓的价格销售即可，所以，企业要认真地选择市场，不能盲目跟风。

表 8－2　产品最高限价表

产品 市场	P1	P2	P3	P4
M1	6	8	10	12
M2	8	10	12	14
M3	9	11	13	15

8.2 各公司(G01～G05)经营情况分析

8.2.1 G01经营情况分析

表8-3 资产负债表

项目 \ 年份	第一年	第二年	第三年	第四年	第五年
1. 资产					
1.1 流动资产:					
货币资金	175	265	447	924	890
流动资产合计	175	265	447	924	890
1.2 非流动资产:					
固定资产净值	21	12	11	40	21
债券资产	0	0	0	0	0
银行信托资产	10	0	0	0	0
股权资产	4	4	4	4	4
非流动资产合计	35	16	15	44	25
资产合计	210	281	462	968	915
2. 负债					
长期贷款	80	100	144	309	0
短期贷款	0	0	0	0	0
紧急融资	0	0	0	0	0
3. 所有者权益					
实收资本	100	100	100	100	100
资本公积金	0	0	0	0	0
盈余公积金	3	9	23	58	84
现金股利	0	0	0	0	0
未分配利润	27	72	195	501	731
所有者权益总计	130	181	318	659	915
负债及所有者权益合计	210	281	462	968	915
资产负债率(%)	38.10	35.59	31.17	31.92	0.00

表 8－4　利润表

项目＼年份	第一年	第二年	第三年	第四年	第五年
一、总收入	225	245	405	778	664
减:直接生产成本	62	52	77	135	113
人力成本	58	58	76	109	109
投资交易费用	1	0	0	0	0
二、毛利	104	135	252	534	442
减:综合费用	64	65	86	127	119
当年折旧	9	9	13	16	16
金融投资资产减值损失	0	0	0	0	0
三、息税前利润	31	61	153	391	307
减:财务费用	0	8	10	15	31
四、利润总额	31	53	143	376	276
减:企业所得税	1	2	6	35	20
五、净利润	30	51	137	341	256

表 8－5　公司经费使用表

项目＼年份		第一年	第二年	第三年	第四年	第五年
初始资金/公司上年度剩余经费		100	175	265	447	924
注资资金		0	0	0	0	0
银行信托到期回款		0	10	0	0	0
风险投资基金(＋)		0	0	0	0	0
投资收益(＋)	信托收益	0	1	0	0	0
	债券收益	0	0	0	0	0
	股权收益	0	2	2	2	2
股票发行收入(＋)		0	0	0	0	0
股票发行费(－)		0	0	0	0	0
财务费用(－)	长期贷款利息	0	8	10	15	31
	短期贷款利息	0	0	0	0	0
	紧急融资利息	0	0	0	0	0

续表

项目 \ 年份		第一年	第二年	第三年	第四年	第五年
贷款本金还款(－)	长期贷款还款	0	0	80	20	309
	短期贷款还款	0	0	0	0	0
	紧急融资还款	0	0	0	0	0
融资(＋)	长期贷款	80	20	124	185	0
	短期贷款	0	0	0	0	0
	紧急融资	0	0	0	0	0
年初公司资金		180	200	301	599	586
市场开拓费(－)		6	3	0	0	0
ISO 认证费(－)		3	0	0	0	0
产品研发费(－)		2	0	0	0	0
厂房购置费/厂房租赁费(－)		10	10	10	10	10
生产线搬迁费(－)		0	0	0	0	0
生产线购置费(－)		30	0	15	45	0
生产线转产费(－)		0	0	0	0	0
实际产品生产成本(－)		62	52	77	135	113
销售收入(＋)		216	242	402	774	664
运输费用(－)		33	43	63	95	89
清仓收入(＋)		9	0	1	2	0
产品服务费用(－)		7	6	10	18	16
银行信托投资额(－)		10	0	0	0	0
债券申购费(－)		0	0	0	0	0
债券认购额(－)		0	0	0	0	0
股权申购费(－)		1	0	0	0	0
股权认购额(－)		4	0	0	0	0
债券转让费(－)		0	0	0	0	0
债券转让收入(＋)		0	0	0	0	0
债券退让费(－)		0	0	0	0	0
债券退让收入(＋)		0	0	0	0	0
股权转让费(－)		0	0	0	0	0

续表

项目＼年份	第一年	第二年	第三年	第四年	第五年
股权转让收入(+)	0	0	0	0	0
股权退让费(-)	0	0	0	0	0
股权退让收入(+)	0	0	0	0	0
人力成本(-)	58	58	76	109	109
员工解聘费(-)	0	0	0	0	0
厂房/生产线出售收入(+)	0	0	3	0	1
生产线维护费(-)	3	3	4	4	4
企业所得税(-)	1	2	6	35	20
分红(-)	0	0	0	0	0
风险退出金(-)	0	0	0	0	0
年末总经费支出合计	223	179	341	468	685
年末剩余总经费	175	265	447	924	890

8.2.1.1 融资策略

如表8-6所示,该公司的融资相对来讲比较保守。经营的第一年,根据当年所有者权益的80%进行全额融资,长期贷款2年,贷款80万元;第二年,市场环境处于下降的状态,虽然第二年的所有者权益比第一年有所提升,但该公司没有进行最大额度的融资,只是进行了长期贷款2年20万元的小额融资,第二年的净利润相比第一年有小幅提升;到第三年时,第一年的长期贷款到期了,所以第三年进行了124万元的大额融资,因为第三年的资金相对比较充裕,这一年公司得到了很好的发展,利润额有明显的提高;到第四年,第二年的贷款到期了,还款之后,公司又进行了一次大额融资,相应的利润也在逐步提升;到第五年,市场处于萧条期,没有进行相应的贷款。

表8-6 融资表

年份	贷款方式	年限	利率(%)	贷款金额	利息					还款
					第一年	第二年	第三年	第四年	第五年	
第一年	长期贷款	2	10	80		8	8			80
	短期贷款	1	5							
	紧急融资	1	20							

续表

年份	贷款方式	年限	利率（%）	贷款金额	利息					还款
					第一年	第二年	第三年	第四年	第五年	
第二年	长期贷款	2	10	20			2	2		20
	短期贷款	1	5							
	紧急融资	1	20							
第三年	长期贷款	2	10	124				13	13	124
	短期贷款	1	5							
	紧急融资	1	20							
第四年	长期贷款	2	10	185					31	185
	短期贷款	1	5							
	紧急融资	1	20							
第五年	长期贷款		10							
	短期贷款	1	5							
	紧急融资	1	20							

8.2.1.2 市场开拓策略

如表 8-7 所示，该公司在第一年与第二年分别进行了 M1 与 M2 市场的开拓，将公司的目标市场定位为 M1 和 M2，因为 M2 市场必须连续两年投入费用才可以开拓，所以公司在第一年和第二年分别投入相应的资金进行 M1 和 M2 市场的开拓。

表 8-7 市场开拓费用表

年份＼市场	M1	M2	M3	合计
第一年	3	3	0	6
第二年	0	3	0	3
第三年	0	0	0	0
第四年	0	0	0	0
第五年	0	0	0	0
是否完成	是	是	否	

如表 8－8 所示，该公司在 ISO 认证的投入中只进行了 ISO 9000 的认证。因为在 M1 和 M2 市场的产品销售除了要进行相应的市场开拓之外，还必须获得 ISO 9000 的认证，而 M3 市场的销售需要 ISO 14000 的认证。G01 公司在其战略规划中没有考虑在太多的市场进行相应的产品销售，所以在市场开拓和 ISO 认证中都没有考虑对 M3 市场进行相应的开拓与认证。

表 8－8　ISO 认证表

市场 / 年份	第一年	第二年	第三年	第四年	第五年	是否完成
ISO9000 认证费用	3	0	0	0	0	是
ISO14000 认证费用	0	0	0	0	0	否
合计	3	0	0	0	0	

8.2.1.3　产品研发策略

如表 8－9 所示，该公司的产品研发相对比较单一，只在第一年进行了 P1 产品的研发，在之后几年中都没有对其他产品投入相应的研发费用，说明 G01 公司在 5 年中产品生产和销售也只有 P1 产品。

表 8－9　产品研发表

项目 / 年份	产品种类	研发费用	是否成功
第一年	P1	2	是
	P2	0	否
	P3	0	否
	P4	0	否
	合计	2	
第二年	P1	0	是
	P2	0	否
	P3	0	否
	P4	0	否
	合计	0	
第三年	P1	0	是
	P2	0	否
	P3	0	否
	P4	0	否
	合计	0	

续表

年份＼项目	产品种类	研发费用	是否成功
第四年	P1	0	是
	P2	0	否
	P3	0	否
	P4	0	否
	合计	0	
第五年	P1	0	是
	P2	0	否
	P3	0	否
	P4	0	否
	合计	0	

8.2.1.4　固定资产配置策略

厂房作为公司的固定资产，每年都会有折旧，大厂房的折旧年限为5年，小厂房的折旧年限为4年，折旧年限过后，厂房就不能再使用。如表8－10所示，该公司没有以自购的方式配置厂房，而是选择租用的方式，但该公司没有考虑到厂房对配置生产线的限制，只是因为租用厂房相对比较便宜，所以以租用的方式配置大厂房，租金为每年10万元，可容纳8条生产线，但从表8－11中可以看到，第一年至第五年，公司最大的生产线数量为4条，如果该公司事先考虑到生产线的大致配置数量，就没有必要租用大厂房，只要租用小厂房就能满足生产线配置的要求，这样就可以节省20万元的厂房租赁费用。

表8－10　厂房配置记录表

厂房类型	项目＼年份	第一年	第二年	第三年	第四年	第五年
大厂房	购置费	0	0	0	0	0
	折旧额	0	0	0	0	0
	已折旧额累计	0	0	0	0	0
	净值	0	0	0	0	0
	出售收入	0	0	0	0	0
	退租(√)	0	0	0	0	0
	租赁	10	10	10	10	10

续表

厂房类型	年份 项目	第一年	第二年	第三年	第四年	第五年
小厂房	购置费	0	0	0	0	0
	折旧额	0	0	0	0	0
	已折旧额累计	0	0	0	0	0
	净值	0	0	0	0	0
	出售收入	0	0	0	0	0
	退租(√)	0	0	0	0	0
	租赁	0	0	0	0	0
购置总额		0	0	0	0	0
净值总额		0	0	0	0	0
租赁总额		10	10	10	10	10

从上述分析中可大致看出该公司的发展战略主要是针对 M1 和 M2 市场进行 P1 产品的销售，P1 产品属于低端产品，相应的产品技术系数较低，对生产线的要求也较低。如表 8－11 所示，第一年至第三年，该公司购置的生产线均为技术系数最低的 A 型生产线，A 型生产线只能生产 P1 产品；在第三年出售了 3 条 A 型生产线，并购入了第一条 B 型生产线；在第四年和第五年均更换为 B 型生产线，B 型生产线技术系数略高于 A 型生产线。如果在与 A 型生产线配置相同的生产人员和管理人员的情况下，B 型生产线生产 P1 产品的产能会略高于 A 型生产线。

表 8－11　生产线购置统计表

年份 项目	第一年				第二年				第三年				第四年				第五年			
生产线编号	A01	A02	A03		A01	A02	A03		A01	A02	A03	B04	B04	B05	B06	B07	B04	B05	B06	B07
生产线类型	A	A	A		A	A	A		A	A	A	B	B	B	B	B	B	B	B	B
产品	P1	P1	P1		P1	P1	P1		P1	P1	P1	P2	P1	P1	P1	P1	P1	P1	P1	P1
购置费	10	10	10		0	0	0		0	0	0	15	0	15	15	15	0	0	0	0
购置费合计	30				0				15				45				0			
折旧额	3	3	3		3	3	3		3	3	3	4	4	4	4	4	4	4	4	4
已折旧累计	3	3	3		6	6	6		9	9	9	4	8	4	4	4	12	8	8	8
净值	7	7	7		4	4	4		0	0	0	11	7	11	11	11	0	7	7	7
净值合计	21				12				11				40				21			
出售收入	0	0	0		0	0	0		1	1	1	0	0	0	0	0	1	0	0	0
维护费	1	1	1		1	1	1		1	1	1	1	1	1	1	1	1	1	1	1
出售收入合计	0				0				3				0				1			
维护费合计	3				3				4				4				4			

8.2.1.5 产品生产策略

如表 8-12 所示,第一年和第二年该公司均使用 A 型生产线,在使用 A 型生产线时也没有按照生产线需要的人员进行满额配置进行产品生产,根据相应的产能进行了最大产量的生产,做到了人尽其用。在第二年中,该公司很好地控制了相应生产线的配置成本、产品生产成本与人力成本。到第三年,A 型生产线进入折旧的最后一年,第四年就不能使用了,这时该公司购置了 1 条 B 型生产线,以弥补 A 型生产线的产能不足。在第四年时,公司淘汰了 A 型生产线,又购置了 3 条 B 型生产线,加大了 P1 产品的产能与产量,因此,公司在第四年获得了很好的利润,而且没有过多地增加公司的人力成本。

表 8-12 产品生产表

第一年				
生产线编号	A01	A02	A03	
生产线种类	A	A	A	
产品种类	P1	P1	P1	
生产人员配置	2	2	2	
管理人员配置	1	1	1	
生产线产能	14	14	14	
生产线产量	14	14	14	
单位生产成本	1.4	1.4	1.4	
通货膨胀率(%)	4	4	4	
直接生产成本	20.4	20.4	20.4	
合计	62			

第二年				
生产线编号	A01	A02	A03	
生产线种类	A	A	A	
产品种类	P1	P1	P1	
生产人员配置	2	2	2	
管理人员配置	1	1	1	
生产线产能	11	11	11	
生产线产量	11	11	11	
单位生产成本	1.5	1.5	1.5	
通货膨胀率(%)	5	5	5	
直接生产成本	17.3	17.3	17.3	
合计	52			

第三年				
生产线编号	A01	A02	A03	B04
生产线种类	A	A	A	B
产品种类	P1	P1	P1	P1
生产人员配置	2	2	2	2
管理人员配置	1	1	1	1
生产线产能	8	8	8	28
生产线产量	8	8	8	28
单位生产成本	1.4	1.4	1.4	1.4
通货膨胀率(%)	5	5	5	5
直接生产成本	11.8	11.8	11.8	41.2
合计	77			

第四年				
生产线编号	B04	B05	B06	B07
生产线种类	B	B	B	B
产品种类	P1	P1	P1	P1
生产人员配置	2	2	2	2
管理人员配置	1	1	1	1
生产线产能	23	28	28	28
生产线产量	23	28	28	28
单位生产成本	1.2	1.2	1.2	1.2
通货膨胀率(%)	5	5	5	5
直接生产成本	29	35.3	35.3	35.3
合计	135			

续表

	生产线编号	B04	B05	B06	B07
第五年	生产线种类	B	B	B	B
	产品种类	P1	P1	P1	P1
	生产人员配置	2	2	2	2
	管理人员配置	1	1	1	1
	生产线产能	23	23	23	23
	生产线产量	23	23	23	23
	单位生产成本	1.2	1.2	1.2	1.2
	通货膨胀率(%)	2	2	2	2
	直接生产成本	28.2	28.2	28.2	28.2
	合计	113			

8.2.1.6 营销策略

根据前面的分析,该公司的目标市场与产品定位非常明确,目标市场是只做中低端市场与P1产品,如表8-13所示,该公司一直是在M1与M2市场进行P1产品的销售,两个市场P1产品的竞争较小,该公司在产品销售时并没有遇到太大的竞争,在产品定价上也有较好的主动性,没有进行过相应的降价,一直以市场最高价位进行销售,也获得了较好的收益。

表8-13 销售结算表

产品	年份 / 市场 / 项目	第一年	第二年		第三年			第四年			第五年		
		M1	M1	M2	M1	M2	M3	M1	M2	M3	M1	M2	M3
P1	预销售数量	42	11	22	7	42		33	72		36	56	
	销售人员配置	4	3		5			11			8		
	销售单价	6	6	8	6	8		6	8		6	8	
	实际销售数量	36	11	22	7	42		33	72		36	56	
	销售收入	216	66	176	42	336	0	198	576	0	216	448	0
年度销售总量		36	11	22	7	42	0	33	72	0	36	56	0
年度销售总收入		216	66	176	42	336	0	198	576	0	216	448	0

8.2.2 G02 经营情况分析

表 8-14 资产负债表

项目 \ 年份	第一年	第二年	第三年	第四年	第五年
1. 资产					
1.1 流动资产：					
货币资金	75	172	333	465	340
流动资产合计	75	172	333	465	340
1.2 非流动资产：					
固定资产净值	16	28	40	43	29
债券资产	0	0	0	0	0
银行信托资产	20	20	20	0	0
股权资产	5	11	11	11	11
非流动资产合计	41	59	71	54	40
资产合计	116	231	404	519	380
2. 负债					
长期贷款	0	80	210	210	0
短期贷款	0	0	0	0	0
紧急融资	10	0	0	0	0
3. 所有者权益					
实收资本	100	100	100	100	100
资本公积金	0	0	0	0	0
盈余公积金	1	6	11	23	31
现金股利	0	0	0	0	0
未分配利润	5	45	83	186	249
所有者权益总计	106	151	194	309	380
负债及所有者权益合计	116	231	404	519	380
资产负债率(%)	8.62	34.63	51.98	40.46	0.00

表 8－15　利润表

项目＼年份	第一年	第二年	第三年	第四年	第五年
一、总收入	128	211	297	526	384
减:直接生产成本	39	61	103	175	135
人力成本	22	30	45	67	52
投资交易费用	1	1	0	0	0
二、毛利	66	119	149	284	197
减:综合费用	56	63	84	125	93
当年折旧	4	8	13	18	14
金融投资资产减值损失	0	0	0	0	0
三、息税前利润	6	48	52	141	90
减:财务费用	0	2	8	21	17
四、利润总额	6	46	44	120	73
减:企业所得税	0	1	1	5	2
五、净利润	6	45	43	115	71

表 8－16　公司经费使用表

项目＼年份		第一年	第二年	第三年	第四年	第五年
初始资金/公司上年度剩余经费		100	75	170	331	463
注资资金(＋)		0	0	0	0	0
银行信托到期回款(＋)		0	0	0	20	0
风险投资基金(＋)		0	0	0	0	0
投资收益(＋)	信托收益	0	2	2	2	0
	债券收益	0	0	0	0	0
	股权收益	0	3	6	6	6
股票发行收入(＋)		0	0	0	0	0
股票发行费(－)		0	0	0	0	0
财务费用(－)	长期贷款利息	0	0	8	21	13
	短期贷款利息	0	0	0	0	4
	紧急融资利息	0	2	0	0	0

续表

项目 \ 年份		第一年	第二年	第三年	第四年	第五年
贷款本金还款(－)	长期贷款还款	0	0	0	80	130
	短期贷款还款	0	0	0	0	80
	紧急融资还款	0	10	0	0	0
融资(＋)	长期贷款	0	80	130	0	0
	短期贷款	0	0	0	80	0
	紧急融资	10	0	0	0	0
年初公司资金		110	148	302	340	244
市场开拓费(－)		9	6	3	0	0
ISO 认证费(－)		3	4	4	0	0
产品研发费(－)		10	6	3	0	0
厂房购置费/厂房租赁费(－)		6	6	6	6	0
生产线搬迁费(－)		0	0	0	0	0
生产线购置费(－)		20	20	25	25	0
生产线转产费(－)		0	0	0	0	0
实际产品生产成本(－)		39	61	103	175	135
销售收入(＋)		128	206	289	518	378
运输费用(－)		20	29	48	88	63
清仓收入(＋)		0	0	0	0	0
产品服务费用(－)		6	8	13	21	17
银行信托投资额(－)		20	0	0	0	0
债券申购费(－)		0	0	0	0	0
债券认购额(－)		0	0	0	0	0
股权申购费(－)		1	1	0	0	0
股权认购额(－)		5	6	0	0	0
债券转让费(－)		0	0	0	0	0
债券转让收入(＋)		0	0	0	0	0
债券退让费(－)		0	0	0	0	0
债券退让收入(＋)		0	0	0	0	0
股权转让费(－)		0	0	0	0	0

续表

项目 \ 年份	第一年	第二年	第三年	第四年	第五年
股权转让收入(+)	0	0	0	0	0
股权退让费(-)	0	0	0	0	0
股权退让收入(+)	0	0	0	0	0
人力成本(-)	22	30	45	67	52
员工解聘费(-)	0	0	0	0	5
厂房/生产线出售收入(+)	0	0	0	4	0
生产线维护费(-)	2	4	7	10	8
企业所得税(-)	0	1	1	5	2
股利(-)	0	0	0	0	0
风险退出金(-)	0	0	0	0	0
年末总经费支出合计	157	184	253	477	492
年末剩余总经费	75	172	333	465	340

8.2.2.1 融资策略

如表8-17所示，该公司第一年进行了10万元的紧急融资，所以，在第一年资金紧张的情况下，该公司的利润收益表现并不是很好。在第二、第三、第四年公司分别融资80万元、130万元、80万元，3年中数额较大的融资，使公司资金比较充足。但从第二年与第三年两年的销售利润来看，资金并没有充分利用，利润增加不明显，只在第四年利润有小幅上升，至第五年后，市场环境处于萧条期，利润又有下降的趋势。

表8-17 融资表

年份	贷款方式	年限	利率(%)	贷款金额	利息					还款
					第一年	第二年	第三年	第四年	第五年	
第一年	长期贷款		10							
	短期贷款	1	5							
	紧急融资	1	20	10		2				10
第二年	长期贷款	4	10	80			8	8		80
	短期贷款	1	5							
	紧急融资	1	20							

续表

年份	贷款方式	年限	利率（%）	贷款金额	利息					还款
					第一年	第二年	第三年	第四年	第五年	
第三年	长期贷款	4	10	130				13	13	130
	短期贷款	1	5							
	紧急融资	1	20							
第四年	长期贷款		10							
	短期贷款	1	5	80					4	80
	紧急融资	1	20							
第五年	长期贷款		10							
	短期贷款	1	5							
	紧急融资	1	20							

8.2.2.2 市场开拓策略

如表 8－18 所示，该公司从第一年开始就在各市场投入相应的开拓资金，大力开拓市场，进行相应的产品销售，但从利润收益来看，并非如想象的那么理想。这说明，该公司进行市场开拓之后并没有很好地利用市场优势获取较高的市场份额。

表 8－18　市场开拓费用表

年份＼市场	M1	M2	M3	合计
第一年	3	3	3	9
第二年	0	3	3	6
第三年	0	0	3	3
第四年	0	0	0	0
第五年	0	0	0	0
是否完成	是	是	是	

如表 8－19 所示，从市场开拓的角度看，既然该公司准备开拓所有的市场，在所有的市场进行产品销售，那么必然要进行 ISO 9000 与 ISO 14000 的认证，所以，公司在第一年至第三年连续投入了相应的认证费用，这样，第三年时就可以在 M3 市场进行相应的产品销售。

表 8-19　ISO 认证表

项目＼年份	第一年	第二年	第三年	第四年	第五年	是否完成
ISO9000 认证费用	3	0	0	0	0	是
ISO14000 认证费用	0	4	4	0	0	是
合计	3	4	4	0	0	

8.2.2.3　产品研发策略

如表 8-20 所示，该公司在产品研发方面主要是针对 P2，P3，P4 三类产品，第一年就对这三类产品进行了研发投入，分别在第一年、第二年、第三年依次研发成功了这三类产品。由此可以看出，该公司产品组合布局较广，针对的也是中高端产品。生产和销售这三类产品，生产成本会比较高，会给公司带来资金压力。

表 8-20　产品研发表

年份＼项目	产品种类	研发费用	是否成功
第一年	P1	0	否
	P2	4	是
	P3	3	否
	P4	3	否
	合计	10	
第二年	P1	0	否
	P2	0	是
	P3	3	是
	P4	3	否
	合计	6	
第三年	P1	0	否
	P2	0	是
	P3	0	是
	P4	3	是
	合计	3	
第四年	P1	0	否
	P2	0	是
	P3	0	是
	P4	0	是
	合计	0	

续表

年份 \ 项目	产品种类	研发费用	是否成功
第五年	P1	0	否
	P2	0	是
	P3	0	是
	P4	0	是
	合计	0	

8.2.2.4 固定资产配置策略

如表 8 - 21 所示,该公司对厂房配置看似比较理智,从第一年至第五年一直是租用小厂房,但厂房的大小会影响其生产线的容量,生产线的数量会直接影响产品的生产产能,这时就会发生相应的产能无法满足目标市场的需求的情况,这样会使公司不能获得相应的回报。

表 8 - 21 厂房配置记录表

厂房类型	项目 \ 年份	第一年	第二年	第三年	第四年	第五年
大厂房	购置费	0	0	0	0	0
	折旧额	0	0	0	0	0
	已折旧额累计	0	0	0	0	0
	净值	0	0	0	0	0
	出售收入	0	0	0	0	0
	退租(√)	0	0	0	0	0
	租赁	0	0	0	0	0
小厂房	购置费	0	0	0	0	0
	折旧额	0	0	0	0	0
	已折旧额累计	0	0	0	0	0
	净值	0	0	0	0	0
	出售收入	0	0	0	0	0
	退租(√)	0	0	0	0	0
	租赁	6	6	6	6	6
购置总额		0	0	0	0	0
净值总额		0	0	0	0	0
租赁总额		6	6	6	6	6

如表 8 - 22 所示,该公司一直是以 C 或 D 高技术系数的生产线为主要配置目标,第一年配置了一条 C 型生产线生产 P2 产品,第二年增加了一条 C 型生产

线生产 P3 产品，第三年增加了一条 D 型生产线生产 P4 产品，第四年增加了一条 D 型生产线生产 P4 产品，第五年没有新增生产线。

表 8－22　生产线购置统计表

项目＼年份	第一年				第二年			第三年			第四年				第五年		
生产线编号	C01				C01	C02		C01	C02	D03	C01	C02	D03	D04	C02	D03	D04
生产线类型	C				C	C		C	C	D	C	C	D	D	C	D	D
产品	P2				P2	P3		P2	P3	P4	P2	P3	P4	P4	P3	P4	P4
购置费	20				0	20		0	0	25	0	0	0	25	0	0	0
购置费合计	20				20			25			25				0		
折旧额	4				4	4		4	4	5	4	4	5	5	4	5	5
已折旧累计	4				8	4		12	8	5	16	12	10	5	16	15	10
净值	16				12	16		8	12	20	0	8	15	20	4	10	15
净值合计	16				28			40			43				29		
出售收入	0				0	0		0	0	0	4	0	0	0	0	0	0
维护费	2				2	2		2	2	3	2	2	3	3	2	3	3
出售收入合计	0				0			0			4				0		
维护费合计	2				4			7			10				8		

8.2.2.5　产品生产策略

如表 8－23 所示，该公司的产品生产范围逐年扩大，到第三年时已经扩至 3 种产品，这时，3 种产品同时生产就会导致产品分散，因厂房容量有限，生产线有限，使产品的生产数量受限，不能获得规模效应以降低产品的生产成本。这样，产品类型越多，生产线越少，致使公司各年的产品生产成本一直居高不下。

表 8－23　产品生产表

第一年	生产线编号	C01			
	生产线种类	C			
	产品种类	P2			
	生产人员配置	1			
	管理人员配置	1			
	生产线产能	17			
	生产线产量	16			
	单位生产成本	2.3			
	通货膨胀率(%)	4			
	直接生产成本	38.3	0	0	0
	合计	39			

续表

年份	项目				
第二年	生产线编号	C01	C02		
	生产线种类	C	C		
	产品种类	P2	P3		
	生产人员配置	1	1		
	管理人员配置	1	1		
	生产线产能	15	11		
	生产线产量	11	8		
	单位生产成本	2.3	4		
	通货膨胀率(%)	5	5		
	直接生产成本	26.6	33.6	0	0
	合计	61			
第三年	生产线编号	C01	C02	D03	
	生产线种类	C	C	D	
	产品种类	P2	P3	P4	
	生产人员配置	1	1	1	
	管理人员配置	1	1	1	
	生产线产能	12	9	12	
	生产线产量	11	8	7	
	单位生产成本	2.5	4	5.5	
	通货膨胀率(%)	5	5	5	
	直接生产成本	28.9	33.6	40.4	
	合计	104			
第四年	生产线编号	C01	C02	D03	D04
	生产线种类	C	C	D	D
	产品种类	P2	P3	P4	P4
	生产人员配置	1	1	1	1
	管理人员配置	1	1	1	1
	生产线产能	9	8	11	12
	生产线产量	9	8	11	10
	单位生产成本	2.5	4	5.3	5.3
	通货膨胀率(%)	5	5	5	5
	直接生产成本	23.6	33.6	61.2	55.7
	合计	175			

续表

	项目				
第五年	生产线编号	C02	D03	D04	
	生产线种类	C	D	D	
	产品种类	P3	P4	P4	
	生产人员配置	1	1	1	
	管理人员配置	1	1	1	
	生产线产能	6	9	11	
	生产线产量	6	9	11	
	单位生产成本	4	5.5	5.3	
	通货膨胀率(%)	2	2	2	
	直接生产成本	24.5	50.5	59.5	0
	合计	135			

8.2.2.6 营销策略

如表 8-24 所示,该公司在第一年没有很好地利用资金进行相应的产品销售,错过了市场繁荣期的最后一年,在市场进入衰退期后,衰退期将持续 3 年。在这 3 年中,该公司相应的产品组合比较分散,没有集中财力投入某个市场,致使公司营销策略显得比较混乱,产品和市场都过于分散。

表 8-24 销售结算表

产品	年份 / 市场 / 项目	第一年	第二年		第三年			第四年			第五年		
		M1	M1	M2	M1	M2	M3	M1	M2	M3	M1	M2	M3
P1	预销售数量												
	销售人员配置												
	销售单价												
	实际销售数量												
	销售收入	0	0	0	0	0	0	0	0	0	0	0	0
P2	预销售数量	16		11	11					9			
	销售人员配置	2	1		1			1					
	销售单价	8		10	8					11			
	实际销售数量	16		11	11					9			
	销售收入	128	0	110	88	0	0	0	0	99	0	0	0

续表

产品	年份	第一年	第二年		第三年			第四年			第五年		
	项目＼市场	M1	M1	M2	M1	M2	M3	M1	M2	M3	M1	M2	M3
P3	预销售数量			8		8				8			6
	销售人员配置		1			1			1			1	
	销售单价			12		12				13			13
	实际销售数量			8		8				8			6
	销售收入	0	0	96	0	96	0	0	0	104	0	0	78
P4	预销售数量						7			21			20
	销售人员配置					1			3			3	
	销售单价						15			15			15
	实际销售数量						7			21			20
	销售收入	0	0	0	0	0	105	0	0	315	0	0	300
年度销售总量		16	0	19	11	8	7	0	0	38	0	0	26
年度销售总收入		128	0	206	88	96	105	0	0	518	0	0	378

8.2.3 G03经营情况分析

表8-25 资产负债表

项目＼年份	第一年	第二年	第三年	第四年	第五年
1.资产					
1.1 流动资产：					
货币资金	126	205	245	435	576
流动资产合计	126	205	245	435	576
1.2 非流动资产：					
固定资产净值	18	11	32	0	60
债券资产	8	0	0	0	0
银行信托资产	0	0	0	0	0
股权资产	0	0	0	0	0
非流动资产合计	26	11	32	0	60
资产合计	152	216	277	435	636

续表

项目＼年份	第一年	第二年	第三年	第四年	第五年
2. 负债					
长期贷款	50	85	100	175	0
短期贷款	0	0	0	0	0
紧急融资	0	0	0	0	0
3. 所有者权益					
实收资本	100	100	100	100	100
资本公积金	0	0	0	0	0
盈余公积金	1	4	9	18	56
现金股利	0	0	0	0	0
未分配利润	1	27	68	142	480
所有者权益总计	102	131	177	260	636
负债及所有者权益合计	152	216	277	435	636
资产负债率(%)	32.89	39.35	36.10	40.23	0.00

表 8－26　利润表

项目＼年份	第一年	第二年	第三年	第四年	第五年
一、总收入	148	170	278	346	1 166
减:直接生产成本	50	42	84	97	224
人力成本	33	33	58	63	109
投资交易费用	1	0	0	0	0
二、毛利	63	95	136	186	833
减:综合费用	54	53	64	73	320
当年折旧	7	7	15	16	15
金融投资资产减值损失	0	1	0	0	0
三、息税前利润	2	34	57	97	498
减:财务费用	0	5	9	11	30
四、利润总额	2	29	48	86	468
减:企业所得税	0	0	2	3	92
五、净利润	2	29	46	83	376

表 8－27　公司经费使用表

项目＼年份		第一年	第二年	第三年	第四年	第五年
初始资金/公司上年度剩余经费		100	126	205	245	435
注资资金		0	0	0	0	0
银行信托到期回款		0	0	0	0	0
风险投资基金(＋)		0	0	0	0	0
投资收益(＋)	信托收益	0	0	0	0	0
	债券收益	0	2	0	0	0
	股权收益	0	0	0	0	0
股票发行收入(＋)		0	0	0	0	0
股票发行费(－)		0	0	0	0	0
财务费用(－)	长期贷款利息	0	5	9	11	30
	短期贷款利息	0	0	0	0	0
	紧急融资利息	0	0	0	0	0
贷款本金还款(－)	长期贷款还款	0	0	50	35	295
	短期贷款还款	0	0	0	0	0
	紧急融资还款	0	0	0	0	0
融资(＋)	长期贷款	50	35	65	110	120
	短期贷款	0	0	0	0	0
	紧急融资	0	0	0	0	0
年初公司资金		150	158	211	309	230
市场开拓费(－)		6	3	3	3	3
ISO 认证费(－)		7	4	0	0	0
产品研发费(－)		6	3	3	0	0
厂房购置费/厂房租赁费(－)		6	6	6	6	6
生产线搬迁费(－)		0	0	0	0	0
生产线购置费(－)		25	0	40	40	75
生产线转产费(－)		0	0	0	0	0
实际产品生产成本(－)		51	42	84	97	224
销售收入(＋)		144	168	278	346	1 166
运输费用(－)		21	29	32	39	268

续表

项目 \ 年份	第一年	第二年	第三年	第四年	第五年
清仓收入(+)	4	0	0	0	0
产品服务费用(-)	6	6	14	17	34
银行信托投资额(-)	0	0	0	0	0
债券申购费(-)	1	0	0	0	0
债券认购额(-)	8	0	0	0	0
股权申购费(-)	0	0	0	0	0
股权认购额(-)	0	0	0	0	0
债券转让费(-)	0	0	0	0	0
债券转让收入(+)	0	0	0	0	0
债券退让费(-)	0	0	0	0	0
债券退让收入(+)	0	7	0	0	0
股权转让费(-)	0	0	0	0	0
股权转让收入(+)	0	0	0	0	0
股权退让费(-)	0	0	0	0	0
股权退让收入(+)	0	0	0	0	0
人力成本(-)	33	33	58	63	109
员工解聘费(-)	0	0	0	0	0
厂房/生产线出售收入(+)	0	0	4	56	0
生产线维护费(-)	2	2	6	8	9
企业所得税(-)	0	0	2	3	92
分红(-)	0	0	0	0	0
风险退出金(-)	0	0	0	0	0
年末总经费支出合计	166	127	293	305	1 111
年末剩余总经费	126	205	245	435	576

8.2.3.1 融资策略

如表8－28所示，该公司在前3年都进行了相应的长期贷款，虽为长期贷款，但贷款年限控制得比较好，都是为期2年的长期贷款，这样不会使公司的贷款累计持续在一个很高的水平上。在贷款额度累计中发现，该公司的贷款总额逐年提升，说明所有者权益也逐年提升，这得益于公司各年的利润都有所提升。

表 8－28 融资表

年份	贷款方式	年限	利率（%）	贷款金额	利息					还款
					第一年	第二年	第三年	第四年	第五年	
第一年	长期贷款	2	10	50		5	5			50
	短期贷款	1	5							
	紧急融资	1	20							
第二年	长期贷款	2	10	35			4	4		35
	短期贷款	1	5							
	紧急融资	1	20							
第三年	长期贷款	2	10	65				7	7	65
	短期贷款	1	5							
	紧急融资	1	20							
第四年	长期贷款	2	10	110					11	110
	短期贷款	1	5							
	紧急融资	1	20							
第五年	长期贷款	2	10	120					12	120
	短期贷款	1	5							
	紧急融资	1	20							

8.2.3.2 市场开拓策略

如表 8－29 所示，公司在第一年和第二年分别开拓了 M1 与 M2 市场，从第三年开始开拓 M3 市场，直至第五年才开始在 M3 市场进行产品销售。从该公司的利润表（见表 8－26）来看，前 3 年的利润收益比较平常，只保证企业能够在市场竞争中生存，直至第四年开始才有比较好的收益。

表 8－29 市场开拓费用表

年份 \ 市场	M1	M2	M3	合计
第一年	3	3	0	6
第二年	0	3	0	3
第三年	0	0	3	3
第四年	0	0	3	3
第五年	0	0	3	3
是否完成	是	是	是	

如表 8－30 所示，该公司从第一年就开始进行 ISO 项目的认证，至第二年就完成了 ISO 9000 和 ISO 14000 两项认证，为开拓市场、进行产品销售做好了相应的准备。

表 8－30　ISO 认证表

项目＼年份	第一年	第二年	第三年	第四年	第五年	是否完成
ISO9000 认证费用	3	0	0	0	0	是
ISO14000 认证费用	4	4	0	0	0	是
合计	7	4	0	0	0	

8.2.3.3　产品研发策略

如表 8－31 所示，该公司的产品研发节奏控制得比较好。在第一年与第二年完成了 P1 与 P2 产品的研发，从第二年开始进行 P3 产品的研发，直至第三年完成，没有对 P4 产品进行相应的研发工作，该公司没有井喷式地研发所有产品，而是循序渐进，使用产品组合比较明确、合理，即第一、第二年是 P1 与 P2 产品的组合销售，从第三年开始，P3 产品进入了产品组合。从产品生产策略和产品营销策略中可以更清楚地看出 G03 公司的产品组合销售策略。

表 8－31　产品研发表

年份＼项目	产品种类	研发费用	是否成功
第一年	P1	2	是
	P2	4	是
	P3	0	否
	P4	0	否
	合计	6	
第二年	P1	0	是
	P2	0	是
	P3	3	否
	P4	0	否
	合计	3	
第三年	P1	0	是
	P2	0	是
	P3	3	是
	P4	0	否
	合计	3	

续表

年份 \ 项目	产品种类	研发费用	是否成功
第四年	P1	0	是
	P2	0	是
	P3	0	是
	P4	0	否
	合计	0	
第五年	P1	0	是
	P2	0	是
	P3	0	是
	P4	0	否
	合计	0	

8.2.3.4 固定资产配置策略

如表 8－32 所示，该公司在 5 年中没有用购置的方式配置厂房，而是采用租赁的方式配置厂房，也没有配置过多的厂房，只租赁了小厂房，因为租赁厂房相对比较灵活，也比较节省成本。

表 8－32 厂房配置记录表

厂房类型	项目 \ 年份	第一年	第二年	第三年	第四年	第五年
大厂房	购置费	0	0	0	0	0
	折旧额	0	0	0	0	0
	已折旧额累计	0	0	0	0	0
	净值	0	0	0	0	0
	出售收入	0	0	0	0	0
	退租(√)	0	0	0	0	0
	租赁	0	0	0	0	0
小厂房	购置费	0	0	0	0	0
	折旧额	0	0	0	0	0
	已折旧额累计	0	0	0	0	0
	净值	0	0	0	0	0
	出售收入	0	0	0	0	0
	退租(√)	0	0	0	0	0
	租赁	6	6	6	6	6

续表

厂房类型 \ 年份 / 项目	第一年	第二年	第三年	第四年	第五年
购置总额	0	0	0	0	0
净值总额	0	0	0	0	0
租赁总额	6	6	6	6	6

如表 8－33 所示，该公司在第一年配置了一条 A 型生产线和一条 B 型生产线，在第二年没有新配置生产线，还是维持第一年的状态。进入第三年，第一年配置的 A 型与 B 型生产线都进入了折旧的最后年限，即将不能使用，所以在这一年公司配置了 2 条全新的 C 型生产线进行产品生产，在第三年年末出售了第一年配置的 A 型与 B 型生产线。进入第四年，公司又增加了 2 条 C 型生产线，此时该公司已经拥有了 4 条技术系数较高的生产线，第四年年末，公司将 4 条 C 型生产线全部出售。到第五年时又重新配置了 4 条技术系数最高的 D 型生产线。这也是该公司在第四年与第五年进行较大额度贷款融资的原因。

表 8－33　生产线购置统计表

年份 / 项目	第一年				第二年				第三年				第四年				第五年		
生产线编号	A01	B01			A01	B01			A01	B01	C01	C02	C01	C02	C03	C04	D01	C02	C03
生产线类型	A	B			A	B			A	B	C	C	C	C	C	C	D	D	D
产品	P1	P2			P1	P2			P1	P2	P3	P3	P3	P3	P3	P2	P3	P3	P2
购置费	10	15									20	20			20	20	25	25	25
购置费合计	25								40				40				75		
折旧额	3	4			3	4			3	4	4	4	4	4	4	4	5	5	5
已折旧累计	3	4			6	8			9	12	4	4	8	8	4	4	5	5	5
净值	7	11			4	7			0	0	16	16	0	0	0	0	20	20	20
净值合计	18				11				32				0				60		
出售收入	0	0			0	0			1	3	0	0	12	12	16	16	0	0	0
维护费	1	1			1	1			1	1	2	2	2	2	2	2	3	3	3
出售收入合计	0				0				4				56				0		
维护费合计	2				2				6				8				9		

8.2.3.5　产品生产策略

如表 8－34 所示，该公司第一年与第二年产品生产比较平衡，都只生产了 P1 与 P2 产品，生产的数量也不是非常大。在第三年公司引入新的生产线后，放弃了 P1 产品的生产，只进行 P2 与 P3 产品的生产，主要产品定位于 P3。进入第四年,公司在C型P3产品生产线上加大了人力投入,同时也加大了P3产品的产量,还进行了部分P2产品的生产。在第五年时,公司的资金相对比较充裕,这时产品组合也比较完善,大量生产了P1,P2,P3三类产品。

表8-34 产品生产表

第一年	生产线编号	A01	B01	
	生产线种类	A	B	
	产品种类	P1	P2	
	生产人员配置	2	1	
	管理人员配置	1	1	
	生产线产能	14	9	
	生产线产量	14	9	
	单位生产成本	1.8	2.5	
	通货膨胀率(%)	4	4	
	直接生产成本	26.2	23.4	0
	合计	50		

第二年	生产线编号	A01	B01
	生产线种类	A	B
	产品种类	P1	P2
	生产人员配置	2	1
	管理人员配置	1	1
	生产线产能	11	8
	生产线产量	11	8
	单位生产成本	1.8	2.5
	通货膨胀率(%)	5	5
	直接生产成本	20.8	21
	合计	42	

第三年	生产线编号	B01	C02	C02
	生产线种类	B	C	C
	产品种类	P2	P3	P3
	生产人员配置	1	2	2
	管理人员配置	1	1	1
	生产线产能	5	11	8
	生产线产量	5	11	8
	单位生产成本	2.5	3.5	3.5
	通货膨胀率(%)	5	5	5
	直接生产成本	13.1	40.4	29.4
	合计	84		

第四年	生产线编号	C03	C04
	生产线种类	C	C
	产品种类	P3	P2
	生产人员配置	3	2
	管理人员配置	1	1
	生产线产能	13	19
	生产线产量	13	19
	单位生产成本	3.8	2.3
	通货膨胀率(%)	5	5
	直接生产成本	51.8	46
	合计	98	

第五年	生产线编号	D01	D02	D03
	生产线种类	D	D	D
	产品种类	P1	P2	P3
	生产人员配置	2	2	2
	管理人员配置	1	1	1
	生产线产能	93	31	19
	生产线产量	60	31	19
	单位生产成本	1.4	2	3.8
	通货膨胀率(%)	2	2	2
	直接生产成本	85.7	63.2	73.6
	合计	224		

8.2.3.6 营销策略

如表 8-35 所示，该公司在第一年时将主要的目标市场定位于 M1，进行了 P1 与 P2 产品的销售。在第二年时销售策略有所改变，放弃了原本的 M1 市场，在 M2 市场进行 P1 与 P2 产品的销售，相应的产品销售单价也有所提升，比第一年的单价提升 2 万元。在第三年时还是定位于 M2 市场，但调整了相应的产品组合，主要进行 P2 与 P3 产品的销售，产品销售价格也未作相应的调整。在第四年时加大了 P2 与 P3 产品的生产量，产品的价格还是与第三年持平。在第五年时加大了各类产品的产量，将 P1 产品定位在 M3 市场进行销售，价格相比第一年与第二年也有提升，P2 产品定位在 M1，M2，M3 市场进行销售，价格也是呈现出上升的曲线，P3 产品主要定位在 M2，M3 市场进行销售，销售价格也有所提升。

表 8-35 销售结算表

产品	年份 / 市场 / 项目	第一年	第二年		第三年			第四年			第五年		
		M1	M1	M2	M1	M2	M3	M1	M2	M3	M1	M2	M3
P1	预销售数量	12		11									60
	销售人员配置	1	1									5	
	销售单价	6		8									9
	实际销售数量	12		11									60
	销售收入	72	0	88	0	0	0	0	0	0	0	0	540
P2	预销售数量	9		8		5			19				31
	销售人员配置	1	1			1			2			3	
	销售单价	8		10		10			10				11
	实际销售数量	9		8		5			19				31
	销售收入	72	0	80	0	50	0	0	190	0	0	0	341
P3	预销售数量					19			13				19
	销售人员配置					3			2			3	
	销售单价					12			12				15
	实际销售数量					19			32				19
	销售收入	0	0	0	0	228	0	0	384	0	0	0	285
年度销售总量		21	0	19	0	24	0	0	51	0	18	0	110
年度销售总收入		144	0	168	0	278	0	0	574	0	144	0	1 166

8.2.4 G04经营情况分析

表8－36 资产负债表

项目＼年份	第一年	第二年	第三年	第四年	第五年
1.资产					
1.1 流动资产：					
货币资金	114	103	112	167	172
流动资产合计	114	103	112	167	172
1.2 非流动资产：					
固定资产净值	18	0	20	15	10
债券资产	0	0	0	0	0
银行信托资产	0	0	0	0	0
股权资产	13	13	13	13	13
非流动资产合计	31	13	33	28	23
资产合计	145	116	145	195	195
2.负债：					
长期贷款	80	80	80	80	0
短期贷款	0	0	0	0	0
紧急融资	0	0	0	0	0
3.所有者权益					
实收资本	100	100	100	100	100
资本公积金	0	0	0	0	0
盈余公积金	0	0	0	5	13
现金股利	0	0	0	0	0
未分配利润	－35	－64	－38	10	82
所有者权益总计	65	36	65	115	195
负债及所有者权益合计	145	116	145	195	195
资产负债率(％)	55.17	68.97	55.17	41.03	0.00

表 8－37 利润表

项目 \ 年份	第一年	第二年	第三年	第四年	第五年
一、总收入	192	189	155	185	225
减:直接生产成本	65	46	37	46	48
人力成本	78	78	28	28	28
投资交易费用	1	0	0	0	0
二、毛利	48	65	90	111	149
减:综合费用	76	79	48	46	50
当年折旧	7	7	5	5	5
金融投资资产减值损失	0	0	0	0	0
三、息税前利润	－35	－21	37	60	94
减:财务费用	0	8	8	8	11
四、利润总额	－35	－29	29	52	83
减:企业所得税	0	0	0	2	3
五、净利润	－35	－29	29	50	80

表 8－38 公司经费使用表

项目 \ 年份		第一年	第二年	第三年	第四年	第五年
初始资金/公司上年度剩余经费		100	114	103	112	169
注资资金		0	0	0	0	0
银行信托到期回款		0	0	0	0	0
风险投资基金(＋)		0	0	0	0	0
投资收益(＋)	信托收益	0	0	0	0	0
	债券收益	0	0	0	0	0
	股权收益	0	5	5	5	5
股票发行收入(＋)		0	0	0	0	0
股票发行费(－)		0	0	0	0	0
财务费用(－)	长期贷款利息	0	8	8	8	8
	短期贷款利息	0	0	0	0	3
	紧急融资利息	0	0	0	0	0
贷款本金还款(－)	长期贷款还款	0	0	0	0	80
	短期贷款还款	0	0	0	0	50
	紧急融资还款	0	0	0	0	0

续表

项目＼年份		第一年	第二年	第三年	第四年	第五年
融资(＋)	长期贷款	80	0	0	0	0
	短期贷款	0	0	0	0	50
	紧急融资	0	0	0	0	0
年初公司资金		180	111	100	109	83
市场开拓费(－)		9	6	3	0	0
ISO 认证费(－)		7	4	0	0	0
产品研发费(－)		12	6	3	0	0
厂房购置费/厂房租赁费(－)		10	10	10	10	10
生产线搬迁费(－)		0	0	0	0	0
生产线购置费(－)		25	0	25	0	0
生产线转产费(－)		0	0	0	0	0
实际产品生产成本(－)		65	46	37	46	48
销售收入(＋)		192	184	150	180	220
运输费用(－)		28	28	23	27	29
清仓收入(＋)		0	0	0	0	0
产品服务费用(－)		8	6	6	6	8
银行信托投资额(－)		0	0	0	0	0
债券申购费(－)		0	0	0	0	0
债券认购额(－)		0	0	0	0	0
股权申购费(－)		1	0	0	0	0
股权认购额(－)		13	0	0	0	0
债券转让费(－)		0	0	0	0	0
债券转让收入(＋)		0	0	0	0	0
债券退让费(－)		0	0	0	0	0
债券退让收入(＋)		0	0	0	0	0
股权转让费(－)		0	0	0	0	0
股权转让收入(＋)		0	0	0	0	0
股权退让费(－)		0	0	0	0	0
股权退让收入(＋)		0	0	0	0	0
人力成本(－)		78	78	28	28	28
员工解聘费(－)		0	17	0	0	0
厂房/生产线出售收入(＋)		0	11	0	0	0

续表

项目＼年份	第一年	第二年	第三年	第四年	第五年
生产线维护费(－)	2	2	3	3	3
企业所得税(－)	0	0	0	2	3
分红(－)	0	0	0	0	0
风险退出金(－)	0	0	0	0	0
年末总经费支出合计	250	205	140	124	270
年末剩余总经费	114	103	112	167	174

8.2.4.1 融资策略

如表 8－39 所示，该公司第一年进行了一次为期 4 年的长期贷款，贷款金额为 80 万元。从利息支付的记录中可以看出，这 80 万元直到第五年结束时才得以偿还。在第二至第四年该公司都没有贷款，从资产负债表(见表 8－36)中可以看出，该公司并不是不想贷款，而是不能进行贷款，因为公司利润一直为负。直到第四年才开始有盈利，得益于第四年的盈利，在第五年才进行了第二次为期 1 年的短期贷款，贷款金额为 50 万元。

表 8－39 融资表

年份	贷款方式	年限	利率(%)	贷款金额	利息					还款
					第一年	第二年	第三年	第四年	第五年	
第一年	长期贷款	4	10	80		8	8	8	8	80
	短期贷款	1	5							
	紧急融资	1	20							
第二年	长期贷款	3	10							
	短期贷款	1	5							
	紧急融资	1	20							
第三年	长期贷款		10							
	短期贷款	1	5							
	紧急融资	1	20							
第四年	长期贷款		10							
	短期贷款	1	5							
	紧急融资	1	20							
第五年	长期贷款		10							
	短期贷款	1	5	50					3	50
	紧急融资	1	20							

8.2.4.2 市场开拓策略

如表 8-40 所示,该公司的市场开拓策略也是属于比较激进的,从第一年开始就同时进行了 M1,M2,M3 市场的开拓,第二年进行了 M2,M3 市场的开拓,第三年进行了 M3 市场的开拓。在 3 年中完成了所有市场的开拓。虽然市场开拓费用不同,但由此可以看出该公司有在所有市场销售产品的计划。

表 8-40 市场开拓费用表

年份＼市场	M1	M2	M3	合计
第一年	3	3	3	9
第二年	0	3	3	6
第三年	0	0	3	3
第四年	0	0	0	0
第五年	0	0	0	0
是否完成	是	是	是	

如表 8-41 所示,该公司在第一年完成了 ISO 9000 的认证,在第二年完成了 ISO 14000 的认证,为在相应的市场进行产品销售做好了准备工作。

表 8-41 ISO 认证表

项目＼年份	第一年	第二年	第三年	第四年	第五年	是否完成
ISO9000 认证费用	3	0	0	0	0	是
ISO14000 认证费用	4	4	0	0	0	是
合计	7	4	0	0	0	

8.2.4.3 产品研发策略

如表 8-42 所示,该公司从第一年就进行了 P1,P2,P3,P4 产品的研发,第二年和第三年持续进行 P3,P4 产品的研发,到第三年时所有产品研发成功。

从该公司的市场开拓策略与产品研发策略来看,该公司的市场与产品组合相对比较灵活,但为何前 3 年没有获得利润呢? 因为该公司的固定资产配置策略与产品生产策略直接影响市场营销策略。

表 8－42 产品研发表

年份＼项目	产品种类	研发费用	是否成功
第一年	P1	2	是
	P2	4	是
	P3	3	否
	P4	3	否
	合计	12	
第二年	P1	0	是
	P2	0	是
	P3	3	是
	P4	3	否
	合计	6	
第三年	P1	0	是
	P2	0	是
	P3	0	是
	P4	3	是
	合计	3	

8.2.4.4 固定资产配置策略

如表 8－43 所示，该公司的厂房配置比较合理，并没有花太多的成本购置厂房，而是采用租赁的方式配置厂房。该公司考虑到今后的发展会使用较多的生产线，所以选择了租赁大厂房，大厂房可以容纳 8 条生产线。

表 8－43 厂房配置记录表

厂房类型	项目＼年份	第一年	第二年	第三年	第四年	第五年
大厂房	购置费	0	0	0	0	0
	折旧额	0	0	0	0	0
	已折旧额累计	0	0	0	0	0
	净值	0	0	0	0	0
	出售收入	0	0	0	0	0
	退租(√)	0	0	0	0	0
	租赁	10	10	10	10	10

续表

厂房类型	年份 项目	第一年	第二年	第三年	第四年	第五年
小厂房	购置费	0	0	0	0	0
	折旧额	0	0	0	0	0
	已折旧额累计	0	0	0	0	0
	净值	0	0	0	0	0
	出售收入	0	0	0	0	0
	退租(√)	0	0	0	0	0
	租赁	0	0	0	0	0
购置总额		0	0	0	0	0
净值总额		0	0	0	0	0
租赁总额		10	10	10	10	10

如表8-44所示，该公司的生产线配置并不非常理想，从前面的归纳分析来看，该公司市场与产品组合灵活，厂房可容纳生产线的数量又多，但该公司在第一年购置了一条A型生产线与一条B型生产线，生产P1与P2产品，这两类生产线的技术系数低，会影响产品的产能。第二年该公司已经无力再购置生产线，直到第三年忍痛将两条生产线出售，购置了一条D型生产线，这条生产线一直使用到第五年运营结束。由此可以看出该公司的产品组合策略没有发挥相应的作用。

表8-44 生产线购置统计表

年份 项目	第一年		第二年		第三年	第四年		第五年	
生产线编号	A01	B02	A01	B02	D01	D01		D01	
生产线类型	A	B	A	B	D	D		D	
产品	P1	P2	P1	P2	P2	P2		P2	
购置费	10	15	0	0	25	0		0	
购置费合计	25		0		25	0		0	
折旧额	3	4	3	4	5	5		5	
已折旧累计	3	4	6	8	5	10		15	
净值	7	11	0	0	20	15		10	
净值合计	18		0		20	15		10	
出售收入	0	0	4	7	0	0		0	
维护费	1	1	1	1	3	3		3	
出售收入合计	0		11		0	0		0	
维护费合计	2		2		3	3		3	

8.2.4.5 产品生产策略

如表8-45所示，该公司只购置了技术系数低、产能低的生产线，要使产品数量满足销售需求，就必须配置较多的生产人员与管理人员，这样将导致人力

成本远远高于产品的生产成本。从该公司的公司经费使用表中可见，直到第三年，公司进行了人员调整，实施了员工解聘操作，才得以将节省的人力成本用于其他项目，但此时公司因资金不足已难以生产其他产品，只能维持单一产品的生产，以保公司在运营结束前不破产。

表 8－45　产品生产表

第一年	生产线编号	A01	B02
	生产线种类	A	B
	产品种类	P1	P2
	生产人员配置	6	5
	管理人员配置	2	2
	生产线产能	19	12
	生产线产量	19	12
	单位生产成本	1.8	2.3
	通货膨胀率(%)	4	4
	直接生产成本	35.5	28.7
	合计	65	
第二年	生产线编号	A01	B02
	生产线种类	A	B
	产品种类	P1	P2
	生产人员配置	6	5
	管理人员配置	2	2
	生产线产能	15	10
	生产线产量	13	8
	单位生产成本	1.8	2.5
	通货膨胀率(%)	5	5
	直接生产成本	24.5	21
	合计	46	
第三年	生产线编号	D01	
	生产线种类	D	
	产品种类	P2	
	生产人员配置	2	
	管理人员配置	1	
	生产线产能	31	
	生产线产量	15	
	单位生产成本	2.3	
	通货膨胀率(%)	5	
	直接生产成本	36.2	
	合计	37	
第四年	生产线编号	D01	
	生产线种类	D	
	产品种类	P2	
	生产人员配置	2	
	管理人员配置	1	
	生产线产能	27	
	生产线产量	19	
	单位生产成本	2.3	
	通货膨胀率(%)	5	
	直接生产成本	45.5	
	合计	46	
第五年	生产线编号	D01	
	生产线种类	D	
	产品种类	P2	
	生产人员配置	2	
	管理人员配置	1	
	生产线产能	22	
	生产线产量	22	
	单位生产成本	2.1	
	通货膨胀率(%)	2	
	直接生产成本	47.1	
	合计	48	

8.2.4.6 营销策略

如表 8 - 46 所示,因为该公司实施产品生产策略的失误,拖累了公司的营销活动,在营销方面该公司已经没有太多的选择权,只有尽可能地将生产出来的产品销售出去,以回笼资金,保证公司的生存。

表 8 - 46 销售结算表

产品	年份 / 市场 / 项目	第一年	第二年		第三年			第四年			第五年		
		M1	M1	M2	M1	M2	M3	M1	M2	M3	M1	M2	M3
P1	预销售数量	19		13									
	销售人员配置	2	2										
	销售单价	5.5		8									
	实际销售数量	19		13									
	销售收入	105	0	104	0	0	0	0	0	0	0	0	0
P2	预销售数量	12		8		15			18			22	
	销售人员配置	2	1		2			2			2		
	销售单价	7.2		10		10			10			10	
	实际销售数量	12		8		15			18			22	
	销售收入	87	0	80	0	150	0	0	180	0	0	220	0
年度销售总量		31	0	21	0	15	0	0	18	0	0	22	0
年度销售总收入		192	0	184	0	150	0	0	180	0	0	220	0

8.2.5 G05 经营情况分析

表 8 - 47 资产负债表

项目 \ 年份	第一年	第二年	第三年	第四年	第五年
1. 资产					
1.1 流动资产:					
货币资金	162	198	308	477	531
流动资产合计	162	198	308	477	531
1.2 非流动资产:					
固定资产净值	11	23	32	46	32
债券资产	10	0	0	0	0

续表

项目 \ 年份	第一年	第二年	第三年	第四年	第五年
银行信托资产	10	10	10	10	0
股权资产	4	4	4	12	12
非流动资产合计	35	37	46	68	44
资产合计	197	235	354	545	575
2. 负债					
长期贷款	80	80	120	120	0
短期贷款	0	0	0	0	0
紧急融资	0	0	0	0	0
3. 所有者权益					
实收资本	100	100	100	100	100
资本公积金	0	0	0	0	0
盈余公积金	2	6	14	34	49
现金股利	0	0	0	0	0
未分配利润	15	49	120	291	426
所有者权益总计	117	155	234	425	575
负债及所有者权益合计	197	235	354	545	575
资产负债率(%)	40.61	34.04	33.90	22.02	0.00

表 8-48 利润表

项目 \ 年份	第一年	第二年	第三年	第四年	第五年
一、总收入	144	219	383	664	520
减:直接生产成本	40	67	120	190	146
人力成本	22	34	56	81	66
投资交易费用	2	0	0	1	0
二、毛利	80	118	207	392	308
减:综合费用	59	61	104	159	125
当年折旧	4	8	13	18	14
金融投资资产减值损失	0	2	0	0	0
三、息税前利润	17	47	90	215	169
减:财务费用	0	8	8	12	12
四、利润总额	17	39	82	203	157
减:企业所得税	0	1	3	12	7
五、净利润	17	38	79	191	150

表 8－49 公司经费使用表

项目＼年份		第一年	第二年	第三年	第四年	第五年
初始资金/公司上年度剩余经费		100	162	198	308	477
注资资金(＋)		0	0	0	0	0
银行信托到期回款(＋)		0	0	10	0	10
风险投资基金(＋)		0	0	0	0	0
投资收益(＋)	信托收益	0	1	1	1	1
	债券收益	0	1	0	0	0
	股权收益	0	1	1	1	4
股票发行收入(＋)		0	0	0	0	0
股票发行费(－)		0	0	0	0	0
财务费用(－)	长期贷款利息	0	8	8	12	12
	短期贷款利息	0	0	0	0	0
	紧急融资利息	0	0	0	0	0
贷款本金还款(－)	长期贷款还款	0	0	0	0	120
	短期贷款还款	0	0	0	0	0
	紧急融资还款	0	0	0	0	0
融资(＋)	长期贷款	80	0	40	0	0
	短期贷款	0	0	0	0	0
	紧急融资	0	0	0	0	0
年初公司资金		180	157	242	298	360
市场开拓费(－)		9	6	3	0	0
ISO 认证费(－)		7	4	0	0	0
产品研发费(－)		8	6	3	0	0
厂房购置费/厂房租赁费(－)		6	6	6	6	6
生产线搬迁费(－)		0	0	0	0	0
生产线购置费(－)		15	20	25	40	0
生产线转产费(－)		0	0	0	0	0
实际产品生产成本(－)		40	67	120	190	146
销售收入(＋)		144	216	377	662	511
运输费用(－)		24	29	72	115	95

续表

项目 \ 年份	第一年	第二年	第三年	第四年	第五年
清仓收入(+)	0	0	4	0	4
产品服务费用(-)	4	7	14	24	17
银行信托投资额(-)	10	0	10	0	0
债券申购费(-)	1	0	0	0	0
债券认购额(-)	10	0	0	0	0
股权申购费(-)	1	0	0	1	0
股权认购额(-)	4	0	0	8	0
债券转让费(-)	0	0	0	0	0
债券转让收入(+)	0	0	0	0	0
债券退让费(-)	0	0	0	0	0
债券退让收入(+)	0	8	0	0	0
股权转让费(-)	0	0	0	0	0
股权转让收入(+)	0	0	0	0	0
股权退让费(-)	0	0	0	0	0
股权退让收入(+)	0	0	0	0	0
人力成本(-)	22	34	56	81	66
员工解聘费(-)	0	0	0	5	0
厂房/生产线出售收入(+)	0	0	3	8	0
生产线维护费(-)	1	3	6	9	7
企业所得税(-)	0	1	3	12	7
分红(-)	0	0	0	0	0
风险退出金(-)	0	0	0	0	0
年末总经费支出合计	158	184	312	479	459
年末剩余总经费	162	198	308	477	531

8.2.5.1 融资策略

如表 8－50 所示，该公司在第一年进行了一次为期 4 年的长期贷款，贷款金额为 80 万元，在第三年进行了一次为期 2 年的长期贷款，贷款金额为 40 万元。结合该公司的资产负债表（见表 8－47）和利润表（见表 8－48）可以看出，公司每年的利润与所有者权益都在稳定上升，但从融资记录看还是非常保守的，没能发挥公司的经营优势进行大额融资，从而使公司从市场上获得更大的利润收益。

表 8－50 融资表

年份	贷款方式	年限	利率（%）	贷款金额	利息					还款
					第一年	第二年	第三年	第四年	第五年	
第一年	长期贷款	4	10	80		8	8	8	8	80
	短期贷款	1	5							
	紧急融资	1	20							
第二年	长期贷款	3	10							
	短期贷款	1	5							
	紧急融资	1	20							
第三年	长期贷款	2	10	40				4	4	40
	短期贷款	1	5							
	紧急融资	1	20							
第四年	长期贷款		10							
	短期贷款	1	5							
	紧急融资	1	20							
第五年	长期贷款		10							
	短期贷款	1	5							
	紧急融资	1	20							

8.2.5.2 市场开拓策略

如表 8－51 所示，该公司在市场开拓策略方面并没有如融资那样保守，而是在第一年就对 M1，M2，M3 三个市场进行了相应的市场开拓，直到第三年完成了所有市场的开拓。该公司用有限的资金在三个市场进行销售布局，显然有失妥当。

表 8－51 市场开拓费用表

市场 年份	M1	M2	M3	合计
第一年	3	3	3	9
第二年	0	3	3	6
第三年	0	0	3	3
第四年	0	0	0	0
第五年	0	0	0	0
是否完成	是	是	是	

如表 8－52 所示，该公司在第一年完成了 ISO 9000 的认证，在第二年完成了 ISO 14000 的认证，为在相应的市场进行产品销售做好了准备。

表 8－52 ISO 认证表

项目＼年份	第一年	第二年	第三年	第四年	第五年	是否完成
ISO9000 认证费用	3	0	0	0	0	是
ISO14000 认证费用	4	4	0	0	0	是
合计	7	4	0	0	0	

8.2.5.3 产品研发策略

如表 8－53 所示，该公司的产品定位是 P1，P3，P4，在第一年的时候进行了 P1 产品的研发，在第二年完成了 P3 产品的研发，在第三年完成了 P4 产品的研发。该公司的产品研发进度比较合理，每年都有新的产品研发成功，都有新的产品销售组合可以配置。

表 8－53 产品研发表

年份＼项目	产品种类	研发费用	是否成功
第一年	P1	2	是
	P2	0	否
	P3	3	否
	P4	3	否
	合计	8	
第二年	P1	0	是
	P2	0	否
	P3	3	是
	P4	3	否
	合计	6	
第三年	P1	0	是
	P2	0	否
	P3	0	是
	P4	3	是
	合计	3	

8.2.5.4 固定资产配置策略

如表8－54所示,从厂房配置上看,该公司并没有大力进行产品生产的计划,只是用租赁的方式租赁了一个小厂房。小厂房只能容纳4条生产线,从厂房配置上看,该公司的发展策略是比较保守的。

表8－54 厂房配置记录表

厂房类型	项目＼年份	第一年	第二年	第三年	第四年	第五年
大厂房	购置费	0	0	0	0	0
	折旧额	0	0	0	0	0
	已折旧额累计	0	0	0	0	0
	净值	0	0	0	0	0
	出售收入	0	0	0	0	0
	退租(√)	0	0	0	0	0
	租赁	0	0	0	0	0
小厂房	购置费	0	0	0	0	0
	折旧额	0	0	0	0	0
	已折旧额累计	0	0	0	0	0
	净值	0	0	0	0	0
	出售收入	0	0	0	0	0
	退租(√)	0	0	0	0	0
	租赁	6	6	6	6	6
购置总额		0	0	0	0	0
净值总额		0	0	0	0	0
租赁总额		6	6	6	6	6

如表8－55所示,公司在第一年只配置了一条生产P1产品的B型生产线;在第二年为了配合P3产品研发成功,配置了一条生产P3产品的C型生产线;在第三年为了配合P4产品研发成功,配置了一条生产P4产品的D型生产线,在本年末因为第一年配置的B型生产线不能再使用了,将其出售;在第四年因为生产P3产品的C型生产线即将达到使用年限,又因为上一年将B型生产线折旧出售,所以配置了一条新的D型生产线生产P3产品,一条B型生产线生产P1产品,直至保持到第五年公司运营结束。

表 8－55　生产线购置统计表

项目＼年份	第一年				第二年				第三年				第四年				第五年			
生产线编号	B01				B01	C01			B01	C01	C01		C01	D01	D02	B02	D01	D02	B02	
生产线类型	B				B	C			B	C	D		C	D	D	B	D	D	B	
产品	P1				P1	P3			P1	P3	P4		P3	P4	P3	P1	P4	P3	P1	
购置费	15					20					25				25	15				
购置费合计	15				20				25				40				0			
折旧额	4				4	4			4	4	5		4	5	5	4	5	5	4	
已折旧累计	4				8	4			12	8	5		12	10	5	4	15	10	8	
净值	11				7	16			0	12	20		0	15	20	11	10	15	7	
净值合计	11				23				32				46				32			
出售收入	0				0	0			3	0	0		8	0	0	0	0	0	0	
维护费	1				1	2			1	2	3		2	3	3	1	3	3	1	
出售收入合计	0				0				3				8				0			
维护费合计	1				3				6				9				7			

8.2.5.5　产品生产策略

从前述的生产线配置上已经可以看出该公司的产品组合比较分散，又因为资金有限，因此不能对所有的产品都进行大量的生产。如表 8－56 所示，该公司产品生产分散，没有相应的主产品，这就会造成生产成本增加，无法获得规模效应所产生的成本节省的利益。

表 8－56　产品生产表

第一年	生产线编号	B01			第二年	生产线编号	B01	C01		
	生产线种类	B				生产线种类	B	C		
	产品种类	P1				产品种类	P1	P3		
	生产人员配置	1				生产人员配置	1	1		
	管理人员配置	1				管理人员配置	1	1		
	生产线产能	25				生产线产能	20	11		
	生产线产量	24				生产线产量	12	11		
	单位生产成本	1.6				单位生产成本	1.8	3.8		
	通货膨胀率(%)	4				通货膨胀率(%)	5	5		
	直接生产成本	39.9	0	0		直接生产成本	22.7	43.9	0	0
	合计	40				合计	67			

续表

年份	项目			
第三年	生产线编号	B01	C01	D01
	生产线种类	B	C	D
	产品种类	P1	P3	P4
	生产人员配置	1	1	1
	管理人员配置	1	1	1
	生产线产能	15	9	12
	生产线产量	12	9	11
	单位生产成本	1.8	3.8	5.3
	通货膨胀率(%)	5	5	5
	直接生产成本	22.7	35.9	61.2
	合计	120		

年份	项目				
第四年	生产线编号	C01	D01	B02	D02
	生产线种类	C	D	B	D
	产品种类	P3	P4	P1	P3
	生产人员配置	1	1	1	1
	管理人员配置	1	1	1	1
	生产线产能	8	11	25	17
	生产线产量	8	11	24	16
	单位生产成本	3.5	5.3	1.6	3.5
	通货膨胀率(%)	5	5	5	5
	直接生产成本	29.4	61.2	40.3	58.8
	合计	190			

年份	项目			
第五年	生产线编号	D01	B02	D02
	生产线种类	D	B	D
	产品种类	P4	P1	P3
	生产人员配置	1	1	1
	管理人员配置	1	1	1
	生产线产能	9	20	15
	生产线产量	9	20	15
	单位生产成本	5.5	1.8	3.8
	通货膨胀率(%)	2	2	2
	直接生产成本	50.5	36.7	58.1
	合计	146		

8.2.5.6 营销策略

如表 8－57 所示，该公司的产品销售分布较为明显，第一年主要的目标市场是 M1，第二年的目标市场是 M2，第三年的目标市场是 M3，第四年的目标市场是 M1，M3，第五年的目标市场是 M3。其实，该公司的目标市场较为单一，第四年在多目标市场销售的主要原因是相应的产品生产数量较大，正好处于不同类型的生产线交替使用时。

表 8－57 销售结算表

产品	年份	第一年	第二年		第三年			第四年			第五年		
	项目 \ 市场	M1	M1	M2	M1	M2	M3	M1	M2	M3	M1	M2	M3
P1	预销售数量	24		12			12	11		13			20
	销售人员配置	2	1		2			2			2		
	销售单价	6		8			9	6		9			9

续表

产品	年份 / 市场 / 项目	第一年	第二年		第三年			第四年			第五年		
		M1	M1	M2	M1	M2	M3	M1	M2	M3	M1	M2	M3
P1	实际销售数量	24		12			12	11		13			20
	销售收入	144	0	96	0	0	108	66	0	117	0	0	180
P2	预销售数量												
	销售人员配置												
	销售单价												
	实际销售数量												
	销售收入	0	0	0	0	0	0	0	0	0	0	0	0
P3	预销售数量			10			8		11	13			15
	销售人员配置		2			1			3			2	
	销售单价			12			13		12	14			14
	实际销售数量			10			8		11	13			14
	销售收入	0	0	120	0	0	104	0	132	182	0	0	196
P4	预销售数量						11			11			9
	销售人员配置					2			2			2	
	销售单价						15			15			15
	实际销售数量						11			11			9
	销售收入	0	0	0	0	0	165	0	0	165	0	0	135
年度销售总量		24	0	22	0	0	31	11	11	37	0	0	43
年度销售总收入		144	0	216	0	0	377	66	132	464	0	0	511

8.3 总评分

如表 8－58 所示，从总评分表中可以看到各公司每年的经营结果，从第一年开始，G01 公司就一直保持在第一的位置，但最后只得到了第二的排名，就其公司本身而言，一定有着各种原因，或因发展趋势良好未调整策略，或因未重视竞争对手等。

社会的发展日新月异，企业所面临的环境也时刻发生着变化，作为企业的经营者应当针对环境变化，适当调整发展策略，力保企业的竞争优势，在不进则退的生存环境中力争上游。

表 8－58 总评分表

项目＼年份	G01	G02	G03	G04	G05
第一年	156.00	111.89	103.62	46.43	130.39
第二年	220.08	191.03	152.36	28.00	182.99
第三年	440.41	220.89	224.48	80.73	299.15
第四年	1 005.55	389.35	609.43	151.24	616.94
第五年	1 183.23	441.71	2 064.86	280.83	736.21
排名	2	4	1	5	3

附　录

附录 1　　流程记录表(表 1)

表 1　流程表

每执行完一项操作,总经理请在相应的栏内打“√”或做其他相应标记。

序号	操作流程	角色分工	填写表格	第一年	第二年	第三年	第四年	第五年
年初	公司筹备 - 团队建设	总经理	★/附表 2					
	初始资金/上年度剩余资金	财务审计经理	附表 7					
	市场环境宏观/微观分析	总经理/市场营销经理	★					
	公司年度整体战略规划	总经理	★					
	信托收益/债券收益/股权收益	投资经理/财务审计经理	附表 33/7					
1	风险投资	投资经理/财务审计经理	附表 25/7					
2	上市/股票发行	投资经理/财务审计经理	附表 26/27/7					
3	年初人员人数盘点	人力资源经理	附表 13					
4	固定资产盘点	总经理	★					
5	贷款更新/支付利息/还款	财务审计经理	附表 8/7					
6	长期、短期贷款/紧急融资	财务审计经理	附表 8/7					
7	资金盘点	财务审计经理	附表 7					
8	市场开拓	市场营销经理/财务审计经理	附表 22/7					
9	ISO 资格认证	市场营销经理/财务审计经理	附表 23/7					
10	产品研发	生产运输经理/财务审计经理	附表 16/7					
11	厂房购置/租赁	总经理/财务审计经理	附表 3/7					
12	生产线搬迁	总经理/财务审计经理	附表 4/7					
13	生产线购置	总经理/财务审计经理/生产运输经理	附表 5/7/17					
14	人员招聘	人力资源经理	附表 15					

续表

每执行完一项操作，总经理请在相应的栏内打"√"或做其他相应标记。								
序号	操作流程	角色分工	填写表格	第一年	第二年	第三年	第四年	第五年
15	人员配置－产品生产－支付生产成本	生产运输经理/财务审计经理	附表17/7					
16	配置销售人员－产品销售	市场营销经理	附表21					
17	产品运输	生产运输经理/财务审计经理	附表20/7					
18	产品清仓	生产运输经理/财务审计经理	附表19/7					
19	配置服务人员－产品服务	市场营销经理/财务审计经理	附表24/7					
20	销售收入到账	市场营销经理/财务审计经理	附表21/7					
21	银行信托	投资经理/财务审计经理	附表28/7					
22	债券申购－支付申购费	投资经理/财务审计经理	附表29/7					
23	股权申购－支付申购费用	投资经理/财务审计经理	附表31/7					
24	债券转让/退让－支付费用	投资经理/财务审计经理	附表30/7					
25	股权转让/退让－支付费用	投资经理/财务审计经理	附表32/7					
26	人员紧急招聘(可随时进行)	人力资源经理	附表13					
27	人力成本支付	人力资源经理/财务审计经理	附表15/7					
28	人员解聘－支付解聘费	人力资源经理/财务审计经理	附表13/14/7					
29	生产线转产－支付转产费	生产运输经理/财务审计经理	附表18/7					
30	固定资产出售/退租	总经理/财务审计经理	附表3/5/7					
31	固定资产维护－支付维护费	总经理/财务审计经理	附表5/7					

续表

每执行完一项操作，总经理请在相应的栏内打"√"或做其他相应标记。								
序号	操作流程	角色分工	填写表格	第一年	第二年	第三年	第四年	第五年
32	固定资产折旧	总经理	附表 3/5					
33	缴纳企业所得税	财务审计经理	附表 7					
34	提取盈余公积金	财务审计经理	附表 12					
35	分红	投资经理/财务审计经理	附表 27/7					
36	风险退出	投资经理/财务审计经理	附表 25/7					
年末	年末资金支出合计	财务审计经理	附表 7/9/10					
	年末资金余额对账	财务审计经理/总经理	附表 7					
	提交利润表/资产负债表/评分表	财务审计经理/总经理	附表 11/12/6					

注：表中★表示需操作但不需填写的相关表格；灰色合并区域表示不能操作（以下各表同）。

"填写表格"一栏中的"附表"即附录中的表，数字为各表的序号。

附录 2　总经理记录表（表 2 ~ 表 6）

表 2　公司团队建设表

公司名称		
公司口号		
公司职务名称	总经理	生产运输经理
	财务审计经理	市场营销经理
	投资经理	人力资源经理

表 3　厂房配置记录表

厂房类型	项目 \ 年份	第一年	第二年	第三年	第四年	第五年
大厂房	购置费					
	折旧额					
	已折旧额累计					
	净值					
	出售收入					
	退租(√)					
	租赁					

续表

厂房类型	项目 \ 年份	第一年	第二年	第三年	第四年	第五年
小厂房	购置费					
	折旧额					
	已折旧额累计					
	净值					
	出售收入					
	退租(√)					
	租赁					
购置总额						
净值总额						
租赁总额						

表 4　生产线搬迁表

状态	厂房类型	生产线编号				
		第一年	第二年	第三年	第四年	第五年
生产线搬迁前	小厂房					
	大厂房					
生产线搬迁后	小厂房					

续表

状态	厂房类型	生产线编号				
		第一年	第二年	第三年	第四年	第五年
生产线搬迁后	大厂房					
生产线搬迁费						

表5　生产线购置统计表

年份 项目	第一年	第二年	第三年	第四年	第五年
生产线编号					
生产线类型					
产品					
购置费					
购置费合计					
折旧额					
已折旧额累计					
净值					
净值合计					
出售收入					
维护费					
出售收入合计					
维护费合计					

表6　总评分表

年份＼项目	所有者权益	利润总额	资产利润率(%)	总评分
第一年				
第二年				
第三年				
第四年				
第五年				

附录3　财务审计经理记录表(表7~表12)

表7　公司经费使用表

项目＼年份		第一年	第二年	第三年	第四年	第五年
初始资金/公司上年度剩余经费						
注资资金(+)						
银行信托到期回款(+)						
风险投资基金(+)						
投资收益(+)	信托收益					
	债券收益					
	股权收益					
股票发行收入(+)						
股票发行费(-)						
财务费用(-)	长期贷款利息					
	短期贷款利息					
	紧急融资利息					
贷款本金还款(-)	长期贷款还款					
	短期贷款还款					
	紧急融资还款					
融资(+)	长期贷款					
	短期贷款					
	紧急融资					
年初公司资金						

续表

项目 \ 年份	第一年	第二年	第三年	第四年	第五年
市场开拓费（－）					
ISO 认证费（－）					
产品研发费（－）					
厂房购置费/厂房租赁费（－）					
生产线搬迁费（－）					
生产线购置费（－）					
生产线转产费（－）					
实际产品生产成本（－）					
销售收入（＋）					
运输费用（－）					
清仓收入（＋）					
产品服务费用（－）					
银行信托投资额（－）					
债券申购费（－）					
债券认购额（－）					
股权申购费（－）					
股权认购额（－）					
债券转让费（－）					
债券转让收入（＋）					
债券退让费（－）					
债券退让收入（＋）					
股权转让费（－）					
股权转让收入（＋）					
股权退让费（－）					
股权退让收入（＋）					
人力成本（－）					
员工解聘费（－）					
厂房/生产线出售收入（＋）					
生产线维护费（－）					

续表

项目＼年份	第一年	第二年	第三年	第四年	第五年
企业所得税(－)					
分红(－)					
风险退出金(－)					
年末总经费支出合计					
年末剩余总经费					

表8　融资表

年份	贷款方式	年限	利率(%)	贷款金额	利息					还款
					第一年	第二年	第三年	第四年	第五年	
第一年	长期贷款		10							
	短期贷款	1	5							
	紧急融资	1	20							
第二年	长期贷款		10							
	短期贷款	1	5							
	紧急融资	1	20							
第三年	长期贷款		10							
	短期贷款	1	5							
	紧急融资	1	20							
第四年	长期贷款		10							
	短期贷款	1	5							
	紧急融资	1	20							
第五年	长期贷款		10							
	短期贷款	1	5							
	紧急融资	1	20							

表9　销售与金融投资收入表

收入方式＼年份	第一年	第二年	第三年	第四年	第五年
信托收益					
债券收益					

续表

收入方式＼年份	第一年	第二年	第三年	第四年	第五年
股权收益					
产品销售收入					
产品清仓收入					
收入合计					

表10　综合费用表

年份＼项目	股票发行费	市场开拓费	ISO认证费	产品研发费	厂房租赁费	生产线搬迁费	生产线转产费	生产线维护费	运输费用	产品服务费	人员解聘费	合计
第一年												
第二年												
第三年												
第四年												
第五年												

表11　利润表

项目＼年份	第一年	第二年	第三年	第四年	第五年
一、总收入					
减：直接生产成本					
人力成本					
投资交易费用					
二、毛利					
减：综合费用					
当年折旧					
金融投资资产减值损失					
三、息税前利润					
减：财务费用					
四、利润总额					
减：企业所得税					
五、净利润					

表 12　资产负债表

项目 \ 年份	第一年	第二年	第三年	第四年	第五年
1. 资产					
1.1 流动资产：					
货币资金					
流动资产合计					
1.2 非流动资产：					
固定资产净值					
债券资产					
银行信托资产					
股权资产					
非流动资产合计					
资产总计					
2. 负债					
长期贷款					
短期贷款					
紧急融资					
负债总计					
3. 所有者权益					
实收资本					
资本公积金					
盈余公积金					
现金股利					
未分配利润					
所有者权益总计					
负债及所有者权益总计					
资产负债率(%)					

附录4 人力资源经理记录表(表13～表15)

表13 人员招聘及变动表

年份	项目 人员类型	年初人数	新招人数	紧急招聘人数	在职人数	解聘人数	年末人数
第一年	生产人员						
	管理人员						
	销售人员						
	服务人员						
	合计						
第二年	项目 人员类型	年初人数	新招人数	紧急招聘人数	在职人数	解聘人数	年末人数
	生产人员						
	管理人员						
	销售人员						
	服务人员						
	合计						
第三年	项目 人员类型	年初人数	新招人数	紧急招聘人数	在职人数	解聘人数	年末人数
	生产人员						
	管理人员						
	销售人员						
	服务人员						
	合计						
第四年	项目 人员类型	年初人数	新招人数	紧急招聘人数	在职人数	解聘人数	年末人数
	生产人员						
	管理人员						
	销售人员						
	服务人员						
	合计						

续表

年份	项目 人员类型	年初人数	新招人数	紧急招聘人数	在职人数	解聘人数	年末人数
第五年	生产人员						
	管理人员						
	销售人员						
	服务人员						
	合计						

表 14　人员解聘表

年份	项目 人员类型	单位解聘费用	解聘人数	解聘费合计
第一年	生产人员	1		
	管理人员	2		
	销售人员	1		
	服务人员	1		
	合计			
第二年	项目 人员类型	单位解聘费用	解聘人数	解聘费合计
	生产人员	1		
	管理人员	2		
	销售人员	1		
	服务人员	1		
	合计			
第三年	项目 人员类型	单位解聘费用	解聘人数	解聘费合计
	生产人员	1		
	管理人员	2		
	销售人员	1		
	服务人员	1		
	合计			
第四年	项目 人员类型	单位解聘费用	解聘人数	解聘费合计
	生产人员	1		
	管理人员	2		
	销售人员	1		
	服务人员	1		
	合计			

续表

年份	项目 人员类型	单位解聘费用	解聘人数	解聘费合计
第五年	生产人员	1		
	管理人员	2		
	销售人员	1		
	服务人员	1		
	合计			

表 15　人力成本表

年份	人员类型	招聘类型	人数	人均人力成本	人力成本小计
第一年	生产人员	正常招聘		3	
		紧急招聘		9	
	管理人员	正常招聘		5	
		紧急招聘		15	
	销售人员	正常招聘		4	
		紧急招聘		12	
	服务人员	正常招聘		3	
		紧急招聘		9	
	人力成本合计				
第二年	人员类型	招聘类型	人数	人均人力成本	人力成本小计
	生产人员	正常招聘		3	
		紧急招聘		9	
	管理人员	正常招聘		5	
		紧急招聘		15	
	销售人员	正常招聘		4	
		紧急招聘		12	
	服务人员	正常招聘		3	
		紧急招聘		9	
	人力成本合计				

续表

年份	人员类型	招聘类型	人数	人均人力成本	人力成本小计
第三年	生产人员	正常招聘		3	
		紧急招聘		9	
	管理人员	正常招聘		5	
		紧急招聘		15	
	销售人员	正常招聘		4	
		紧急招聘		12	
	服务人员	正常招聘		3	
		紧急招聘		9	
	人力成本合计				
第四年	人员类型	招聘类型	人数	人均人力成本	人力成本小计
	生产人员	正常招聘		3	
		紧急招聘		9	
	管理人员	正常招聘		5	
		紧急招聘		15	
	销售人员	正常招聘		4	
		紧急招聘		12	
	服务人员	正常招聘		3	
		紧急招聘		9	
	人力成本合计				
第五年	人员类型	招聘类型	人数	人均人力成本	人力成本小计
	生产人员	正常招聘		3	
		紧急招聘		9	
	管理人员	正常招聘		5	
		紧急招聘		15	
	销售人员	正常招聘		4	
		紧急招聘		12	
	服务人员	正常招聘		3	
		紧急招聘		9	
	人力成本合计				

附录5　生产运输经理记录表(表16～表20)

表16　产品研发表

年份	产品种类	研发费用	是否成功
第一年	P1		
	P2		
	P3		
	P4		
	合计		
第二年	P1		
	P2		
	P3		
	P4		
	合计		
第三年	P1		
	P2		
	P3		
	P4		
	合计		
第四年	P1		
	P2		
	P3		
	P4		
	合计		
第五年	P1		
	P2		
	P3		
	P4		
	合计		

表 17　产品生产表

	生产线编号										
	生产线种类										合计
	产品种类										
	生产人员配置										
第一年	管理人员配置										
	生产线产能										
	生产线产量										
	单位生产成本										
	通货膨胀率(%)										
	直接生产成本										
	生产线编号										
	生产线种类										合计
	产品种类										
	生产人员配置										
第二年	管理人员配置										
	生产线产能										
	生产线产量										
	单位生产成本										
	通货膨胀率(%)										
	直接生产成本										
	生产线编号										
	生产线种类										合计
	产品种类										
	生产人员配置										
第三年	管理人员配置										
	生产线产能										
	生产线产量										
	单位生产成本										
	通货膨胀率(%)										
	直接生产成本										

续表

第四年	生产线编号										合计
	生产线种类										
	产品种类										
	生产人员配置										
	管理人员配置										
	生产线产能										
	生产线产量										
	单位生产成本										
	通货膨胀率(%)										
	直接生产成本										
第五年	生产线编号										合计
	生产线种类										
	产品种类										
	生产人员配置										
	管理人员配置										
	生产线产能										
	生产线产量										
	单位生产成本										
	通货膨胀率(%)										
	直接生产成本										

表 18　转产费用记录表

		第一年			第二年			第三年			第四年			第五年		
生产线编号	生产线类型	原生产种类	现生产种类	转产费用	原生产种类	现生产种类	转产费用	原生产种类	现生产种类	转产费用	原生产种类	现生产种类	转产费用	原生产种类	现生产种类	转产费用

表 19　产品清仓表

年份	产品种类	产品数量	直接生产成本	清仓收入
第一年	P1			
	P2			
	P3			
	P4			
	合计			
第二年	P1			
	P2			
	P3			
	P4			
	合计			
第三年	P1			
	P2			
	P3			
	P4			
	合计			
第四年	P1			
	P2			
	P3			
	P4			
	合计			
第五年	P1			
	P2			
	P3			
	P4			
	合计			

表 20　产品运输费用表

年份	市场 项目	M1	M2	M3	合计
第一年	运输数量				
	单位运输成本				
	小计				

续表

年份	项目＼市场	M1	M2	M3	合计
第二年	运输数量				
	单位运输成本				
	小计				
第三年	运输数量				
	单位运输成本				
	小计				
第四年	运输数量				
	单位运输成本				
	小计				
第五年	运输数量				
	单位运输成本				
	小计				

附录 6　　市场营销经理记录表(表 21 ~ 表 24)

表 21　销售结算表

产品	年份	第一年	第二年		第三年			第四年			第五年		
	项目＼市场	M1	M1	M2	M1	M2	M3	M1	M2	M3	M1	M2	M3
P1	预销售数量												
	销售人员配置												
	销售单价												
	实际销售数量												
	销售收入												
P2	预销售数量												
	销售人员配置												
	销售单价												
	实际销售数量												
	销售收入												

续表

产品	年份 / 市场 / 项目	第一年	第二年		第三年			第四年			第五年		
		M1	M1	M2	M1	M2	M3	M1	M2	M3	M1	M2	M3
P3	预销售数量												
	销售人员配置												
	销售单价												
	实际销售数量												
	销售收入												
P4	预销售数量												
	销售人员配置												
	销售单价												
	实际销售数量												
	销售收入												
年度销售总量													
年度销售总收入													

表 22　市场开拓费用表

年份 / 市场	M1	M2	M3	合计
第一年				
第二年				
第三年				
第四年				
第五年				
是否完成				

表 23　ISO 认证表

认证项目 / 年份	第一年	第二年	第三年	第四年	第五年	是否完成
ISO9000 认证费用						
ISO14000 认证费用						
合计						

表24　服务费用表

年份	产品＼项目	成交产品数量	服务人员配置	单位产品服务费	产品服务费
第一年	P1			1/6	
	P2			2/6	
	P3			3/6	
	P4			4/6	
	小计				
第二年	P1			1/6	
	P2			2/6	
	P3			3/6	
	P4			4/6	
	小计				
第三年	P1			1/6	
	P2			2/6	
	P3			3/6	
	P4			4/6	
	小计				
第四年	P1			1/6	
	P2			2/6	
	P3			3/6	
	P4			4/6	
	小计				
第五年	P1			1/6	
	P2			2/6	
	P3			3/6	
	P4			4/6	
	小计				
总计					

附录7 投资经理记录表(表25～表33)

表25 风险投资表

年份 指标类别	第一年	第二年	第三年	第四年	第五年
资产利润率(%)					
净利润增长率(%)					
风险投资基金					
股权比率(%)					
所有者权益					
风险退出金					

表26 公司上市评测表

年份 指标类别	第一年	第二年	第三年	第四年	第五年
当年净利润					
累计净利润					
下年度能否A股上市					
下年度能否创业板上市					

表27 股票发行及分红表

年份 指标类别	第四年	第五年
上年度资产		
发行总额		
每股分红		
固定利率		
股票价格		
发行数量		
被认购数量		
股票发行费		
分红		

表 28　银行信托投资表

年份 指标类别	第一年	第二年	第三年	第四年	第五年
信托投资额					
年限					
年利率（%）					

表 29　债券申购表

年份	债券品种	参考发行价	投资环境指数	实际发行价	申购数量	申购额	上年资产负债率（%）	债券认购额	交易费用率（%）	申购费用
第一年	一年期									
	二年期									
	三年期									
	四年期									
第二年	一年期									
	二年期									
	三年期									
	四年期									
第三年	一年期									
	二年期									
	三年期									
	四年期									
第四年	一年期									
	二年期									
	三年期									
	四年期									
第五年	一年期									
	二年期									
	三年期									
	四年期									

表 30　债券退让—转让接收表

年份	分类		债券退让				债券转让			
	债券品种	年收益率(%)	接收额	退让额	退让费	退让收入	转让额	接收额	转让费用	转让收入
第一年	一年期	10								
	二年期	12								
	三年期	15								
	四年期	18								
第二年	债券品种	年收益率	是否到期	退让额	退让费	退让收入	转让额	接收额	转让费用	转让收入
	一年期	10								
	二年期	12								
	三年期	15								
	四年期	18								
第三年	债券品种	年收益率	是否到期	退让额	退让费	退让收入	转让额	接收额	转让费用	转让收入
	一年期	10								
	二年期	12								
	三年期	15								
	四年期	18								
第四年	债券品种	年收益率	是否到期	退让额	退让费	退让收入	转让额	接收额	转让费用	转让收入
	一年期	10								
	二年期	12								
	三年期	15								
	四年期	18								
第五年	债券品种	年收益率	是否到期	退让额	退让费	退让收入	转让额	接收额	转让费用	转让收入
	一年期	10								
	二年期	12								
	三年期	15								
	四年期	18								

表 31　股权申购表

年份 \ 项目	预申购额	上年度负债率(%)	申购费用	股权编号	股权面值	年收益
第一年						
第二年	预申购额	上年度负债率(%)	申购费用	股权编号	股权面值	年收益
第三年	预申购额	上年度负债率(%)	申购费用	股权编号	股权面值	年收益
第四年	预申购额	上年度负债率(%)	申购费用	股权编号	股权面值	年收益
第五年	预申购额	上年度负债率(%)	申购费用	股权编号	股权面值	年收益

表 32　股权退让—转让接收表

年份	分类		股权退让		股权转让			股权接收
第一年	股权证编号	面值	退让费	退让收入	转让额	转让费	转让收入	接收额
第二年	股权证编号	面值	退让费	退让收入	转让额	转让费	转让收入	接收额

续表

年份	分类		股权退让		股权转让			股权接收
第三年	股权证编号	面值	退让费	退让收入	转让额	转让费	转让收入	接收额
第四年	股权证编号	面值	退让费	退让收入	转让额	转让费	转让收入	接收额
第五年	股权证编号	面值	退让费	退让收入	转让额	转让费	转让收入	接收额

表 33　金融投资收益表

年份	投资方式	金融投资额	到期投资额	投资收益
第一年	银行信托			
	债券投资			
	股权投资			
	合计			
第二年	银行信托			
	债券投资			
	股权投资			
	合计			
第三年	银行信托			
	债券投资			
	股权投资			
	合计			

续表

年份	投资方式	金融投资额	到期投资额	投资收益
第四年	银行信托			
	债券投资			
	股权投资			
	合计			
第五年	银行信托			
	债券投资			
	股权投资			
	合计			

参考文献

[1]雷群安.高校实践教学存在的问题及对策研究[J].焦作师范高等专科学校学报,2010,(1):58-60.

[2]道邻.正确解读上市公司年报把握投资机会[J].新疆金融,2009,(2):60-63.

[3]符史可.剖析企业信息与经营决策的关系[J].中国商贸,2011,(2):62-63.

[4]杨力,朱小平.沙盘模拟环境下的高职经管类专业实践教学体系的构建研究[J].漯河职业技术学院学报,2012,(4):12-14.

[5]谢春兆.报表分析中比率分析法的应用研究[D].天津大学,2008.

[6]傅玲.浅议国有企业财务风险与内部财务控制[D].湘潭大学,2008.

[7]肖家栋.传统店铺网络延伸的云端服务模式研究[D].厦门大学,2012.

[8]朱义.要素资本产权制度及企业控制权和收益索取权配置研究[D].四川大学,2008.

[9]李建凌.波动市场中的证券投资分析[D].首都经济贸易大学,2005.

[10]贾新玲.郑州一帆公司建筑垃圾再生集成设备开发项目可行性研究[D].南京理工大学,2010.

[11]杨寿元.我国边远农村地区通信建设项目评价分析[D].北京邮电大学,2008.

[12]韩晓燕.基于价值链的中国医药制造企业盈利能力研究[D].浙江理工大学,2011.

[13]丁亚飞.某染整工厂废气处理项目可行性研究中的技术与经济评估分析[D].中山大学,2009.

[14]高桂鸿.服务型政府的国际贸易管理职能与模式研究[D].南开大学,2005.

[15]周健.公路工程经济分析的关键问题研究[D].上海海事大学,2006.

[16]谢春兆.基于因子分析法的房地产上市公司经营绩效评价[D].天津大学,2008.

[17]马玉超.ERP沙盘模拟教学模式设计[J].武汉科技学院学报,2008,(5):80-83.

[18]武继兵.报表分析中比率分析法的应用研究[D].华中科技大学,2002.

[19]王颖,朱嫒玲,乔梅.ERP沙盘模拟实训教学效果分析[J].长春大学学报(社会科学版),2008,(2):87-90.

[20]邢维巍,樊尚春,孙晋豪等.微弱电信号检测分析综合实验平台建设[J].实验室研究与探索,2013,(5):67-71.

[21]王华亭.面向管理决策的能力集分析理论与应用研究[D].南京理工大学,2008.

[22]杨永胜,李玮转.我国航空公司运行管理现状和问题[J].科学与管理,2008(1):31-32.
[23]刘铮.防范和化解医院财务风险[D].北京交通大学,2010.
[24]宋冬林,汤吉军.沉淀成本与资源型城市转型分析[J].中国工业经济,2004,(6):58-64.
[25]吴红光.中国铁路装备制造企业国际竞争力评价研究[D].厦门大学,2009.
[26]王承先.工商企业经营管理重难点辅导[J].当代电大,2003,(6):58-61.
[27]殷东晓.改革开放30年来我国零售业产业组织演变——基于SCP范式的研究[D].河北工业大学,2010.
[28]刘颖.山东高速公路服务区发展第三方物流的可行性研究[D].山东大学,2009.
[29]王芹荣.CEO股权激励与研发投入——基于中国上市公司的经验证据[D].西安电子科技大学,2010.
[30]朱从香.基于体验式学习的HC公司培训体系构建[D].华中科技大学,2009.
[31]汪路明,周蕾.论信息时代高校会计教育的创新[J].中国管理信息化,2010,(14):105-107.
[32]陈福珍.中职财经教学运用沙盘模拟的实验研究[J].成功(教育版),2008,(7):22-23.
[33]高凤民,许秋奎,雷明.地方本科院校构建创业教育实训基地途径的研究[J].现代教育科学(高教研究),2010,(2):60-62.
[34]马亮.上市公司价值函数研究[D].合肥工业大学,2011.
[35]李天勇.模糊优选法和层次分析法在人才招聘中的应用研究[J].价值工程,2011,(2):120-121.
[36]孟勇.JHS公司再融资方案的设计与评价[D].电子科技大学,2010.
[37]李学建.基于资产配置管理的开放式偏股型基金业绩差异成因研究[D].广东工业大学,2011.
[38]王倩.河北省上市公司绩效与风险分析[D].河北大学,2011.
[39]瞿定远.中国地方政府投融资平台风险研究[D].华中科技大学,2012.
[40]许舒敏.当前经济危机下的中石油之路——基于中石油和美孚石油公司的财务比较分析[D].厦门大学,2009.
[41]吴红光.改革开放30年来我国零售业产业组织演变——基于SCP范式的研究[D].厦门大学,2009.
[42]朱乾坤.企业财务危机模型实证分析[D].南开大学,2009.
[43]李永刚,朱慧,卞卫英.事业单位资产负债率的探讨[J].价值工程,2011,(2):122-123.